Donald Winnicott en América latina

Teoría y clínica psicoanalítica

José Outeiral
Sonia Abadi
(coord.)

Editorial LUMEN
Viamonte 1674
1055 Buenos Aires
☎ 4373-1414 (líneas rotativas) Fax (54-11) 4375-0453
E-mail: magisterio@commet.com.ar
República Argentina

Colección de Psicología Integrativa, Perspectivista, Interdisciplinaria

Dirección: María Teresa Bollini

Supervisión de texto: Pablo Valle y Milagro Corvalán
Traducción (Presentación, capítulos 3, 8, 13, 14 y 15): Pablo Valle

ISBN 950-724-876-5

Índice

Presentación

*"... recuerdo un artículo que leí,
de Joyce Mc Dougall, que es, como todo
el mundo actualmente, un poco winnicottiana
y practica el* holding."

Léon Chetock, *El lecho de Procusto*

Moisés Lemlij, miembro de las sociedades peruana y británica de psicoanálisis, presentó en el último Congreso Internacional de Psicoanálisis, realizado por la Asociación Internacional de Psicoanálisis (39th IPAC, San Francisco), un trabajo (Lemlij, 1995, p. 79) en el que comparó la influencia en América latina de tres analistas de la Sociedad Británica de Psicoanálisis: Anna Freud, Melanie Klein y Donald Winnicott. Para ello, estudió 1.241 trabajos publicados en revistas y libros de la especialidad, y encontró los siguientes datos: 436 (35,13 %) mencionaban a uno de los tres autores; Donald Winnicott fue el más citado (416 veces, 46 %), seguido de Melanie Klein (372 veces, 41 %) y, por último, Anna Freud, incluyendo también en el conteo de esta autora el nombre de Joseph Sandler, por ser él, según el autor de la investigación, "un representante contemporáneo del pensamiento freudiano" (Anna Freud, 57 citas, 6 %; Joseph Sandler, 63 citas, 7 %). Esta investigación da una muestra de la influencia que asume en el pensamiento psicoanalítico latinoamericano contemporáneo la obra de Donald Winnicott.

La introducción de las ideas de Donald Winnicott y del Middle Group, de la Sociedad Británica de Psicoanálisis, se inició, en América latina, en la década del setenta, y hoy alcanza una especie de *boom*, que puede ser reconocido en varios niveles: a) la intro-

7

ducción del estudio de las ideas de Donald Winnicott en los currículos de los institutos de psicoanálisis de las diversas Sociedades (me refiero a instituciones ligadas a la Asociación Psicoanalítica Internacional); b) el surgimiento de una significativa producción científica con marcos teóricos y clínicos winnicottianos, como muestra la investigación de Moisés Lemlij; c) una creciente producción editorial en esta línea de pensamiento, y *last but not least*, d) un significativo número de acontecimientos sobre Winnicott, promovidos por varias Sociedades. A partir de estos cuatro aspectos, podremos tener paradigmas menos subjetivos para evaluar la influencia de las ideas winnicottianas entre nosotros.

El estudio de la obra de Donald Winnicott, y también de la de otros autores del Middle Group, en los institutos de psicoanálisis ligados a la IPA, es bastante reciente. En verdad —lo que es reconocido por varios autores—, este estudio se desarrolló más en currículos de la formación de pediatras, asistentes sociales y pedagogos, y en instituciones psicoanalíticas desvinculadas de la IPA. La pregunta sobre el porqué de tal situación involucra, probablemente, el hecho de que muchos de los trabajos de Winnicott son realmente útiles para los profesionales que trabajan con niños en los más variados campos y, por otro lado, porque su concepción de la espontaneidad y la creatividad, y su desligarse de "bloqueos", junto con su aversión al dogmatismo, contribuyen mucho a este hecho.

Sérvulo Figueira escribió, en su trabajo "Algunas ideas sobre Winnicott" (Figueira, 1992, pp. 171-178), publicado en la edición especial de la *Revista Brasileira de Psicanálise* sobre Winnicott, lo siguiente:

"En el caso de Winnicott, ser un *englishman* significa que él encarna en su vida los valores básicos de la cultura inglesa en el área de la subjetividad: el cultivo de la diferenciación individual y el lado positivo de la idiosincrasia, el cultivo de la independencia de pensamiento y de juicio, el respeto por la opinión, por la libertad y por la autonomía del otro, la valoración de la experiencia y de la observación; en suma, el cultivo de la individuación."

En el mismo trabajo, Sérvulo Figueira, que realizó su formación en la Sociedad Británica de Psicoanálisis, hace algunos comentarios que nos ayudan a entender más aun las peculiaridades de la vida y de la atmósfera profesional de Winnicott:

"Es importante resaltar aquí que el hecho de ser típicamente inglés tiene un efecto sobre el destino de la obra de Winnicott, así como sobre el destino y la organización del Grupo Independiente, o Middle Group, al cual él perteneció. Winnicott no organizó un grupo o séquito de seguidores y de analistas leales a su pensamiento y a su persona, él nunca creó un movimiento y menos aun una causa.

Su obra —que, a semejanza de la de Melanie Klein, podría haberse tornado el centro de gravedad de un grupo, a ejemplo del Kleiniano de Londres— es una obra de pocos seguidores, que guarda sólo la fuerza de inspirar a analistas independientes. Y su persona, que tenía todo para tornarse un *maestro*, como Lacan o Bion, quedó en la memoria de una Sociedad como la de un hombre que generaba un atmósfera única, desarrollando ideas originales y teniendo una práctica psicoanalítica muchas veces polémica."

Una carta enviada por Winnicott a Melanie Klein,

el 17 de noviembre de 1952 (Rodman, 1987), nos da una idea de su sentido de la independencia. Él escribe:

"Tú eres la única persona que puede destruir, con un objeto constructivo, ese lenguaje llamado doctrina kleiniana y kleinianismo..."

Por este breve fragmento, podemos tener una idea del *style* de Winnicott, este "personaje", dos veces presidente de la Sociedad Británica de Psicoanálisis, que, como él mismo escribió, lo dejó "de lado", durante muchos años, de la enseñanza oficial de su Instituto. Estas peculiaridades, tan condicentes con el estilo británico eduardiano, encontraron su máxima expresión en el grupo de Bloomsbury (Edel, 1992), cuyo modelo de vida y cuya producción artística y científica tradujeron ejemplarmente esta época. Para comprender a Winnicott y "su ambiente", es interesante leer los trabajos de este grupo. La misma noción de "paradoja", tan cara a Winnicott y tan del gusto británico, dificultaba la filiación y el dogmatismo, peculiar de algunas instituciones. En la literatura británica, además de los "nueve personajes en busca de un autor", como eran conocidos los participantes del grupo de Blomsbury, encontramos varios ejemplos de esta "manera de ser", tan impregnada de paradoja y de *non-sense*. El trabajo, presentado en el Congreso Internacional de Psicoanálisis (San Francisco, 1995), de Rotarut De Clerck (De Clerk, 1995, p. 37), *Psychoanalysis and Bloomsbury*, trata de este tema y es una muy buena sugestión para el lector interesado, junto con el libro de Leon Edel (Edel, 1992), *Bloomsbury*, y el capítulo "A contribução de D. W. Winnicott", del libro *Psicanálise brasileira* (Outeiral & Thomaz, 1995, pp. 319-327).

En Inglaterra, la "era victoriana" representó un período que privilegió la represión de los aspectos instintivos, creativos y espontáneos de la cultura, y cuya metáfora central pueden ser las informaciones biográficas sobre la propia sexualidad de la reina Victoria. A este período, después del reinado del rey Jorge, que preservó las marcas victorianas, sucedió la "era eduardiana", rica en expresiones artísticas, respeto a la idiosincrasia personal y una general apertura en las costumbres. Podríamos citar a un victoriano ilustre, como Rudyard Kipling, "poeta del colonialismo y de las buenas prácticas morales", en contraste con una eduardiana ilustre, como Virginia Woolf (1882-1941), conocida por la liberalidad que la lectura de su libro *Orlando* permite inferir. El grupo de Bloomsbury, del que, además de Virginia Woolf, formaban parte también Leonard Woolf (1880-1969) y Lytton Strachey (1880-1932), constituye un ejemplo típico de este período. Es interesante invitar a los psicoanalistas a asociar el nombre de Leonard Woolf como editor de Hogarth Press, que publicó los libros de Sigmund Freud en inglés, y los de Winnicott también; y el de Lytton Strachey con James Strachey, su hermano, traductor de las obras del propio Sigmund Freud del alemán al inglés, y primer analista de Winnicott. Sería interesante referir también que todos ellos "circularon" por el Trinity College… Además, Lytton Strachey dedicó su *Reina Victoria* —libro que describe esta evolución "de la sístole a la diástole" a la que nos estamos refiriendo— a Virginia Woolf, y ella, su *Orlando* a la "prosa de Strachey". El grupo de Bloomsbury siempre reconoció, sin embargo, que eran hijos de la "era victoriana", pues, como dijo Winnicott, es imposible que alguien sea original si no está basado en una tradición.

A esta altura, el lector debe estar dando alas a su imaginación, correlacionando nombres y situaciones, y ubicándose en lo que eran la cultura y la sociedad inglesa en el período de formación de Winnicott. La "era eduardiana", además de los ya citados, está ilustrada por el precursor reverendo Charles Lutwidge Dodgson, es decir, Lewis Carrol, por James Joyce y el analizando de Bion: Samuel Beckett... No sorprende, entonces, que a un período de estereotipia, rigidez y represión, suceda un clima de espontaneidad y creatividad, elementos tan caros a Winnicott.

Podemos decir, incluso, que la obra de Donald Woods Winnicott tiene la configuración de un "espacio transicional" de encuentro entre los analistas latinoamericanos.

Las ideas de Donald Winnicott, objeto creado y encontrado, trascienden la subjetividad individual, aportando la experiencia de la subjetividad compartida. Como el juego del cordel, o tal vez el de los garabatos, la comunicación y la creatividad son parte de todos y de cada uno. El diálogo a la distancia, a través de los artículos escritos, por los cuales buscamos encontrarnos con y en Winnicott (y el diálogo próximo en los Encuentros Winnicottianos) es tanto un diálogo con Winnicott como entre los analistas. Aunque cada uno encuentre en Winnicott su propio objeto, este objeto circula y se enriquece en el intercambio.

Los 15 capítulos de este libro son la prueba más tangible de este campo de la experiencia transicional.

José Ottoni Outeiral
Sonia Abadi

Bibliografía

De Clerck, R. (1995): "Psychoanalysis and Bloomsbury", en *Abstracts*, 39th, IPAC, San Francisco.

Edel, L. (1992): *Bloomsbury*, Madrid, Alianza.

Figueira, S. (1992): "Algumas idéias sobre Winnicott", en *Revista Brasileira de Psicanálise*, núm. 24.

Lemlij, M. (1995): "The Influence of Anna Freud upon Latin American Psychoanalytical Thought", en *Abstracts*, 39th IPAC, San Francisco.

Outeiral, J. (1995): "A contribução de D. W. Winnicott", en Outeiral, J. & Thomaz, T.: *Psicanálise brasileira*, Porto Alegre, Artes Médicas.

Rodman, F. (1987): *The Spontaneuos Gesture. Select Letters of D. W. Winnicott*, Harvard University Press.

1

Mi experiencia en la formación como psicoanalista de niños y adolescentes

Saúl Peña K.

La mejor manera de presentar mi experiencia de formación como psicoanalista de niños y adolescentes es la de transmitir un testimonio lo más natural posible de lo que ha sido mi relación con cada uno de mis supervisores y con cada uno de los pacientes que supervisé con ellos. En esta oportunidad me ocuparé de las supervisiones con Donald Winnicott.

El juego y el sueño

Reseñar mi experiencia con Donald W. Winnicott (1896-1971), con quien tuve un vínculo y una mutualidad muy significativos, es un privilegio. Y más aun haber recibido la supervisión de él de dos casos, uno de un niño de cinco años, encoprético, y otro de una adolescente que vino a analizarse refiriendo ser frígida. Éstos me permitieron aprender y descubrir.

Conocí a Donald Winnicott en la Sociedad Británica, en las reuniones científicas de los miércoles, cuando él era presidente de la Sociedad. A través de estos previos encuentros, su personalidad, su libertad, su autenticidad, su originalidad y su creatividad me impresionaron. Le pedí que supervisara mi primer caso de adultos, pero no fue posible. Volví a pedirle

15

que supervisara el segundo y tampoco fue posible, hasta que aceptó supervisar el primer caso de mi entrenamiento en niños y adolescentes. En una oportunidad, tuve la osadía de participar en una de las reuniones de los miércoles acerca de mi paciente adolescente.

Se trataba de una adolescente que había venido a la clínica por iniciativa propia, manifestando que para ella hacer el amor era como leer un periódico, lo que le hizo tomar conciencia de que había algo que no andaba bien.

La paciente venía siempre puntual a las entrevistas, se echaba al diván e inmediatamente se ponía a dormir. Yo traté de utilizar múltiples recursos para mantenerla despierta, pero era imposible; tenía que despertarla para decirle que su sesión había terminado. Se levantaba y regresaba al siguiente día con toda puntualidad. Era evidente que su vida y su mundo oníricos eran tremendamente importantes para ella, e incluso podía sostenerse que en ellos encontraba la satisfacción que no hallaba en su vigilia. En un determinado momento, descubrimos que era una criatura que había tenido varios traumas (*acumulative traumas* de Masud Khan).

Luego de atravesar por diversos sentimientos contratransferenciales que se hicieron conscientes, fui aprendiendo lo que llamo la *utilización creativa de la contratransferencia* y el reconocimiento de cómo podemos amar y odiar a nuestros pacientes, y experimentar sentimientos que van de un polo al otro, pasando por momentos de cólera, de rabia, de impotencia; al mismo tiempo, esta experiencia me permitió ir descubriendo *el tánatos terapéutico*, es decir, la utilización creativa de la agresión. A través de mi vínculo con mi paciente, fui aprendiendo, y esto con gran ayuda de Winnicott, la forma como el paciente busca hacerle experimentar a uno lo que él mismo ha experimentado, para luego, a través de la propia experiencia del analista, entender y comprender la del paciente; elementos precursores de la posibilidad de una *interpretación mutuativa* que tome en cuenta los inconscientes de ambos: paciente y analista.

La actitud de Winnicott era indudablemente atenta y receptiva, e incidía muchísimo en que yo conocía a mi paciente más que él, de tal manera que me podía hacer comentarios, indicaciones o sugerencias, pero quien compartía con el paciente la intimidad y la intersubjetividad analítica era yo.

A pesar de encontrarme con un personaje de esta magnitud, me sentía libre, respetado y con un estímulo muy sutil para despertar las posibilidades intuitivas y los descubrimientos personales a través del vínculo que muchas veces uno ni siquiera advierte. De tal manera que su contribución sobre el juego (*play*), no la competencia (*game*), se vivía en la situación analítica. Era, como él mismo decía, la base de la experiencia cultural.

A través de la supervisión, iba descubriendo los aspectos que sustenta cuando habla del verdadero y del falso *self*, es decir, del ser verdadero y del ser falso, y cómo, aparte del reconocimiento de estos aspectos con mi paciente, lo iba descubriendo dentro de mi vínculo con él y en mí mismo.

Después de más o menos tres meses de contemplar a mi paciente durmiendo, a veces roncando, y luego de seguir las indicaciones de que, si deseaba, mientras ella dormía podría leer un libro —cosa que sólo hice en algunas ocasiones—, ella fue empezando a ser capaz de despertarse y de mantenerse despierta conmigo.

Lo que descubrimos era que esta regresión implicaba también un elemento de confianza y una forma de prevenir la repetición de la desintegración y el sufrimiento a ella asociado, unido al impulso creativo que surgía de experiencias diferentes vinculadas a su relación conmigo. Lo que esta criatura sentía haber vivido era como si, al lado de un padre ausente, tuviera una madre que desestimara la sensibilidad, desestimara la respuesta a experiencias penosas o dolorosas desdeñándolas, y al desdeñarlas le generara a ella el sentimiento de no ser reconocida en su calidad de persona sensible, sino objeto de una deformación de sus sentimientos de parte de la madre. Bajo una seudoprotección, le respondía algo que no me es tan fácil sintetizar, pero que podría traducirse como: "No le des importancia, ríete, la pérdida de un hombre se subsana con el logro de otro, no vale la pena sentir, no vale la pena sufrir, no vale la pena llorar"; como si quisiera colocar en su piel psíquica un tipo de protección que le quitara humanidad, que le quitara intimidad, que le quitara subjetividad y que le quitara diferenciación en sus sentimientos. Era como si quisiera uniformizarlos a través de esta seudoprotección artificial, mecánica, destructiva y superficial, que vulneraba su posibilidad de vivir, haciéndola prácticamente muerta en vida. De ahí que la frigidez que esa criatura experimentaba en la relación sexual era en gran medida resultante condensada de una percepción que tenía de ésta como algo sucio y desagradable, y el congelamiento de su relación con la madre y el padre que le habían impedido la posibilidad de experimentar y vivenciar un sentimiento y una sensación de placer, de disfrute, de contento, de alegría, de felicidad, justamente la no respuesta. Sucedió que, en un determinado momento, ella empezó a sentir que su novio venía a parecerse y a ocupar el lugar de sus padres, y a través del análisis fue descubriendo que necesitaba restituirse, diferenciándose y separándose para, de esta manera, a través de la recuperación de sí misma, poder iniciar un vínculo que le permitiera no sólo sentirse separada, sino, al mismo tiempo, valorada.

Cuán importante podría haber sido para ella el hecho de que yo la acompañara mientras dormía, que al despertarse se encontrara sana y salva y que esta experiencia se fuera afianzando. Vimos que, a nivel de la transferencia, más aun, de su vínculo conmigo, fue encontrando un espacio y un tiempo que le permitía ir reconociendo gradualmente su territorio, su pertenencia. A diferencia de lo que le había sucedido con sus padres y con su novio, en él no experimentaba carencia, deprivación, intrusión ni violación de sus límites de persona. Se sentía acogida, reconocida en su proceso de individuación y diferenciación. El manejo respetuoso del juego mutuo permitió el desarrollo de una confianza básica, *holding* (acogiendo, recibiendo, sosteniendo, conteniendo), *handling* (manejo) y *backing* (respuesta fortalecedora, de respaldo y enriquecedora).

Mi paciente le comunicó a su novio el deseo de concluir su relación. Él la amenazó con contarles a todos sus vecinos que era frígida. Ante esta amenaza, ella se encerró en su habitación y no quiso alimentarse durante el fin de semana. Sentía que no era comprendida por su madre. El lunes siguiente vino y me contó que había sentido y experimentado esto como un trauma, como una amenaza a su integridad e integración, que sin embargo había sido capaz no sólo de vivirla profundamente sino también de fortalecerse y tener más fuerzas para concluir este vínculo, dado que la había decepcionado y desilusionado, pero no dejándola sin ilusiones sino, al contrario, dándole la posibilidad de encontrar a alguien diferente.

Seguimos trabajando y luego de un tiempo se enamoró de un chiquillo que también se enamoró de ella y que, a diferencia del otro y a pesar del reclamo, del pedido, del deseo y vehemencia de ella por tener relaciones sexuales, él le contestó que no las tendría mientras no la viera lista y preparada para ello.

El 11 de enero de 1968 recibí una carta inesperada de Winnicott en la que me decía dos cosas: una, me pedía que no fuera la siguiente semana dado que estaba sobrecargado de trabajo pero, de encontrarme con alguna dificultad, podía llamarlo por teléfono; que sentía mucho hacer esto porque él gozaba de nuestras sesiones. La segunda cosa que me decía es que, mientras me estaba escribiendo, quiso agregar algo a lo que ya me había dicho esa mañana, que era obvio que, cuando él me decía que mi paciente puede jugar a ser un chico con alguna ventaja para sí misma, él estaba implicando que, en su mente, ella había soñado un sueño en el cual era un chico. Tan pronto se fue, me dice, se dio cuenta de que había dejado de hacer la conexión que siempre hace entre la habilidad de jugar y el logro de la capacidad de soñar. Es sumamente interesante el hecho de que, durante las sesiones previas, ella había traído un sueño en el cual era un chico, sin que Winnicott lo supiera entonces.

Esto se representaba también en los esfuerzos y recursos de seducción que utilizó para tener relaciones sexuales con su novio sin éxito. Él sólo tuvo relaciones con ella cuando la sintió y la percibió lista para tenerlas. El resultado ya se lo pueden imaginar:

ella vio estrellas como en una experiencia de plenitud, y tuvo la posibilidad de recuperar su cuerpo, sus genitales y su capacidad de goce, de disfrute y de felicidad, reconociendo con toda nitidez un orgasmo integral y una relación que existía antes, durante y después del coito, que realmente la hacía sentirse querida, amada, respetada y reconocida.

Durante este proceso, yo atribuía que mi paciente había recibido más beneficio de su novio que de mí. Continuó el análisis con expresiones de gratitud hacia mí por haber sido yo un acompañante que la había hecho sentirse diferente y al cual agradecía por haber contribuido —eso me decía— a un logro que no solamente era por el novio sino por su vínculo conmigo que había transitado, recorrido y transformado su vínculo con su madre, con su padre, con su novio y consigo misma.

Al llegar al año de análisis, me comunicó que la razón por la cual había venido ya la había logrado y que, por lo tanto, el motivo no subsistía y que ahora quería vivir afuera lo que había vivido adentro, y qué pensaba yo. Pude captar que para mi paciente era indispensable vivir esto y, por lo tanto, nos despedimos en mutualidad y reconocidos por el valor de esta experiencia que había pasado a servir para una existencia.

El otro paciente que supervisé era un niño de cinco años, muy agraciado, vivaz, inteligente, despierto y sensitivo que vino al análisis por una encopresis.

Desde el inicio del análisis, se mostró tremendamente agresivo y hostil. Me tiraba sus juguetes, me atacaba con ellos, e incluso en una oportunidad llegó a escupirme. Esto se expresaba igualmente en sus fantasías y dibujos acerca de la guerra en la que chocaba, golpeaba y derribaba aviones. Él me mataba, me atacaba; yo moría y luego él me resucitaba. Siempre vencía y nunca quiso darme sus dibujos para conservarlos; terminaba rompiéndolos.

En una supervisión, Winnicott me preguntó cómo entendía yo la agresión tan violenta que este paciente expresaba en sus sesiones conmigo. Le comuniqué que me daba la impresión de que eran producto exactamente de lo contrario de lo que sucedía en su casa, donde por la única vía por la cual él podía expresar agresión hacia sus padres era por el ano, dado que su mamá, una educadora, era sentida por él como severa y represiva, y su padre como ausente. Le dije que su comportamiento en las sesiones evidenciaba la necesidad que tenía este niño de hacer conmigo lo que le gustaría hacer con sus padres. Winnicott me dijo que muy probablemente yo tenía alguna razón pero que, para él, lo importante era que el niño sufría de pesadillas y que una manera de comunicármelas era haciéndome vivenciar a mí lo que él experimentaba en sus sueños, simplemente cambiando los roles en los cuales él era el perseguido por persecutores que querían eliminarlo, mientras que en la acción me colocaba a mí en la situación de perseguido y él asumía el rol de persecutor, tratando de hacerme sentir y experimentar lo que él sentía.

Esto facilitó mucho la comunicación con mi paciente y permitió, gradualmente, tratar sus juegos y sueños como mensajes que posibilitaban entender y comprender su mundo interno. Al mismo tiempo, le hacía ver cómo era importante para él darse cuenta de que podía permitirse expresar su cólera, su odio, su rabia y sus deseos de muerte pero que él y yo seguíamos vivos y cómo, incluso muchas veces, podía matarme y resucitarme. Yo le transmití que esto me daba la posibilidad de mostrarle también a él mi cólera, mi rabia, lo mismo que mi vulnerabilidad; que él no era el único que podía tener estos sentimientos ni tampoco ser el único vulnerable, ya que yo también lo era.

Este descubrimiento dio buenos resultados, ya que el viernes de esa semana me sorprendió al pedirme que le diera unas hojas de papel, que iba a tener ese fin de semana el análisis en su casa y que el lunes me iba a traer sus dibujos. Al darle los papeles, se le abrieron los ojos, sonrió y me dijo: "El lunes voy a traerle mis dibujos y se los voy a dar para que usted se los guarde." Este cambio fue acompañado por la superación de su síntoma. Gradualmente, fue siendo capaz de darse cuenta y de tener *insight* acerca de su mundo interno, donde no solamente existían sus padres, sus hermanos (que estaban muy celosos de que él tuviera análisis), sino que también me tenía a mí dentro de él. Tanto es así, que en una sesión posterior me trajo un caramelo y no solamente se lo acepté, sino que me lo comí. Winnicott me dijo que yo paré el juego (*you stopped the play*). Ahí aprendí lo importante que era no interrumpir el juego; al supervisar esta misma sesión con otra analista, en grupo con colegas de mi promoción, me dijo que, si ella hubiera sido mi supervisora, y yo hubiera hecho eso, me habría matado. Esto lo digo para mostrar diferentes actitudes frente a una situación específica.

Luego de que cesó la encopresis, fue también capaz de gozar al nadar por primera vez, y pudo sentirse muy orgulloso de su logro debido a que, previamente, le aterrorizaba nadar.

Quiero referirles que un día, supervisando este caso, Winnicott hizo que yo dirigiera mi mirada a través de la ventana de su consultorio que daba a un parquecito. En éste, un niño jugaba con la pelota. Me dijo algo que se vincula en gran medida con la carta que me escribió: que lo importante no era solamente que el niño jugara con la pelota, sino que el niño soñara jugando con la pelota.

Quizás es significativo transmitir igualmente dos hechos de Winnicott: la capacidad de darle al paciente la posibilidad de descubrir la vulnerabilidad del analista y descubrir en sí mismo la fortaleza de poder contemplar la suya y la del otro, sin sentirlas amenazantes. A propósito de esto, quiero referir una anécdota que me contó una paciente de Winnicott cuando él, luego de tres infartos, reposaba sobre la alfombra al mediodía, en el momento del inicio de su primera consulta en las tardes; como era su costumbre, dejaba la puerta abierta. La paciente entraba, lo contemplaba durmiendo, y luego, al terminar su hora, se iba profundamente reconfortada. Winnicott la había acompañado antes por tres o cuatro horas cuando, encontrándose sola en Londres, había padecido de una enfermedad seria y, en ese momento, solamente lo tenía a él.

El segundo hecho es lo que me dijo cuando le pregunté cuál era para él el factor más importante de la mejoría o de la curación analítica. Me respondió: la transformación de un superyó rígido, sádico, autoritario, tiránico, represivo, dictatorial, en un superyó tolerante, plástico, libre, humano y comprensivo.

Como se ve, la importancia que Winnicott daba al jugar, al soñar, al inconsciente y a la mutualidad es evidente; de ahí que yo conservo muy nítidamente no sólo las imágenes y presencias permanentes de mis pacientes, sino también de mis supervisores. La presencia de Donald Winnicott sigue siendo una compañía muy grata, e inspiradora de nuevos hallazgos y descubrimientos.

De la experiencia a la existencia: libertad y creatividad

Conocí a Marion Milner en una de las reuniones de los miércoles de la Sociedad Británica. Era una mujer que indudablemente me atraía, tanto físicamente como por su identidad profesional y por su ideología de vida; era alta, delgada, su vestido era una de las expresiones de la naturalidad de su espíritu y la libertad de su persona. Su actitud, una vez que la conocí más profundamente, era receptiva y contemplativa, con un sentimiento que transmitía confianza y certidumbre pero sin ninguna expresión seductora inapropiada; justamente su atractivo provenía de su sencillez y transparencia, a pesar de su actitud introspectiva.

Otro aspecto que me atraía era saber que, aparte de inteligente y sensible, era una mujer básicamente creativa, con mucha dignidad y coraje para expresar lo que sentía o pensaba.

Aceptó supervisarme, y mi experiencia de supervisión con ella fue muy singular, ya que me acompañó con una presencia muy permanente, manifiesta y firme sin influir en mi conducta o en mis intervenciones analíticas, las cuales seguía con mucho interés, transmitiendo una atención muy especial en mi paciente.

Éste era un niño de nueve años de edad, en estado de latencia, inteligente, sensible y con una belleza especial; tenía un evidente talento para la matemática, la ciencia y la música. A pesar de estas cualidades, al inicio del análisis se sentía deprimido y en un estado confusional en relación con su identidad, que dificultaba su relación consigo mismo, con la familia y con otras personas. Su madre decía: "Parece como si estuviera formado por diferentes pedazos que no puede integrar." Este estado, que experimentaba como desorientación, interfería en su conocimiento y trabajo, y le era muy difícil finalizar o completar cualquier composición en el colegio. Su conflicto parecía haberse originado durante la fase edípica, debido básicamente a la enfermedad del padre (inválido con una artritis reumatoide) y con su propia enfermedad (una lesión valvular pulmonar congénita). Había sido operado sin saber lo que pasaba, y experimentaba esto como castración, venganza y abandono de ambos padres. Sentía que su madre lo había abandonado o alejado y que no gustaba más de él. Como resultado, se sentía tenso, colérico, muy deprimido y cercano al pánico; confundido acerca de su cuerpo y de su psiquis.

Esto se expresaba en su conducta al ir a parques, cuando simulaba ataques cardíacos y llamaba a sus padres a gritos y como si fuera un bebé.

El conflicto edípico no resuelto, su confusión en cuanto a su identidad sexual y emocional, el temor a la castración y sus tendencias ambivalentes se ilustran en una sesión donde él separó a los animales salvajes de los domésticos bajo una carpa; así, al mismo tiempo reconocía e intentaba integrar la ambivalencia y, por otro lado, estaba temeroso de mezclar lo bueno y lo malo.

En sus juegos, satisfacía su deseo edípico mediante la fantasía de ser el becerro que succionaba la teta de la vaca, pero provocando los celos del padre toro. Sus defensas más sobresalientes eran la regresión, la escisión, la proyección, la represión y las defensas maníacas (idealización, compensación, negación, inversión y huida). Los conflictos orales, anales y fálicos tenían un importante rol en su psicopatología. En la transferencia, la madre jugó un importante rol al inicio del análisis, como una figura amenazante e idealizada. Después, yo ocupé el lugar del padre ideal que él hubiera querido tener y que sentía no tener. Durante el primer año de análisis, fue capaz de expresar sus sentimientos, pensamientos y fantasías con menos ansiedad. Tomó seriamente su análisis, hizo grandes esfuerzos para colaborar y demostrar un buen nivel de *insight* y conciencia de su inconsciente y de los factores emocionales en su conducta y en sus relaciones humanas. Gradualmente, se fue sintiendo más libre, y se inició el cambio desde la confusión hacia la integración, ejemplificado en su mente cuando decía: "Yo estoy ahora en el camino recto y no en el zigzagueante." La evidencia confirmatoria de este cambio, aparte del mismo proceso analítico, vino del reporte de la escuela, donde mostraba un real interés en el trabajo, en su habilidad de pensar profundamente acerca de los temas, discutirlos, hacer preguntas interesantes, y ser muy amistoso y útil. Además, fue aceptado en una escuela importante entre un gran número de postulantes.

Él sentía que el análisis lo había ayudado muchísimo a reparar su sufrimiento y su yo (ego) lesionado junto con la imagen internalizada de su padre y mostraba una sorprendente capacidad para una función reparativa y gratitud, de modo que la experiencia analítica fue conduciéndolo a un gran desarrollo yoico, a una inhibición menor, a un cambio en su estructura superyoica, y fue capaz de trabajar sus problemas de separación y el sufrimiento inherente a ésta, pero con evidentes muestras de una internalización restitutiva, consistente, real y creativa.

A través de la supervisión y de mi experiencia con Marion Milner, pude incorporar en mi vínculo con mi paciente y hacer consciente para él que su vida no era propiamente suya, sino habitada extensamente por la invalidez de su padre que lo invalidaba a él. Durante el proceso analítico y con sus evidentes muestras de *insight*, de *working through* y de una relación muy significativa con el análisis, gradualmente fue recuperándose y logró alcanzar la autonomía y pertenencia de su cuerpo, de su psiquis, de su mente y de sí mismo, sin excluir a su padre, pero manteniéndolo, ya no como un elemento invasor y paralizante, sino como una imagen diferenciada, separada y también querida, pero que ya no lo limitaba.

El interés de Marion Milner por lo esencial era como un descubrimiento que se iba dando a través de los encuentros de supervisión, y que permitió a mi paciente el logro de una identidad independiente y un Eros flotante.

Con Marion Milner, aprendí muchísimo sobre lo que significan una escucha y una observación auténticas y continuas, que no sólo pertenecen a los oídos sino a todo el cuerpo. El intervenir poco y observar más el desarrollo del proceso me transmitía dos cosas: un gran respeto por la intimidad, y la privacidad de mi vínculo con mi paciente. Al mismo tiempo, con esta actitud era como si validara mi trabajo, no porque estuviera totalmente de acuerdo conmigo, sino porque consideraba que era algo que pertenecía a mi paciente y a mí, a nuestra experiencia, y en la cual trataba en lo posible de no ser sentida como una intrusa. A través de su silencio y de su escucha, permitía que yo volviera a ver con ella lo que había sucedido en la sesión y descubrir, en esta lectura, el desarrollo que se estaba dando entre mi paciente y yo, como aspectos no sólo teóricos sino vividos, entendiendo, de esta manera, su psicopatología (omnipotencia, narcisismo) y la mía propia.

Así, cuando señala en sus escritos que su tarea ha sido la de tratar de manejar su vida, no de acuerdo con la tradición, la autoridad o la teoría racional, sino mediante la experiencia, es absolutamente cierto lo que dice, agregándole la palabra de *experiencia a existencia*, que es un sustento en el cual propongo que una experiencia auténtica vinculada a un determinado momento o a varios se va a ir transformado gradualmente en una forma de existir o en una existencia que tiene connotaciones inconscientes, ideológicas, filosóficas y éticas.

En el vínculo con ella se reflejaba un espacio que se extendía libremente no sólo al círculo que rodeaba el lugar que ocupábamos y el contenido de mi relación con mi paciente, sino que abarcaba toda la habitación e, incluso, se ponía en contacto con el ambiente externo.

Su curiosidad y sus motivaciones de fondo eran otros aspectos relevantes y factibles de *identificación saludable*, relacionados siempre no solamente con el análisis sino con lo trascendente, que era para ella el *compromiso existencial con la vida*.

El mirar con una perspectiva amplia, sin decir nada y *preparada para lo inesperado* (Winnicott), permitía distinguirla de una perspectiva estrecha con propósitos, intenciones y juicios definidos. De esta manera, su actitud facilitaba la atención libre y flotante, y la calidad de la conciencia, así como la importancia de lograr en el propio análisis una experiencia que yo llamaría de *felicidad y sufrimiento compartidos*, vecinos o íntimamente cercanos a la fuente de una creatividad auténtica.

La experiencia, sentida claramente en la transferencia y en la contratransferencia como una disrupción de nuestra identidad que nos pudiera hacer perder nuestra relación con el ambiente y con uno mismo, nos acercaba a la posibilidad de entender el riesgo del paciente de la percepción de inexistencia.

Otro aspecto que transmitía su persona era su vínculo con una actitud analítica pero, al mismo tiempo, filosófica, ideológica y poética, relacionada con el paciente pero extendida y rescatada hacia la humanidad, enfatizando que era impropio ver sólo la ridiculez del paciente o de la humanidad, como solamente su dignidad, y que uno de los errores que se convertían en distorsiones flagrantes era *creer que cualquier expresión podría ser la última palabra.*

Su conducta transmitía la importancia de la recuperación de aspectos de uno mismo, del paciente y de lo indispensable de lograr confiar en ellos, que era algo cercano a la autonomía.

Ésta era la condición sine qua non para lo que en análisis podría llamarse una entrega absoluta sin desmedro del peligro, del riesgo de la pérdida de la individualidad, de la diferenciación, de la individuación, de la autonomía, de la libertad sino, muy por el contrario, como una experiencia que también enriquecía, fortalecía y consolidaba.

Asimismo, daba la impresión de un proceso paralelo entre su propio recuerdo y sus propias vivencias que se podían distinguir como su contratransferencia creativa. Marion Milner los descubría en sí misma, permitiendo percibir el logro de una capacidad humana vinculada al caos interno. Es indispensable que el analista se encuentre preparado para introducirse en vivencias aterradoras, amenazantes, de desarraigo, de desvalorización, de desolación del paciente, elementos próximos a un símbolo de muerte, vicisitudes incluidas en la vida y que estimulan a ésta a perder el miedo y prepararse para aproximarse a lo que no es uno, al no-sí mismo.

Su pensamiento psicoanalítico técnico y teórico tiene una constante referencia a su experiencia personal profunda, descubriendo definitivamente un paralelo entre su actividad y mi propia actividad que integran ambos aspectos. Su desesperanza, su sentimiento de nada, hechos conscientes, dieron paso a la serenidad, y su mente produjo ideas creativas sobre aquellas que no tenían posibilidad, es decir, un impulso que, si era entendido y usado adecuadamente, era clave para el bienestar.

Es necesario entender al otro y reconocer su necesidad para convertirse en alguien. Es la capacidad poética de un proceso que no es un escape de la realidad sino todo lo contrario, realidad interna percibida en toda su plenitud, aproximada a la verdad de su experiencia, más que a un razonamiento abstracto, con significados múltiples, sin excluir los aspectos sexuales o de fertilidad, involucrando un nivel de creatividad que completa su noción de ser, es decir, el atravesar entre lo interno y lo externo y cómo todas estas experiencias integran su pasado y su presente.

Uno se da cuenta de cómo Marion Milner integra e introduce en el análisis la cotidianidad permanente de su existencia y una *conciencia corporal interna* que cobra mucha importancia, que forma parte de ella pero que, al mismo tiempo, es diferente de ella.

Es como si integrara su cuerpo con su conciencia y como si alimentara a ambas. Al mismo tiempo, percibiendo la existencia no solamente de aspectos creativos sino descubriendo que sus propios oponentes internos se convierten en co-creadores, integrando creación con destrucción.

La creatividad que nos transmite Marion Milner es indisciplinada, impredecible y llena de subjetividad, pero espontánea y vitalizante y con énfasis en la mutualidad.

Tolerar el estado de desconocimiento (capacidad negativa) dice ella: "La creatividad es el descubrimiento de lo que no habíamos pensado ni imaginado alcanzar y, posiblemente, vaya acompañado de un tipo especial de vulnerabilidad que pertenece a ambos." Es decir, la vulnerabilidad entendida como la pérdida de lo que pensábamos que sabíamos. Dispuestos a abandonar nuestras preconcepciones y muchas veces a no saber qué es lo que estamos haciendo. Estamos remecidos por experiencias en el transcurso de los análisis que estamos llevando a cabo.

De todo esto surge algo indefinible que depende de la *individualidad del analista*. Las palabras que surgen son *tacto, intuición y empatía* como elementos indispensables.

La fuente de su contribución a la creatividad surge de un estado mental que permite una percepción más profunda de la verdad, al dejar de lado el supuesto del conocimiento y al abrir la visión propia de la manera más amplia posible hacia lo que no se busca y no se piensa; es decir, en la réplica interior se puede sustentar que existe la base potencial para una teoría de la *creatividad psicoanalítica*.

Para que exista un análisis creativo tiene que haber la mutualidad analista-paciente. En mi lenguaje, diría que para que exista un análisis creativo tienen que existir la mutualidad de los inconscientes, la naturalidad, la espontaneidad, la autenticidad, la libertad, la *joie de vivre* (alegría de vivir) y el sufrimiento saludable; de ahí que el aburrimiento sería un elemento básicamente contrario a la creatividad, a no ser que el analista lo transforme en lo contrario.

Praxis, teoría y cultura: entre Eros y Tánatos

A mi cuarto paciente de formación —un adolescente— lo supervisé con Masud Khan. Conocí a Masud igual que a Winnicott y a Marion Milner, en las reuniones de los miércoles. Fue en un momento en que él ingresaba al salón; de repente, encontramos que nuestras miradas eran dirigidas del uno al otro y posiblemente por una razón similar, es decir, nuestra mutua sorpresa por lo desconocido. Ninguno de los dos retiró la mirada, lo que probablemente indicaba, de acuerdo con Winnicott, y a pesar del componente agresivo, que de ambos lados hubo un *linking*.

Él era una persona diferente de la mayoría, de evidente contextura indo-pakistaní: alto, moreno, buen mozo, interesante, con un matiz de orgullo, de superioridad e incluso cierto rasgo de soberbia. En sus intervenciones mostraba mucha seguridad, inteligencia, erudición y conocimiento profundo del tema.

Fui a buscarlo. Tenía su consultorio frente a Harrods, en un lugar exclusivo y aristocrático; me abrió la puerta un joven, bajito pero muy vivaz y agradable, haciéndome pasar a una sala amplia, con ventanas grandes y con un sillón rodeado de un montón de libros. Apareció el señor Khan y, luego de saludarnos, me hizo directamente una primera pregunta: —¿Usted quiere que lo supervise debido a una sugerencia de la Dra. Heimann o por usted mismo?

—Creo que la respuesta que le voy a dar es la que usted está esperando, que mis elecciones son propias —le respondí—; eso sí, una vez que se lo manifesté a la Dra. Heimann, no sentí ninguna objeción, muy por el contrario, quizás una aceptación.

De inmediato, me dijo que con gusto me aceptaba, pero con una condición: que mientras yo le enseñara, él continuaría supervisándome, y que, en el momento en que yo dejara de hacerlo, me echaría de la supervisión. Acepté el desafío, entendiéndolo en debida forma. Siempre me recibió con una taza de café con leche y galletas. Me decía:

—¿A usted le gustan el café con leche y los *biscuits*, verdad?

La supervisión era de un adolescente de dieciséis años que vino al análisis debido a la infelicidad y a la depresión profunda que determinaron que dejara de ir al colegio, a pesar de ser un excelente estudiante, capaz de llegar a la universidad. Inteligente, sensible y con una evidente y permanente expresión depresiva en su rostro, y muestras de inhibición y lentificación corporal. Tenía sentimientos de estar desligado que lo atemorizaban y lo asustaban, haciéndolo sentir como si fuera a desaparecer o a perder control, a dividirse y escindirse. "Era como si un nuevo yo mirara al viejo yo y el nuevo fuera a hacer desaparecer al viejo." Esto es lo que le hizo sentir que había algo anormal en él (síntomas de despersonalización).

Se sentía tímido, avergonzado, miserable y no deseaba salir solo. Como antecedentes, tuvo lactancia materna de un mes y medio, y un destete prematuro que continuó con la mamadera porque no ganaba peso. Su hermano, dos años menor, era más grande que él y completamente diferente: de cabello largo, de camisas brillantes, de pantalones blancos y zapatos de fantasía.

Su padre murió a los treinta y tres años (cuando él tenía seis), producto de una hemorragia cerebral. Era evidente que lo seguía echando de menos. Hacía un año había pedido a su primera y única novia, que lo dejó por otro.

Cuando volvió al colegio lo cambiaron de clase y encontró que no conocía a nadie. Sentía temor por lo que pensarían de él; que lo miraban permanente y persistentemente; esto lo hacía incluso sentirse perseguido con sentimientos suspicaces y con matiz paranoide que disminuía al estar acompañado. Se sentía confundido, tenso, ansioso y sofocado. Le disgustaba estar en un cuarto pequeño sin ventanas y, al mismo tiempo, en espacios abiertos. Desde la muerte de su padre, sólo se había vinculado con su madre, con su tía y con su abuela.

Su madre tuvo una relación con otro hombre que finalizó a los dos años, cuando el paciente tenía entre 10 y 12 años. La masturbación lo hacía sentirse tremendamente culpable. Sus conflictos más relevantes eran el edípico no resuelto, una confusión de identidad sexual y emocional, y temor de castración, lo mismo que problemas de dependencia e independencia de su madre, y un superyó tiránico y punitivo. Sus defensas más sobresalientes eran claramente la regresión, la represión, el *splitting*, la proyección, las defensas maníacas, la sobreidealización, la omnipotencia y las angustias depresivas y persecutorias.

El análisis de este paciente, al inicio, me hizo aprender mucho del silencio. Era muy poco lo que hablaba y comunicaba, a pesar de su puntualidad, consistencia, continuidad e interés. Cuando hablaba decía: "No sé qué decir, no sé por dónde empezar y me preocupo por tratar de decir algo que realmente sea importante. Una vez que empiezo, es algo más fácil, necesito un punto de inicio; necesito alguien que me diga 'habla acerca de esto, así y asá'. Así que soy el segundo que habla, no el primero. Estoy temeroso de empezar, de estar vivo y de reconocer mi existencia."

Empecé diciéndole que él me hacía sentir la ausencia y la carencia de su comunicación verbal como un medio de transmitirme cómo sentía la ausencia y la carencia de comunicación con su padre y últimamente con su novia. Luego, trabajamos el cúmulo de agresión reprimida y dirigida contra él mismo por no poder dirigirla hacia afuera, como si tuviera el temor de que, si empezaba a ser capaz de hacerlo, yo, igual que su padre, me moriría y que él sería causante de mi muerte, como se siente en relación con la desaparición de su padre.

Por supuesto que estas ausencias, carencias y deprivaciones se extendían a experiencias igualmente tempranas con su destete prematuro y no sólo del pecho sino de la madre.

Se trabajó igualmente cierto sentimiento de gratificación al autocastigarse y castigar al otro, para luego volver a sentirse culpable y seguir el círculo vicioso.

Manifestó que no podía sacar a esta chica de su mente, se sentía perdido, sentía que era lo único que le importaba, que no podía admitir el fracaso; sentía culpa por no haber sido más deseable, y también que la tenía como una obsesión permanente, y que esto precipitaba su depresión. Se sentía paralizado y no sabía qué decir; sin embargo, las películas, la música y la televisión eran paliativos.

Sentía que había perdido su libertad, odiaba el colegio y el edificio, y negaba su necesidad de amigos, manifestando no necesitar ninguno, pero reconocía sentirse atrapado y cortado, con dificultad para distinguir lo que le gustaba de lo que no le gustaba, aquello con lo que estaba de acuerdo de aquello con lo que no estaba de acuerdo. Cuando jugaba fútbol se mantenía lejos de la pelota y solamente defendía.

"Una parte mía tiene memoria y continuidad, la otra permanece dislocada. Tengo sentimientos de compasión, de sufrimiento, de inadecuación, indignación, repulsión y agresión por mí mismo." Trataba de aparecer como si rechazara el goce y el placer, y una manera de ser poderoso era ser miserable y mórbido.

Sus sueños eran muy transparentes y, a través de sus asociaciones, se percibía una relación muy estrecha entre el contenido manifiesto y el latente; soñaba con su novia, el hermano de ella y su hermano. Ella le tiraba la pelota a su hermano, pero le rebotaba a él. Él tomaba la pelota y trataba de dársela a su hermano, pero ella venía y tomaba la pelota de él. Sueño indudablemente expresivo como forma de resolver su bisexualidad definiéndose por su heterosexualidad, y de ser el preferido y el elegido de ella.

En otro, describió más bien la realidad de lo ocurrido: la novia, él y dos jóvenes; él se fue con uno de ellos y, cuando regresó, la encontró con alguien, ignorándolo a él.

En la segunda parte de este sueño, se repite la situación dentro de un cuarto con una chica, se da vuelta por un momento, y la encuentra con otro; esto lo hace sentir muy molesto. Lo importante acá era la aparición en el sueño de lo que negaba en la realidad; era su molestia.

Otro sueño fue el de no poder abrir los ojos, como

un no querer ver la realidad por lo dolorosa y penosa que era (identificación igualmente con el padre muerto) pero, al mismo tiempo, la invitación para gradualmente recuperar la posibilidad no solamente de abrirlos y ver la realidad sino enfrentarla, sufriéndola, viviéndola y superándola.

El cuarto sueño es uno en el cual se quema una ciudad, pero él monta un caballo, toma a su novia y rompe ventanas como expresando lo que habían significado para él las pérdidas, como si se hubiera sentido quemado pero, al mismo tiempo, mostraba signos de recuperación y de utilización de su agresión y de la libido, rompiendo la represión que lo paralizaba, saliendo de su abulia, de su inercia, de su situación estática.

En el quinto sueño estaba echado, igual que como se está en el diván, indefenso y vulnerable; alguien le podía disparar con un arma o matarlo con un cuchillo o destruir sus ideas, como si estuviera, decía, entre la vida y la muerte pero poniendo la muerte ya no en él sino en el afuera, sintiendo esta amenaza en él mismo y sutilmente expresando a través del proceso del análisis el conflicto entre vida y muerte en el cual estábamos inmersos. Como él decía, al asociar este sueño, "superar la barrera cerrada".

El sexto sueño era: la mamá, el hermano y su perro caminando hacia la casa de los abuelos en un balneario. Al final de la calle había una gran pared, una reja, una gran casa con puertas abiertas, un hombre, el padre de su novia, gente confundida, un cuarto pequeño, cuatro personas, la mitad de él dentro y la mitad fuera. Tenía 10 años de edad, estaba sentado en una cama cerca de otros, su hermano estaba ahí y una joven estaba sentada en una silla en el cuarto; la que estaba sentada junto a él era una niña; la vio vagamente. Ella le dijo algo confuso. En sus asociaciones recordó que cuando tenía diez años murió su perrito, pero reía para ocultar su depresión. Luego dijo: "Mi mente no está vacía ya, tengo ideas y deseos, pero confundidos. Qué difícil olvidar a esta joven, porque era lindo estar con ella."

Es importante, quizás, mencionar que Masud le daba una importancia diferenciada y singular, aparte del contenido del sueño, a cómo se vivía o se experimentaba el sueño, como una forma de aproximarse a la vivencia misma.

El paciente empezaba a expresar sentimientos de temor a la excitación. Se sentía ensombrecido por su madre y por su abuela, que no podía seducir. Quería un padre; sentía el deseo de recuperar un sentido de continuidad, unidad e integración. Empezaba a comprender que la agresión podía ser peligrosa y creativa. A veces se sentía como una chica hablando a otra chica, y con imposibilidades de actuar; encontraba difícil reconocer el descubrimiento de la sexualidad, la acción y la energía, pero al mismo tiempo empezaba a descubrirla. También empezaba a tener deseos de jugar el *rol* del padre. A través de su análisis fue recuperando su capacidad de estudiar, pasó los exámenes de química, física, matemáticas y dibujo técnico exitosamente, y pudo obtener un trabajo como aprendiz en la oficina de Telecomunicaciones del Correo.

El análisis lo capacitó para tener muy buena comprensión de su inconsciente, más integrado y dejando de experimentar síntomas de despersonalización. Hablaba más de lo que acostumbraba, estaba más contento y sociable, y con un sentido del cuerpo. "Ya puedo hacer una cantidad de cosas. Me siento más real. Ahora debo ser mi real *self*, con más sentido de pertenencia y con interés en las cosas; antes no tenía interés en nada. Ya no quiero estar retirado; quiero estar acompañado y hacer algo creativo. Estoy fascinado por las pirámides de Egipto y la celebración de los muertos. Yo estoy muy atado a mis zapatos viejos pero pienso que me voy a adaptar a los nuevos."

Empieza a experimentar estar relacionado y separado, capaz de argumentar con su madre. Ver los aspectos positivos de la agresión y distinguir formas de relación; sentirse conmigo en mi presencia y en mi ausencia, como que cuando le hablaba lo acercara al uso de su imaginación: "Aun si usted no dice nada, usted no se empaqueta y se va. Podemos hacer cosas diferentes y aceptar uno al otro. Ahora me doy cuenta de la diferencia entre imaginación y alucinación, entre fantasía y realidad. Incluso entiendo la teoría de la interpretación y el descubrimiento, el juego, el espacio, la agresión, los deseos de muerte y el análisis de la expresión. Usted me ha ayudado a encontrar mi vida interior. Tengo que reconocer que es como si hubiera recuperado a mi padre e incluso tener una madre diferente y estar preparado quizás a la desilusión y al duelo."

Creía en los beneficios del análisis y expresaba su gratitud. Tuvimos que suspender el análisis por mi retorno al Perú, pero él quería continuarlo con alguien. Fue capaz de trabajar sus sentimientos de ansiedad por la separación.

En Masud Khan encontré a una persona que me dio la posibilidad de reconocer y de comprobar aspectos muy diferentes de lo que se creía de él y que posiblemente era también cierto. A mí me enseñó la importancia de integrar la experiencia clínica a la teórica. El significado de la reflexión, de la conceptualización y de la abstracción; al mismo tiempo que la necesidad de las fuentes bibliográficas y de las experiencias de otros, que uno podía validar o discrepar críticamente, a través de la propia experiencia. Igualmente, la importancia de que el analista sea un hombre de mundo y un amante de la cultura; que lograr ser un hombre culto, a través de la vida y de los libros, ampliaba profundamente las posibilidades como analistas. Ahí aprendí que, cuando uno viaja a un posgrado, tiene que cumplir con tres requisitos: la experiencia profesional, la cultural y la humana, que es lo que traté de hacer durante los seis años que pasé en Londres.

Éramos dos personas potencialmente agresivas y, sin embargo, en su vínculo conmigo, él cultivó la ternura, la delicadeza, con muestras de una sensibilidad fina. Me daba el sentimiento de estar permanentemente disfrutando de las sesiones, y de su estímulo y orientación a profundizar y escudriñar en ellas. Tanto es así que, cuando tuve que presentar mi informe de los primeros seis meses de análisis, él me dijo: "Dr. Peña, por qué usted es tan injusto con usted mismo. Esto que usted ha escrito acá de ninguna manera hace honor a lo que yo sé que usted ha venido haciendo por su paciente. Me va a disculpar...", diciéndome que esperaba que yo presentara un informe en el que diera cuenta, a través de mi sentir, mi recuerdo, mi conceptualización y abstracción, de lo que había sucedido. Yo le di toda la razón y le dije que verdaderamente el informe que había presentado era simplemente una formalidad para cumplir con la institución. Que era interesante, le dije —dado que él me había brindado la posibilidad de una comunicación amplia y abierta, pero al mismo tiempo también era un rasgo mío—, que, teniendo él un prestigio tan cuestionado y hasta criticado en la Sociedad, él me estuviera dando a mí una lección de ética que yo le agradecía profundamente. En el momento en que redacté y le presenté el nuevo informe, se le abrieron los ojos, y me dijo: "Esto sí es un informe, Dr. Peña."

Otro gesto que tuvo fue el de no aceptar cobrarme, y no como una forma de seducción o de ganancia secundaria, sino como una genuina captación de mi realidad. Él me dijo: "Mire, Dr. Peña, usted tiene que pagar su análisis cinco veces por semana, sus dos supervisiones de adultos y las dos supervisiones de niños que ya tiene; la mía sería la sexta, yo soy un hombre rico y no necesito que usted me pague."

Aparte de la supervisión, había un espacio que iniciaba un vínculo de amistad que se mantuvo hasta su desaparición. A mi retorno, me dio dos cartas de presentación muy importantes, una dirigida a Stoller y la otra a John Frosch, que me fueron muy útiles. Mantuvimos una correspondencia permanente y, en una oportunidad en que pasé por una situación difícil, me llamó por teléfono desde Londres, a la una y media de la mañana, y me dijo: "Saúl, nosotros no vamos a morir fácilmente, a pesar de los deseos de muchos." Posteriormente, cuando volví a Londres, encontré que estaba pasando por situaciones muy difíciles y que Anna Freud, que había sido, como Melanie Klein, su supervisora en la Sociedad Británica, lo acogió.

Para concluir este trabajo, quiero manifestar que en la formación como psicoanalista de niños y adolescentes son indispensables la supervisión y la experiencia de tres casos de edades distintas, de dos a cinco años (preescolar), de seis a once (de latencia o escolar) y de doce a dieciocho (un adolescente). Al mismo tiempo, seminarios teóricos, técnicos y clínicos, la observación de infantes desde el nacimiento si es posible, semanalmente y por espacio de dos años, con seminarios semanales. E, incluso, sería muy valioso para todo analista de adultos tener una experiencia de niños y adolescentes, aunque no se vaya a dedicar a ellos, así como, para los analistas de niños y adolescentes, tener la experiencia indispensable con pacientes adultos.

Continúo manteniendo un vínculo significativo y creativo con Donald Winnicott, Marion Milner y Masud Khan. A ellos, mi más profundo reconocimiento y gratitud.

2

El oficio en lo invisible
(Una paradoja psicoanalítica)

Jaime Coloma Andrews

El título del presente texto intenta dar cuenta de una paradoja. Una paradoja que es, en mi criterio, fundamento del operar psicoanalítico. Ella aparece en la zona en que se tocan el oficio como *hacer* y lo invisible como *ser*. Ambos términos se ocupan de realidades que, por su propia materia, al mezclarse, se anulan entre sí. El psicoanálisis, paradójicamente, los potencia al hacer, del pensar, materia invisible de acceso al *ser*, un oficio. Winnicott (1988) ha desarrollado el tema de la *paradoja* y el tema de la *diferencia entre el "ser" y el "hacer"*. Sus criterios inscriben en el orden psicoanalítico una posibilidad de liberar al psicoanálisis de restricciones "clasistas" en cuanto a su *ser*, a la vez que de preservar la rigurosidad de su compleja propuesta en lo que compete a su *hacer*.

Ítalo Calvino, pensando en el próximo milenio, destaca el lugar de la "levedad" como dimensión del pensar. Dice: "Hoy todas las ramas de la ciencia parecen querer demostrarnos que el mundo se apoya en entidades sutilísimas, como los mensajes del ADN, los impulsos de las neuronas, los quarks, los neutrinos errantes en el espacio desde el comienzo de los tiempos…" Y continúa, páginas más adelante: "Si quisiera escoger un símbolo propicio para asomarnos al nuevo milenio, optaría por éste: el ágil, repentino salto del poeta filósofo que se alza sobre la pesadez del mundo, demostrando que su gravedad contiene el secreto de la levedad, mientras que lo que muchos consideran la vitalidad de los tiempos, ruidosa, agresiva, piafante y atronadora, pertenece al reino de la muerte, como un cementerio de automóviles herrumbrosos."

Autores psicoanalíticos, como Winnicott, como Bion, como Meltzer, como Lacan, legitiman el pensar como el ámbito privilegiado de lo psicoanalítico, lo que implica que posibilitan postular, para este enfoque, una vigencia muy propia en el próximo milenio, si las reflexiones de Calvino resultan proféticas. Sin embargo, no todos estos autores tienen presente, de manera destacada, el lugar menos leve del oficio, en lo que se refiere a la meta que lo constituye, la que, como objetivo terapéutico, adquiere un peso mayor que el que se aprecia en la realidad del pensar. Este mayor peso, propio del oficio, se hace éticamente necesario al valorar la vida humana individual como el único sentido plausible de nuestra acción y de nuestro padecer y gratificar. Esto equivale a que la meta de nuestro oficio debe traducirse en algo susceptible de evaluación, como logro terapéutico. Winnicott, a mi entender, es quien más precisamente transmite en sus textos este espíritu "extravagante", contradictorio y fecundo entre el hacer del pensar un oficio práctico.

El oficio, por una parte, se da en un ámbito que supone, en algún momento del proceso, la emergencia de lo observable. Lo invisible del *ser*, por otra parte, requiere de la sola mente para poder ser pensado. Esta dimensión no puede darse en lo observable. La superposición imaginaria de ambas condiciones obliga a presumir que lo observable, al ser traspasado por lo invisible, se transparenta hasta desaparecer. Pero, a su vez, operar con lo invisible, con lo puramente "mental", hace emerger la figurabilidad, la diferenciación entre partes propias del ente.

El oficio alude al operar, al trabajar, es decir, a la manipulación con elementos formalizados, que son abordados en una forma inicial y son conducidos desde la transformación constante de las relaciones originales entre tales elementos hacia otra forma de relación dinámica que se intenta conseguir. Se obtiene de ello un producto, un resultado.

El oficio se acomoda dentro de lo artesanal. Su estirpe proviene de la labor manual. Lo que se logra con el oficio, supuestamente se ve. Aun aquellos oficios que tratan con materias invisibles, como el pensamiento, la cultura, la sociedad. Todos ellos se interesan en que sus investigaciones puedan aparecer, de alguna manera, en observables, contrastables o falseables. A la vista.

Quizás la excepción es el oficio de filosofar, tarea cuya esencial utilidad reside en ser inútil. Algo similar ocurre con el arte, cuyo sentido reside en "el puro deleite", según Susan Langer. Pero éstos son casos, por definición, especiales. Dentro del ámbito de las ciencias que pretenden encontrar beneficio concreto para el hombre, es decir, ciencias que buscan ser útiles, su objetivo último intenta siempre alcanzar algo que sea "visible". Datos, máquinas, funcionamientos, técnicas de abordaje, supresión de síntomas, cambios en la forma de sentir o llevar la vida, etc.

Postulo que la orientación psicoanalítica se constituye en una ciencia que pretende ser útil, diferenciándose así de la filosofía, aunque su materia de trabajo se dé en el pensar como vehículo absolutamente privilegiado de las metas que se propone.

El psicoanálisis ha sido creado para ser útil, operando en el campo de lo invisible. Lo incontrastable, lo que no se ve. Esto es, operar en el aire, en la zona en que analista y analizado, en que terapeuta y paciente, se encuentran para relacionarse con la nada, con el nido del ser, con lo incognoscible, con lo inconsciente. Analista y analizado intentan obtener, desde allí, la función del mejor pensar, de configurar lo incognoscible en unidades que hacen referencia a lo indeterminable, bajo formas determinadas. Hanna Segal ha señalado que el *insight* es inconsciente. Si *insight* significa "ver hacia dentro", lograr un *insight* es mirar lo informulable.

Al psicoanálisis, esto le ha valido críticas constantes que lo precipitan al espacio de lo esotérico, que lo emparentan con formulaciones similares a las teorías del flogisto o del éter. Popper, por ejemplo, ha relegado al psicoanálisis a la condición de lo no científico. Discutir tal aseveración es, en todo caso, tema de otro escrito.

La presente ponencia busca, en síntesis, encontrar la zona que se establece entre el *hacer*, propio del oficio, localizable en una exterioridad, en un "ahí", y el *ser*, alcanzado paradójicamente en el actuar psicoanalítico, que recupera lo logrado atrayéndolo hacia lo invisible. Esta actividad psicoanalítica, que entrama el no mirar de Tiresias, el ciego y adivino bisexual, con la indetenible necesidad conductual de Edipo.

Mi propósito es lograr la exposición en un plano desplegado de una realidad plegada, para intentar *ver* un *no saber* obligatorio, que se traiciona a sí mismo, autoempujándose hacia el *explicar*. Tiresias advierte al inquisidor Edipo: "No, yo no quiero afligir a nadie, ni a ti ni a mí. ¿Por qué te afanas con vanas preguntas? De mí no has de saberlo." Sin embargo, Edipo continúa preguntando. Y, cuando se enfurece con la falta de respuesta, Tiresias le dice "No hubiese venido si no me hubieses llamado tú" (Sófocles, 1962).

Este drama, de constante repetición en los psicoanálisis, corresponde a un cotidiano existir que, al intentar ver, se ciega en el mirar. Se llega así a la ansiedad del que opera, no del que sabe; del operario, no del sabio. Del que espera resultados, no del que acepta habitar en el desconocimiento. El analizado puede enfurecerse con ciertas respuestas del analista. El analista puede enfurecerse también, cuando el analizado no acepta su respuesta. Ambos no quieren para sí mismos la incógnita, la ceguera, el devenir del evento que se construye deshaciéndose a cada instante. Sin embargo, al entregarse al acto psicoanalítico, ambos aceptan y buscan, a la vez, esta incógnita, este desvanecerse del conocimiento en el momento en que se lo alcanza. Pero los dos hallan también la pertenencia de su encuentro en el logro de resultados similares a los que obtiene cualquier operario en el ejercicio de su propio oficio.

Edipo ha matado, ha respondido, ha procreado, ha gobernado. Es un operario. Tiresias es ciego y habla con la verdad. La verdad, para Tiresias, puede aparecer en el acto de no ser nombrada. Freud señaló, sin embargo, que los procesos debían ser sometidos a la tramitación y al olvido para poder adquirir sustancia mental (Freud, 1979). Freud sabía que gran parte de nuestro discurrir cotidiano no tiene que ver con la verdad. También sabía que requerimos con insistencia de un conocimiento que alcance la figurabilidad que falsea el desconocimiento, haciéndolo aparecer como verdadero. Late en estas ideas la emergencia futura del *propio ser verdadero* y el *propio ser falso* winnicottiano.

El psicoanalista centra tensionalmente una polaridad entre Tiresias y Edipo. Puede atascarse en uno de los dos, como le ocurre a una máquina. El psicoanalista debe evitar ser máquina. Pero no puede olvidar la mecánica de los ordenamientos de las cosas, mecánica que también lo conforma, le permite *ser*, como psicoanalista y como ser humano.

Interesa que el psicoanalista preserve el oscilar. Un oscilar que en cada polo del vaivén condensa el polo opuesto. Según el decir de Nietzsche, respecto del nihilismo: "(El hombre) ... abandona el centro para dirigirse hacia la X." Podemos agregar, a su vez, que no puede dejar el centro, tendiendo necesariamente a alejarse de la X. Para Heidegger, "parece haber algo posible y deseable más allá del nihilismo" (Vattimo, 1980). Es decir, existe una zona de mutua suplantación entre la nada y lo existente.

En términos relacionados con el estar en el presente y funcionar en la realidad, es necesario diferenciar entre el pensar-como-ver, propio de Tiresias, y el percibir-como-mirar, propio de Edipo. En el percibir, vía función de la atención, aparece lo evolutivo, el cambio, la etapa, el tiempo cronológico. En el pensar aparece lo atemporal, el concepto de "posición" descrito por Melanie Klein, el tiempo de Kairos, el tiempo interno. Pensar y percibir se modelan mutuamente. Pero también se relevan, ocultándose uno al otro. Se piensa, como si este acto pudiera independizarse de su sometimiento a la percepción. Se percibe, como si la percepción pudiera independizarse de la atemporalidad.

Postulo como hipótesis que el psicoanalista y el psicoanalizado acogen en la unidad de su propia interioridad incomunicable lo que afuera existe como diversidad. Como realidad humana, terapeuta y paciente no pueden evitar estar entregados a las diferencias. Y buscan precisar y reorientar estas diferencias, recorriendo el camino del desconocimiento, que es el camino de lo unitario.

Lo unitario no puede aparecer sino dentro del *ente* diferenciado, pero lo unitario pertenece al *Ser*. El *Ser* es, así, uno y múltiple. Algo que, desde el punto de vista conceptual, tiende a confundirse con la idea de lo Inconsciente. Son, por ello, el *Ser* y *lo Inconsciente*, invisibles. *Ser* e *Inconsciente* no pueden sino mostrarse, pero realizando, en el mismo evento de aparecer, su propio ocultamiento.

Mirar implica delimitar entre distintos elementos. No hay mirada a lo unitario, excepto cuando cada unidad se diferencia de otra. Pero allí se está mirando lo diverso, o más bien lo diverso posibilita la mirada, lo unitario es asequible sólo a través de "ver". El trabajo psicoanalítico, en su afán de vislumbrar el inconsciente, cada vez que lo delimita en una interpretación, lo esconde simultáneamente y lo empuja en su develamiento, hacia la máxima zona de oscuridad. Pero también lo empuja hacia la facilitación de un falso ser que proteja al verdadero (M. Khan, 1972).

Digresión teórica desde el espacio transicional

Analista y analizado, paciente y terapeuta, se deciden a trabajar juntos en el desocultamiento del inconsciente, para permitir al ser impregnar la forma de la existencia. Esta tarea de desocultamiento no tiene tabla, no tiene distintos ítem. Se proyecta hacia un objetivo que se acepta como no alcanzable en su forma de desocultamiento, aunque su sentido implica necesariamente una transformación beneficiosa en la existencia del paciente.

Encontrarse, como diría Freud, ante el tablero de ajedrez con algunos lineamientos para iniciar y para terminar la partida, pero sin mayor finalidad que la de llevar a cabo tal acción. El terreno del juego. Pero un juego que se orienta en un sentido de utilidad, el sentido terapéutico.

Por esto es una paradoja. Al campo de la paradoja, Winnicott lo llama espacio transicional, lugar apto para la ilusión. La paradoja se da en el juego. Winnicott le atribuye al juego un rol fundamental en la existencia. "El juego (...) hace madurar la capacidad de participar en la fecundidad cultural del mundo y de contribuir a ella." Dice Winnicott: "Si un niño juega, hay sitio para un síntoma o dos, y si un niño es capaz de disfrutar del juego, solo y con otros niños, no hay en marcha una perturbación muy seria" (Winnicott, 1988).

La paradoja incluida como perfil del juego, desde este punto de vista, apunta a una perspectiva psicoanalítica desde la cual la meta de obtener resultados no se elimina, pero queda relativizada, como algo que depende fundamentalmente del nido original que contiene el resultado. La forma del resultado del tratamiento será marcada dentro de los ámbitos que conforman la manera de evaluar los resultados. Winnicott le da al juego un rol básico para poder dejar expresar la espontaneidad que, en su criterio, es, en realidad, la creatividad. Esto hace posible un resultado que importe al paciente como individuo y no al acatamiento a referentes psicopatológicos como patrón de trabajo en la técnica.

A mi entender, una paradoja se ubica en el ámbito de lo imposible y, desde allí, hace posible lo imposible. Despierta la zona de lo preverbal a partir de referentes que pertenecen a lo verbal.

Una paradoja, entonces, es capaz de hacer jugar las interconexiones rígidas de las clasificaciones, aportando un carácter de libertad en el trabajo, que favorece la fecundidad, la creatividad del juego. Algo expresamente mantenido en la obra winnicottiana. Jugar, tanto en el sentido de desplegar motrizmente la fantasía, como en el de aligerar el ensamblaje de las partes, dándoles posibilidad de un mejor movimiento. La paradoja aceita las bisagras, abriendo el conocimiento a su posibilidad de ser antena u olfato, más que plan, programa o proyecto.

En el concepto de introyección, según como se ha concebido, se puede encontrar una fundamentación de lo que estoy exponiendo. La introyección define la forma de entender la presencia del mundo externo en el mundo interno. Habla de lo interior, es decir, de la materia del trabajo psicoanalítico. Pero "lo interior" es, sin duda, un tema polémico.

Al parecer, la definición de introyección se ha orientado en distintos vértices, de acuerdo con el modo como los autores han hecho coincidir este concepto con la escuela a la que pertenecen dentro del psicoanálisis. Laplanche y Pontalis, por ejemplo, describen la introyección como un "proceso (en el que el sujeto) hace pasar, en forma fantasmática de fuera a 'dentro' objetos y cualidades inherentes a estos objetos". Agregan: "La introyección guarda relación con la incorporación, que constituye el prototipo de aquella

53

(…). Se caracteriza (…) por su relación con la incorporación oral" (Laplanche y Pontalis, 1971).

Kernberg, que coincide en esto con Klein, considera a la introyección como "un mecanismo esencial del temprano desarrollo yoico". Pero piensa que esta autora "termina atribuyéndole un sentido sorprendentemente amplio" al concepto. Discrepa también con ella, cuando ésta plantea que la introyección "es una consecuencia de la modalidad de incorporación oral o como un principio metabólico oral derivado del ello". Kernberg postula que "las introyecciones son estructuras psíquicas independientes, originadas fundamentalmente en funciones autónomas primarias (percepción y memoria) a medida que éstas se vinculan con relaciones objetales tempranas, y si bien son fuertemente influidas por conflictos orales" no considera que deriven de éstos (Kernberg, 1979).

Este autor precisa que "la capacidad de hacer introyecciones representa un nivel superior de capacidad innata, íntimamente vinculada con la perceptualización de los derivados instintivos" (ídem).

Afirma que "en un momento dado la maduración y el desarrollo de las funciones yoicas primarias dan lugar a introyecciones que, a su vez, se convierten en el principal agente organizador de lo que habrá de ser el yo como estructura integrada" (ídem).

Esta manera de concebir las formas de internalización está en la línea de lo planteado por autores como Sandler, según lo cita Meissner: "Los procesos de introyección e identificación requieren un grado de organización interna tanto como la construcción previa de un modelo mental del objeto" (trad. del inglés). El mismo Meissner determina posteriormente que "el introyecto es la presencia interna de un objeto externo" (ídem), agregando que "la introyección reemplaza una relación con un objeto externo por una relación con un objeto interno" (ídem). Las citas de Meissner tienen como propósito fundamentar los aportes de la psicología del yo a los procesos de internalización (Meissner, 1970).

Tales planteamientos destacan constantemente la necesidad de considerar "la maduración de los procesos yoicos", para establecer el concepto de introyección. Requieren también que se haya logrado un grado de organización interna en el desarrollo evolutivo psicoorgánico, construcciones previas de modelos mentales, la participación de la memoria, de las huellas mnésicas, de la percepción, etc. Todas estas exigencias, si bien son legítimas y rigurosamente establecidas al interior del modelo, no contemplan que su validez es acertada sólo para la organización del enfoque de la psicología del yo. Plantean sus deducciones lógicas y sus supuestos como si pertenecieran a un modelo independiente y esencial, es decir, un modelo que no existe, ni podría existir, porque sería confundir "el mapa con el territorio" o el modelo con la realidad.

Plantear que se puede criticar el uso de conceptos, como si éstos no dependieran de un consenso que los establece, dentro de un ámbito de abstracción delimitado, equivale a cosificar las ideas. De esta manera, la introyección, que es el concepto que aquí interesa, no depende del modo como la define su autor, sino que es asumida como un objeto que existe fuera del sujeto que lo formula.

Cuando, a su vez, Melanie Klein usa el concepto de introyección, lo hace para definir un medio que ella considera fundamental para entender el crecimiento del yo. Prácticamente le da a la díada introyección-proyección el rol más básico en la formación yoica. Las interpretaciones, por ejemplo, buscan mostrarle al analizado cómo proyecta e introyecta en cada momento de la sesión, sin considerar ni pasado, ni futuro, ni memoria, ni deseo. La intención es favorecer reformulaciones yoicas, a través de posibilitar una mejor integración, buscando el *insight* y disminuyendo así la necesidad de proyectar (Riesenberg Malcolm, 1977).

Tangencialmente, quiero señalar que este criterio kleiniano es algo que conviene revisar críticamente, por las consecuencias que puede tener en la dilatación de los análisis, por una parte, y en la riesgosa transformación de un modelo en una ideología, que lleve al analizado a creer que el mundo interno está muy a mano en la conciencia y que la conciencia es una posibilidad de definir el mundo como interno. Es difícil pensar que el mundo pueda ser externo o interno. Implicará la capacidad de "estar fuera de sí", capacidad que sólo figuramos para la locura. Pero esto es "harina de otro costal".

Lo que me interesa acotar, ahora, es que los psicólogos del yo conciben, según lo ya mostrado, un mundo interno que se construye de acuerdo con los modelos de relación con el mundo externo que se internalizan. Es "una internalización de lo externo".

En cambio, lo que está destacado en el modelo kleiniano es la falta de diferenciación del mundo inconsciente, el terreno de la pulsión. Se concibe a éste como influencia radical en la manera como se registra el mundo externo, restándole peso a la posibilidad de este último en la orientación del modo de ser. Se trata de "una externalización de lo interno", con sus propias leyes de funcionamiento, con su propia lógica asimétrica, según lo diría Matte Blanco.

En todo caso, desde un punto de vista epistemológico, me parece importante precisar que ambos modelos coinciden en concebir la diferenciación sujeto-objeto como un punto de partida de la reflexión. La psicología del yo internaliza desde el objeto; la psicología kleiniana externaliza desde el mundo interno. En ambos casos se investiga desde la perspectiva de concebir una distancia radical en la relación entre un sujeto y un objeto, al modo como lo sostiene una perspectiva científica positivista.

Este sustrato básico, en el que la diferenciación sujeto-objeto es el origen y el destino de un pensamiento adecuado, ha estado presente como fundamento para definir *introyección* en los dos criterios que expusimos previamente: la psicología del yo y la psicología kleiniana.

Creo, sin embargo, que la idea de introyección no necesariamente se sustenta en esa diferenciación entre lo interno y lo externo. La manera como la concibió su creador, Ferenczi, supone una base diversa de la consignada, respecto a la concepción de los procesos mentales en su matriz de origen. Es conveniente, a mi entender, que este término preserve un *rasgo paradójico* de ser una internalización, que supondría la distinción sujeto-objeto, en un ámbito mental de no diferenciación entre yo y no-yo. Considero que el modo como lo definió Ferenczi da cuenta de esta pertenencia de la introyección a una operación que ocurre en el campo originario y fundante de lo indiferenciado, en el espacio del *ser femenino* en palabras de Winnicott (1988). Pero, antes de tratar a Ferenczi, deseo completar la reflexión iniciada líneas atrás.

En frecuentes trabajos anteriores, al definir objeto, he acentuado la necesidad de tener presente su etimología (*ob-jectum*, "frente a") y, más aun, he insistido en que, para que un objeto sea tal, requiere que se considere que no sólo está frente al sujeto sino, además, diferenciarse de otros objetos.

Me parece que, en la actualidad, es de gran importancia para lo psicoanalítico el revisar, como ya lo hacen desde mucho tiempo varios autores, las consecuencias que surgen de la idea heideggeriana de "ser en el mundo". Esta partícula "en" desarticula todo el orden de un pensamiento esencialmente clasificador, transforma las expectativas del conocimiento y legitima como inevitable la presencia de la circularidad, en su condición de co-existencia originaria y presente de lo desplegado.

Pienso que el psicoanálisis se ajusta más como ciencia útil a una concepción que se apoye en entender la relación sujeto-objeto como una trama unitaria de los diferentes modos de ser, en desmedro de concepciones que tienden a clasificaciones cada vez más precisas en torno a las diferenciaciones o indiferenciaciones manifiestas, postuladas para esta relación sujeto-objeto.

Considero, actualmente, que la diferenciación sujeto-objeto es válida para una dimensión de la mente que, desde la condición de ser, se hace panorama mental relacionada con el actuar. El actuar gatilla retroactivamente formas de delimitación entre sujeto y objeto, y distingue los objetos entre sí. Pero actuar es sólo un modo del ser. No es el ser. El psicoanálisis se orienta a tratar con esta totalidad indisoluble entre ser y actuar, entre ser y hacer, y por esto considero su acción como paradójica.

Igualmente paradójico emerge el concepto de introyección en la terminología de Ferenczi. Este concepto puede ser estipulado como una idea matriz de la perspectiva psicoanalítica, dado que, en tal operación, se sustenta no sólo el desarrollo del aparato mental, sino también sus posibilidades de modificación por psicoterapia.

El creador del concepto de introyección, Sandor Ferenczi, con esta idea se acercaba, a mi parecer, más claramente a una concepción relacionada con el modo de ser en el mundo, que a una concepción apoyada en la distinción de relaciones entre objetos "frente a" o "diferentes entre sí".

Me parece que, luego de Ferenzci, se usó el concepto que él creó de una manera diversa al espíritu con que lo impregnó su autor. De hecho, Laplanche y Pontalis, al referirse a Ferenczi, dicen que éste "llama introyección a un tipo de comportamiento... que también podría llamarse proyección". Es decir, en vez de explorar el sentido del uso que le dio al concepto su creador, se lo cuestiona como si el concepto fuera independiente del modo como se lo ha definido.

Es posible que el problema surja de la manera en que Freud consideró inicialmente el término "introyección". Lo dice así: "Bajo el imperio del principio del placer se consuma dentro de él (el yo) un ulterior desarrollo. *Recoge en su interior los objetos ofrecidos* en la medida en que son fuente de placer, los introyecta (según la expresión de Ferenczi [1981])..." (el subrayado es mío). Anteriormente ha señalado que "en la medida en que es autoerótico, el yo no necesita del mundo exterior, pero recibe de él objetos a consecuencia de las vivencias derivadas de las pulsiones de autoconservación del yo, y por tanto no puede menos que sentir por un tiempo como displacenteros ciertos estímulos pulsionales interiores".

Se percibe en este texto de Freud que, si bien la concepción de autoerotismo se hace cargo de un estado primario de indistinción sujeto-objeto, adentro-afuera, éste es precedido por lo que Freud en contadas ocasiones llamó "yo-realidad inicial, que ha distinguido el adentro y el afuera según una buena marca objetiva" (Freud, 1979). Me parece que la idea que postula Freud, respecto a "recoger en el interior los objetos ofrecidos", ha influido para que se haya interpretado el concepto de introyección desde el modelo de una incorporación del objeto. Sin embargo, Ferenczi introdujo, a mi parecer, un matiz distinto en esta noción.

Cuando este autor describe el concepto de introyección lo plantea de esta forma: "El neurótico busca constantemente objetos con los que puede identificarse a sí mismo, a los que puede transferir sentimientos, a los que puede *arrastrar a su círculo de interés*, es decir introyectar." Más adelante señala: "El psiconeurótico sufre de un *ensanchamiento...*" (el subrayado es mío), y precisa que la introyección neurótica es simplemente un caso extremo de procesos psíquicos cuyas formas primarias son demostradas en todo ser normal, respecto a la ontogénesis de la conciencia del ego. Dice que "se puede suponer que al recién nacido todo lo percibido por los sentidos le aparece como unitario, es decir, monista. Tan sólo más tarde aprende a distinguir de su ego las cosas maliciosas, que forman un mundo externo y que no obedecen a su voluntad" (Ferenczi, 1981). Es decir, Ferenczi no está partiendo de la idea de yo-realidad freudiano, en el cual éste sustenta su uso de la introyección como movimiento desde afuera hacia adentro. Ferenczi habla de "ensanchamiento", es decir, de ampliación del yo.

El concepto de introyección en Ferenczi alude a una situación en la cual no hay experiencia de diferenciación sujeto-objeto; no existe conciencia del ego, como lo expresa este autor. Esto implica que el proceso de introyección está expuesto para describir una situación en la cual el objeto *está "en" el sujeto*. Podríamos decir, con Winnicott, "el sujeto es el objeto" (Winnicott, 1979), y viceversa, el objeto es el sujeto. El proceso de introyección aparece en Ferenczi como un englobamiento del objeto, como quien descubre algo de sí mismo, que todavía no se ha representado en su propio cuerpo o en su propio ser.

En otro capítulo de su libro *Sexo y Psicoanálisis*, Ferenczi, refiriéndose al desarrollo del sentido de la realidad, afirma que "al comienzo de su desarrollo, el bebé recién nacido busca obtener un estado de satisfacción meramente a través de un insistente desear, en el cual simplemente ignora la insatisfactoria realidad. Por el contrario, pinta como presente la deseada pero inexistente satisfacción: intenta por lo tanto ocultar sin esfuerzo todas sus necesidades mediante alucinaciones positivas y negativas" (Ferenczi, 1909).

Dice Ferenczi que existe un estadio en el desarrollo humano en el que se realiza este ideal de ser sólo sirviente del placer, y no sólo se lleva a cabo en la imaginación o aproximadametne, sino *de hecho y completamente*.

Con esto se refiere al período de la vida humana que se desarrolla en el útero. En este estado, el ser humano vive como un parásito del cuerpo de la madre. Para el ser naciente, el "mundo externo" sólo existe en un grado muy limitado; todas sus necesidades de protección, calor y alimentación le son aseguradas por la madre. Más aun, agrega Ferenczi, ni siquiera tiene el trabajo de tomar el oxígeno y el alimento que le es traído, ya que ha sido previsto que estos materiales, mediante arreglos adecuados, le lleguen directamente a los vasos sanguíneos.

Estipula, además, que "si el ser humano posee una vida mental cuando se halla en el útero, aunque sea sólo inconsciente... debe obtener de esta existencia la impresión de que de hecho es omnipotente". Precisa que "la conducta del niño inmediatamente luego del nacimiento habla de la continuidad de estos procesos mentales".

El primer deseo-impulso del niño no puede ser otro que el recuperar la situación intrauterina. Lo curioso, dice Ferenczi, es que, *presuponiendo un cuidado normal, esta alucinación, de hecho, se realiza.* Desde que el niño, por cierto, no tiene conocimiento de la concatenación real de causa y efecto, o de la existencia y de la actividad de la madre, debe sentirse en posesión de una capacidad mágica, que puede en realidad satisfacer todos sus deseos simplemente imaginando la satisfacción de los mismos. Éste podría denominarse, por tanto, "período de la omnipotencia mágico alucinatoria", período que aparece como antecedente teórico de las concepciones winnicottianas de madre-ambiente e ilusión, tanto como la noción de "interpenetración armoniosa", expuesta por Michael Balint en su libro *La falta básica.*

Dado que "el deseo de satisfacer los instintos se manifiesta periódicamente, mientras que el mundo externo no presta atención al acontecer de la ocasión en que los instintos son ejercidos, la representación alucinatoria de la realización del deseo pronto prueba ser inadecuada para seguir brindando una realización de deseos real. Una nueva condición es agregada a la realización: el niño debe dar ciertas señales, llevando a cabo de este modo cierto esfuerzo motor, aunque inadecuado, de modo que la situación pueda ser cambiada en la dirección de esta disposición" (ob. cit.).

Ferenczi hace ver que "el estadio alucinatorio ya estaba caracterizado por la ocurrencia de descargas motoras incoordinadas (llorar, esforzarse) en la ocasión de afectos desagradables. Éstos son usados ahora por el niño *como señales mágicas*, a cuyo dictado pronto llega la satisfacción. (Naturalmente con la ayuda externa de la cual el niño no tiene idea.) El sentimiento subjetivo del niño cuando esto ocurre puede ser comparado con el de un mago real, que sólo debe realizar un gesto para provocar en el mundo externo a voluntad los acontecimientos más complicados" (ob. cit., el subrayado es mío).

Con esta imagen del "niño mago", Ferenczi ubica un período de la vida en el cual el ser humano, con ayuda del mundo externo, es decir de la madre-ambiente, de acuerdo con Winnicott, ha vivenciado la experiencia del ser. Este período inicial es llamado por él fase de introyección.

Los conceptos de Ferenczi en cuanto a introyección inspiran, entonces, el concepto de ambiente de Winnicott y Balint, y apuntan a que "ambiente" no se identifica como algo externo, en el sentido ya señalado de la psicología del yo.

Me atrevo a concluir que, desde el modo como Ferenczi ha conceptualizado el concepto de introyección, se puede pensar que lo que se busca en psicoanálisis es lograr, sobre la base del logro de un respeto al *propio ser originario,* una experiencia de unidad y privacidad en un mundo que se abre desde ese ser. Este mundo, que integra un *modo de ser* de este ser, se configura de tal manera que exige la diferenciación ulterior entre sujeto y objeto, a partir de la acción que el sujeto lleva a cabo, impulsado por el deseo. Exige, por tanto, la entrada del niño en el ámbito del "hacer masculino" que describe Winnicott, con la cooperación de la madre, quien, según este autor, debe también saber frustrarlo, a partir del período en que la experiencia del objeto transicional es tolerada por el ambiente. *Ser* y *hacer* son ambos constituyentes del sentido de la práctica psicoanalítica.

Madre-ambiente y la díada terapeuta-paciente, como paradoja entre el "hacer" psicoterapéutico y el "ser" psicoanalítico

Cuando Winnicott distingue entre un primer momento de desarrollo, *masculino*, definido por el "hacer" (Winnicott, 1988), quizá apunta a tener presente tanto la indiferenciación sujeto-objeto como su distancia.

En esta experiencia del ser, sin duda olvidada en el inconsciente, se da la necesidad de la ilusión, la paradoja de creer que se construye un objeto que ya está allí (Winnicott, 1988). La madre es quien puede posibilitar esta ilusión, favoreciendo la creencia mágica del "niño mago". Me pregunto si esta "ilusión" no alude a una forma de introyectar, tal como se ha precisado en Ferenczi. Para Winnicott, la adaptación inicial es la acción de esta madre ambiente que busca, en lo posible, cubrir el deseo del hijo, protegiéndolo de no caer en el estado de necesidad o agonía y preservándole la omnipotencia, que constituirá la experiencia del ser, que llega a olvidarse. Esta madre "suficientemente buena" es capaz de ubicarse, entonces, como "ambiente" winnicottiano, dentro de las ampliaciones yoicas introyectivas que define Ferenczi.

Conseguida esta experiencia durante un tiempo suficiente, puede alcanzarse el momento del "hacer", que incluye la capacidad de frustrarse, de acatar las limitaciones del mundo externo, situación que empuja a visualizar una realidad en la que se diferencia sujeto de objeto, en el cual se instalan relaciones entre los objetos, en el que estas relaciones se ordenan según principios de causa-efecto; un mundo positivista.

Considerar estas ideas es un intento por rescatar para el psicoanálisis el valor de la persona, en desmedro del proceso, tal como lo plantea Fairbain. Algo que en el Middle Group aparece como un afán de legitimar la protección del ser como fundamento creativo del hacer. Algo, también, que se inscribe dentro de la inquietud heideggeriana de este siglo, por conectar al hombre con el olvido del ser, para que lo recuerde y pueda "perspectivar" mejor la cosificación, al parecer inevitable, de la existencia. Dice Heidegger: "Sería necio marchar ciegamente contra el mundo técnico. Podemos servirnos de los objetos técnicos y mantenernos libres de ellos, dejándolos residir en sí mismos, prohibiéndoles que nos planteen exigencias" (Heidegger, 1960).

El psicoanalista o el psicoterapeuta de esta orientación requiere, sin duda, alcanzar con su ejercicio técnico psicoterapéutico transformaciones observables, vale decir, posibles de ser compartidas en un informe, en una ponencia, en una conversación. Es necesario, ya que el psicoanálisis necesita validar sus planteamientos o justificar sus abordajes técnicos, en función de su capacidad de ayudar personas.

El psicoanálisis, sin embargo, obtiene plenamente su credencial, en la medida en que logre beneficio para el paciente como persona, no como proceso abstracto registrable sólo en un informe. Este beneficio debe dar cuenta de un pasar más satisfactorio en la vida cotidiana de la persona tratada. Es decir, de algo comunicable. Un ejemplo me lo proporciona lo leído recientemente en un diario de Santiago. El periodista cuenta que un entrevistado "se recuesta desde hace nueve años en el sofá de un psicoanalista. El motivo es el *síndrome de muerte* que una vez le avisó que estaba listo para irse a mejor vida, si es que no cambiaba el ritmo de su existencia". El entrevistado dice: "Antes yo era de los que trabajaba veinte horas diarias, fumaba veinte cigarros y me tomaba unas quince tazas de café." El periodista señala que este entrevistado "... desde hace un año y medio no fuma y toma sólo dos tazas de café. Modificó todo. Todo. Menos la parte profesional". Es decir, este entrevistado alude al ritmo de su existencia a través de constatar cambios en la enumeración de lo observable.

Esto es, sin duda, un informe casual, sujeto a múltiples alteraciones de distinto origen. Obviamente, no podría ser considerado científicamente válido; ni siquiera un testimonio confiable. Sin embargo, me parece que, en un cierto nivel, el trabajo psicoanalítico debe posibilitar que su paciente pueda referirse a cosas como ésta, cuando habla de su psicoanálisis. En un nivel de mayor rigurosidad científica, el especialista en psicoanálisis debe poder dar cuenta de resultados analíticos de una manera abstracta y formal, pero referida siempre a la traducción de estos informes en la vida cotidiana del paciente. Pero éste es, y ha sido ya, tema de otro escrito.

Considero que una perspectiva psicoanalítica que filosóficamente se inspire en un rescate del ser, a través del hacer, es decir que en su trasfondo considere una indiferenciación sujeto-objeto como realidad esencial de lo humano y de la realidad misma, a la vez que una distinción externo-interno como campo de evaluación, es una perspectiva que ubica a lo teórico y lo práctico en su legítimo lugar.

Casuística

Intentaré ilustrar estas ideas con el análisis de una casuística que ha sido publicada y que pertenece al psicoanalista inglés Patrick Casement (Casement, 1990).

La señora B. llevaba ya tres años analizándose. Cuando empezó el tratamiento, tendría unos treinta años y se había casado hacía poco. Seis meses antes de otra sesión a la que se presentara, había tenido un hijo. Antes de su embarazo, el análisis se había centrado principalmente en un accidente sufrido por la señora B. a los once meses de edad: se había volcado encima agua hirviendo, en un momento en que su madre se hallaba ocupada en otro lugar, y había sufrido quemaduras graves.

Casement consigna lo siguiente: "En una fase temprana de su análisis, la señora B, con relación a esas quemaduras graves, cuenta que su cabello encanecía a causa del persistente dolor que aquella experiencia y los recuerdos asociados le ocasionaban." Casement, en la sesión, se pone a observar más de cerca el cabello de ella, para lo cual se inclina sobre el respaldo del diván en busca de indicios de ese encanecimiento. Como no comprueba el menor rastro de ello, se pregunta si la paciente acaso lo invitaba así a acercarse más a ella. Trata de explorar si esto era en efecto un llamado para que él se acercara. La señora B. se aflige mucho. Cuando el analista escucha su congoja —un lamento que surgía de lo más profundo de su ser, dice—, advierte que no la había entendido en absoluto. Había buscado signos externos de encanecimiento. Cuando escucha mejor, considera que pudo interpretar de modo muy diferente.

Casement relata una interesante secuencia de sesiones, que él va analizando retrospectivamente, evaluando sus errores. Para ser justo, habría que conocer la totalidad del caso. Es común que los analistas encontremos una manera de corregir el enfoque de nuestros colegas, en un estilo similar a que "después de la batalla todos somos generales". En este caso va a ocurrir esto una vez más.

Con el pretexto de ilustrar mi argumento, tomaré lo informado honestamente por Casement, para darle mi propia interpretación. Sin duda, mi manera de ver este caso corresponde, más que a un verdadero contacto con el mismo, a las ideas que yo quiero validar. Por lo demás, al quedar excluida gran cantidad de información, esto me permite ajustar el material a lo que yo deseo comprobar. Creo, sin embargo, que esto ocurre siempre, por mucho material que se entregue. Continuemos con otros datos.

Un viernes, la paciente llega con un leve atraso. Menciona que el miércoles por la noche había tenido un sueño, pero lo había olvidado hasta esa mañana. En el sueño había un río cuyas orillas reverdecían por doquier, como en primavera. Ella yacía en la ribera. Era muy pequeña o estaba echada de bruces, porque parecía tener el agua a nivel de los ojos. Las aguas empezaron a hervir y amenazaron con destruirlo todo. Tuvo la sensación de que esas aguas hirvientes avanzaban directamente hacia ella. Se asustó hasta tal punto que quiso alejarse pero, en lugar de eso, las miró y se volvieron a transformar en un río común. La paciente interrumpió su narración y exclamó, sorprendida: "¡Pude hacer cesar su ebullición!"

El analista intuye que la paciente le está presentando una reconstrucción onírica de su accidente. En aquella ocasión, el agua hirviente estaba a la altura de sus ojos y ella había sufrido quemaduras graves en la parte frontal de su cuerpo.

La paciente comenta que no se había dado cuenta de que su sueño se refería tan claramente a su accidente hasta el momento de narrarlo. Al decir esto, le sobrevino una gran congoja y empezó a experimentar el accidente como si le sucediera allí mismo en la sesión. Se diría que el agua hirviente caía sobre ella y la abrasaba. Gritó, presa de extremo dolor, y se sentó diciendo: "Cuando estaba acostada no cesaba de venírseme encima." Sollozó por largo rato, sosteniéndose la cabeza con las manos. El analista le dijo que, al sostener su cabeza con las manos, le comunicaba su necesidad de sentirse amparada durante esta experiencia. Ella replicó, sin dejar de llorar: "Mi madre no podía afrontarlo... tenía que apartarse de eso... yo no podía soportarlo sola."

El terapeuta informa que, a los diecisiete meses, la señora B. había sido intervenida quirúrgicamente, con anestesia local, para quitar los tejidos muertos que habían quedado en las cicatrices de sus quemaduras y permitir que creciera piel nueva. Su madre se desmayó durante la operación, dejando a su hija ante al cirujano, quien siguió operando, indiferente ante lo que ocurría. La paciente dice que su madre la tenía asida de las manos, y recordaba su propio terror cuando sintió que las manos de su madre se deslizaban, al tiempo que se desvanecía y desaparecía de su vista. Recordaba haber creído que el cirujano la mataría con su bisturí.

Empezó a insistir en la importancia que tenía para ella el contacto físico. Dijo que no podría tenderse más en el diván a menos que supiese que, en caso necesario, el analista le dejaría asir su mano para que pudiera soportar esta nueva vivencia de la experiencia quirúrgica. ¿Se lo permitiría o rehusaría? Si se negaba, no estaba segura de poder continuar su análisis.

El analista se sintió cada vez más presionado, porque faltaba poco para que terminara la sesión, era un viernes y temía que la paciente abandonara realmente el análisis.

Esta situación continúa complicándose, con exigencias cada vez más intensas por parte de la paciente en la demanda de contacto físico, mediante pedidos para que el analista le tome la mano, e interpretaciones del analista, desde distintos niveles y puntos de referencia. Aparecen fenómenos psicóticos, furia, amenazas de suicidio.

Me interesa tomar sólo un punto de este caso: el referente transferencial que el analista preserva, como criterio terapéutico ambiguo, durante toda la situación; referente transferencial que, además, supone que la interpretación sistemática de la transferencia es el eje básico de acción del oficio psicoanalítico. Estos criterios se entretejen con escrúpulos relacionados con la mantención del *setting* como algo que más bien pertenece a una norma ética que a un aislamiento de variables.

Me interesa, dado que el sentido de este artículo es mostrar la paradoja entre la vigencia de un pensar complejo como el psicoanalítico y el ejercicio de un oficio que requiere de resultados concretos. La paradoja, característica de lo psicoanalítico, que he metaforizado como la dimensión de algo invisible y leve, radicado en la comprensión de la presencia vigente y

constante de lo inconsciente en la trama del acontecer, mezclado con algo visible y material, como es la
exigencia de resultados terapéuticos, observables en
el campo de la vida cotidiana. Incluyo en esta materia observable el vínculo entre psicoterapeuta y paciente, así como la transferencia pertenecería a la dimensión de lo invisible.

Mi hipótesis es que la transferencia constituye, sin
duda, el terreno clínico específico de lo inconsciente.
No obstante, me parece que suponer la capacidad de
acceder a su comprensión a partir de las explicaciones sobre funcionamiento transferencial aportadas
por un modelo, es algo que puede transformar el sentido de lo psicoanalítico. Los modelos psicoanalíticos
generan explicaciones tentativas de un modo de darse inconsciente que, en esencia, es infigurable. Los
modelos orientan la comprensión pero, a la vez, la
desvían también de su sentido más propio.

Una comprensión psicoanalítica plena, en último
término, es muda. La dinámica que se descubre con
las interpretaciones resulta de la posibilidad del inconsciente de ir encontrando paulatinamente figurati-
vidad y lenguaje en las zonas en que se acerca a lo
preconsciente, exigido por lo que Freud llamó algunas veces el *apremio de la vida.* En el campo del
apremio de la vida se justifica la comprensión de la
transferencia como expresión de la comprensión de
una zona transicional entre la mudez del discurso inconsciente plenamente tal y su progresiva figurabilidad en la evolución hacia el logro de representacio-
nes-palabra, de un lenguaje que permita entenderse
con el mundo cotidiano y diferenciado.

El sentido terapéutico del trabajo psicoanalítico
está corporeizado en la posibilidad de comprender

en un nivel y de intervenir en otro de distintas maneras adecuadas, para lograr la capacidad de satisfacer el apremio de la vida y la posibilidad de una mejor autonomía en la cotidianidad.

Creo que para llegar a comprender la *transferencia* es necesario tener presente, en primer lugar, el *vínculo* que liga concretamente a un terapeuta con su paciente. Este vínculo está tematizado por la intención de lograr algún alivio para el paciente. Desconocer que esa relación es primariamente terapéutica, y considerarla primariamente transferencial, conduce a la teorización y a la cosificación de la teoría. Conduce a confundir el lugar de la comprensión con el sentido de lo psicoterapéutico. Conduce, al final, a creer que la interpretación de la transferencia da cuenta de todo lo que está pasando en la situación analítica, perdiendo de vista que lo que interesa es que ese vínculo mantenga su pertinencia relativa a la obtención de alguna forma de cura, en relación con el motivo de consulta consciente e inconsciente.

El *vínculo* terapeuta-paciente es actual, es presente, es concreto, se establece para una díada que se compromete mutuamente en el logro de objetivos específicos. En el vínculo se entrama la transferencia, pero no es transferencia exclusivamente. El vínculo representa el sentido vigente, no pasado ni interno, de lo que ocurre entre paciente y terapeuta y del sentido de su contrato. Es la amalgama sólida del proceso y en él se preservan las metas terapéuticas. Quizás por la índole psicoanalítica que aporta el *setting*, el vínculo podría entenderse como ocurriendo en un presente profundamente marcado por la atemporalidad.

El *setting* analítico aporta el objetivo y pertinencia de ese vínculo, lo que supone un intento por buscar el contacto con el inconsciente del analizado, sin poder explicitar nunca en forma suficiente la forma de ese contacto. Esto implica una manera de vincularse atemporalmente, pero en el presente concreto y obvio de la situación. El vínculo es el piso de ese presente concreto y obvio.

Pienso que interpretar directamente la transferencia, sin aclarar previamente la forma en que se está dando el vínculo terapéutico, conduce a la teorización del *insight*. A mi entender, el vínculo es también un peldaño intermedio para llegar a buscar un entendimiento de la transferencia, que siempre va a representar un ordenamiento del material, de acuerdo con los supuestos teóricos del analista.

La transferencia se relativiza en su formulación, si está apoyada en una comprensión suficiente del sentido actual, no necesariamente transferencial, del encuentro analítico. Considero que esto regula la regresión transferencial, al gravitarla en la consideración constante del criterio de realidad. En mi criterio, es importante regular la regresión transferencial, lo que incluye tanto favorecerla como limitarla.

En la situación que presenta Casement, la experiencia traumática es aludida casi como un hecho de presencia perceptual. Casi como estar en esa ocasión del pasado. Esto, a mi entender, es producto de concebir la interpretación de la transferencia como un "hecho" presente, cuando lo que está principalmente presente es una relación terapéutica vehiculizada por un relato que alude al pasado o al mundo interno de la paciente, en el tejido de la transferencia-contratransferencia.

Se trata, en la casuística que se revisa, de un relato traumático, pero perteneciente, por lo demás, a una época propia de la amnesia infantil. Sin duda, se supone que el trauma deja su marca, tanto en el contenido como en la predisposición hacia la experiencia presente.

Es posible que, con la paciente que hemos citado, el analista no debería haber pensado tanto en la madre transferencial, como en el cirujano que intervenía en la operación, ya que este cirujano aludía a una situación profesional similar a la del propio analista. Probablemente, esta situación traumática le había sido relatada a la paciente. Es difícil que la recordara con tanto detalle, máxime si tomamos en cuenta el concepto de recuerdo encubridor. Me pregunto si la paciente no soñaba y demandaba actitudes del analista como forma de sacarlo del sometimiento a la teoría de la transferencia. ¿No era una forma de buscar un contacto más personal, no necesariamente transgrediendo el *setting*? ¿No pedía esta analizada ser tratada como persona y no como un proceso quirúrgico, y su demanda tuvo que ir extremándose hasta buscar concretamente el contacto físico?

Creo que esta paciente usó de las imágenes de su relato para expresar algo relacionado con su analista concreto. El río de agua hirviente en que se convierte ese paisaje primaveral, ¿no corresponde a la paulatina toma de conciencia de que una relación entre personas era por sometimiento mantenida por el analista, como una relación destinada a realizar una verdadera intervención quirúrgica mental? El agua hirviente no podía aludir a un recuerdo onírico, ya que su verbalización correspondía más al lenguaje de su análisis, constantemente referido a la vivencia de esta experiencia traumática, como si fuera nítidamente recordada. El agua hirviente quizás correspondía a una repetición de la experiencia de estar siendo tratada en el análisis como si se estuvieran removiendo tejidos muertos; no como un ser vivo y personal.

En un momento, la señora B. contó el siguiente sueño. Sostenía un recipiente que contenía algo valioso. La rodeaban otras personas que parecían querer compartir lo que había en el recipiente. Era como si hubieran robado un banco, o algo así, y ella llevara ahora el botín de todo el grupo. Los enviaban a prisión, pero un guardia benévolo cuidó de que a ella la alojaran en una celda individual, para protegerla. Cumplió su sentencia antes que los demás miembros del grupo. Cuando la conducían hacia la puerta —hacia la libertad—, atravesando el patio de la cárcel, sus compinches se lanzaron sobre ella y le destrozaron la cabeza a puntapiés hasta dejarla tendida sobre el piso, muerta.

Sin duda, existen importantes aspectos de este sueño que pueden ser comprendidos según distintas teorías sobre la transferencia. En mi criterio, el mejor abordaje transferencial se lograría si primero se tomara el material como expresión de una referencia al psicoanálisis como prisión, cuidada por un guardia benévolo, el psicoanalista. La prisión no me parece que aluda solamente a una proyección del mundo interno de la paciente sobre el *setting* analítico. Alude, en mi criterio, directamente a las limitaciones de un encuadre que fija objetivos exclusivamente centrados en la interpretación de la transferencia y que no considera que el objetivo terapéutico se mueve, paradójicamente, entre intentar que el analizado asuma lo incognoscible de su condición de ser, a la vez que la presencia de lo personal en sí mismo, sustancia ésta de la individualidad y vehículo del propio ser que habita lo cotidiano.

Pienso que la muerte en el sueño, a mano de los compinches del robo, corresponde a la parálisis mental que se avecina posteriormente al término del análisis, por todo aquello que fue excluido del vínculo, al estar el analista apegado solamente a la transferencia. La convicción de la paciente la lleva a concebir como un robo todo lo personal que le entregaba el aspecto benévolo del analista con sus intervenciones. Fuera del análisis, fuera de la prisión, se volvería al punto cero, a la parálisis mental, a la muerte de lo alcanzado, por obra de las culpas inducidas por sentir la benevolencia del analista como un robo y no como expresión de las vicisitudes del trabajo psicoterapéutico.

Creo, pensando en el informe de Casement, que el enfoque psicoanalítico debería tener presente en cada ocasión la diferencia entre técnica y tratamiento, señalada por Winnicott (1988) como una forma de rescatar a la norma escrita de su omnipotencia, reduciendo la capacidad de ayuda a la modestia de lo incognoscible que habita en cada individuo. En 1954, Winnicott señala: "Convendrá que tengamos claramente presente la diferencia entre la técnica y la ejecución del tratamiento. Es posible llevar a cabo un tratamiento con una técnica limitada y, a la inversa, con una técnica altamente evolucionada es posible fracasar en la puesta en práctica del tratamiento."

Considero que la capacidad del terapeuta para diferenciar constantemente entre lo que puede aproximar por teoría y lo que requiere escrutar como vínculo actual, es una medida que acerca la técnica al tratamiento, que acerca la comprensión de lo inconsciente como inconsciente al uso de la técnica como tratamiento con objetivos terapéuticos.

La técnica y el tratamiento, complementados,

aportan un encuentro que sólo es válido en beneficio concreto del paciente, no del proceso, como referente exclusivo en la evaluación de lo practicado psicoanalíticamente.

He traído este caso a mi exposición, con el propósito de ilustrar el sentido paradójico que existe en este oficio con lo invisible, que es el trabajo analítico. El mundo interno, el pasado infantil, el presente ficticiamente temporal de la vida cotidiana, el presente atemporal de la sesión configuran una red apretada de rasgos de la situación analítica que no pueden darse uno sin otro. Pienso que el trabajo analítico tiene que mantener constantemente vigente la mayoría de los hilos de esta trama. Buscar sistemáticamente hacer *insight* sobre la ceguera del conocimiento, a la vez que permitir que el sujeto pueda olvidar su incognoscibilidad, para vivir mejor y prácticamente la vida cotidiana.

Creer que se sabe, saber que no se sabe. Lo que más permite a un ciego orientarse con el tacto, en ese mundo cegado que es el suyo, es, precisamente, que no ve. Probablemente el ciego, al caminar, dentro de la oscura visión de su interior, hace brotar en su mente, con su tacto, con su gusto, con su olfato, con su oído, toda la forma del mundo por el que se desplaza, imaginándolo quizás igual al mundo visual y desconocido del vidente. Hace brotar *un falso mundo*, desde la perspectiva de la visión.

El psicoterapeuta analítico debe preservarse del riesgo de perder un punto de vista que le muestra que transferir es, precisamente, imponer una realidad que recorre una transición entre lo externo y lo externo, entre el deseo y aquello *real* que se aleja justo en el momento en que se lo cree atrapado. El psicoterapeuta psicoanalítico requiere conservar consciente que su interpretación jamás se ajustará a la realidad de su paciente, que ambos sólo pueden encontrarse en el espacio transicional que habita entre un falso y un verdadero ser.

Algo similar a lo que hacemos los hombres cuando, desde el estado de ser inicial, conformamos un aparato mental que configura distinciones, tamaños, espacios, niveles, como si esta organización que clasifica volviera a ser el gesto del niño mago que hace aparecer un mundo de formas, que llamamos realidad.

Nos desplazamos por ella cómoda o incómodamente cada día, por virtud del *propio ser falso*, evitando, a través de un truco maravilloso de lo que consideramos mente, sentir la angustia insoportable que nos podría acarrear la percepción de su transparencia, quizás de su levedad. Es, quizás, parte de lo que Winnicott quiere precisar cuando se refiere a la agonía, como forma primaria de la angustia, en una situación de amenaza de pérdida del *holding*. Sería algo como percibir la nada. O el inconsciente.

Bibliografía

Casement, Patrick (1990): "Aprender del paciente", Buenos Aires, Amorrortu.

Ferenczi, Sandor (1981): "Sexo y Psicoanálisis" en *Psicoanálisis: Obras completas*, vol. 1, de 1908 a 1912 (trad. de F. J. Aguirre), Madrid, Espasa Calpe.

Freud, Sigmund (1979): "Pulsiones y destinos de pulsión" en *Trabajos sobre Metapsicología* (trad. de José Luis Etcheverry del original alemán: "Triebe and Triebschicksale", 1915), tomo XIV, *Obras completas de Sigmund Freud*, Buenos Aires, Amorrortu.

Heidegger, Martín (1960): "Serenidad", *Revista Eco*, Bogotá, tomo 1, N.° 4 (trad. de Antonio de Zubiaurre).

Kernberg, Otto (1979): *La teoría de las relaciones objetales y el psicoanálisis clínico* (trad. del original inglés: *Object Relation Theory and Clinical Psychoanalysis*, Nueva York, Jason Aronson, 1976), Buenos Aires, Paidós.

Khan, M., Masud, R., *Sobre Winnicott* ("Cierta intimidad") (no consigna trad.), Ecos, Colección Temas de Psicoanálisis N.° 1, Buenos Aires.

Laplanche, J., Pontalis, J. B. (1971): *Diccionario de Psicoanálisis* (trad. de Fernando Cervantes Gimeno, del original francés: *Vocabulaire de la Psychanalyse*, segunda edición revisada, París, Presses Universitaires de France), Barcelona, Labor.

Meissner, W. W. (1971): "Notes on Identification II. Clarification of related concepts", *Psychoanalytic Quarterly*, N.° 40. (Hay traducción al español: *Re-*

vista *Chilena de Psicoanálisis*, abril de 1994, vol. 11, N.° 1.)

Riesenberg Malcolm, Ruth (1977): *Seminario a Candidatos* en la Asociación Psicoanálitica Chilena.

Sófocles (1962): "Edipo Rey" (trad. de Ignacio Errandones, S. J. [B. Ltt. Oxford]), Madrid, Aguilar, Colección Crisol, N.° 201.

Vattimo, Gianni, *Las aventuras de la diferencia. Pensar después de Nietzsche y Heidegger* (trad. de Juan Carlos Gentile, del original italiano: *Le avventure della differenza*, Aldo Garzanti Editore, 1980), Barcelona, Península, Colección "Historia, ciencia, sociedad", N.° 197.

Winnicott, D. W. (1979): *El proceso de maduración en el niño*, Barcelona, Laia.

Winnicott, D. W. (1988): *Realidad y Juego* (trad. de Floreal Mazía del original inglés: *Playing and Reality*, Londres, Tavistock Publications, 1971), Buenos Aires, Gedisa.

3

El complejo triángulo simple en Winnicott: el juego y la realidad

Anna Maria de Lemos Bittencourt

Es el triángulo simple el que presenta
las dificultades y también toda la riqueza
de la experiencia humana.
Winnicott

En su forma sencilla de abordar los complejos fenómenos humanos, Winnicott dice, refiriéndose a la situación triangular edípica: "El niño odia a la tercera persona" (Winnicott, 1990). Hasta que la tercera persona sea aquel a quien se extiende la mano, tiene que transcurrir un largo recorrido de Corinto a Tebas, y quizás de Tebas a Corinto.

El complejo de Edipo, concepto nuclear de la teoría psicoanalítica, designa esencialmente una estructura fundamental de las relaciones interpersonales (familiares) o, mejor dicho, una estructura fundadora de las relaciones interpersonales. En torno de ella, se organizan los orígenes de las religiones, de la moral, de la sociedad, de la ciencia, del arte y de toda la cultura. Es también este complejo el que va a definir el recorrido de las afecciones neuróticas (complejo nuclear de las neurosis).

Winnicott no difiere de Freud en cuanto a la forma como comprende el complejo de Edipo. Su instalación posibilita al niño experimentar deseos amorosos y/u hostiles dirigidos a los padres, que son vistos como personas totales, incluso aunque no sean percibidos de modo enteramente objetivo. La manera como el sujeto toma posición en torno de este complejo es fundamental para sus elecciones amorosas y la constitución de las instancias psíquicas que surgen de él (superyó e ideal del yo).

Al abordar más específicamente la instauración del complejo de Edipo, Winnicott (1990) definió las diferencias entre las fases pregenital, fálica y genital (o segunda fase fálica).

Considera que en la fase pregenital existen todos los tipos de excitaciones erógenas, hasta excitaciones genitales localizadas, inclusive en la vagina. Tales excitaciones no serían acompañadas, sin embargo, de fantasías genitales. En esta fase, el niño no es capaz de distinguir entre hombre y mujer, que para él no son sexualmente diferentes.

En la fase fálica, la erección es el elemento más importante, tanto en el nene cuanto en el "nene dentro de la nena". Existe la creencia de que todos los seres poseen pene. Las excitaciones fálicas vienen acompañadas de fantasías dirigidas directamente a la persona amada o al rival (por ejemplo, fantasías de exhibición de los genitales). En ausencia de madurez biológica, tales fantasías serían más compatibles con el desempeño sexual del niño. En la primera fase fálica, el hombre y la mujer se mantienen completamente independientes el uno del otro para completarse.

En la segunda fase fálica, o fase genital infantil,

habría fantasías eróticas genitales, dirigidas al objeto amado en términos de penetrar y ser penetrado, fecundar y ser fecundado; por lo tanto, ya hay percepción de la diferencia sexual. La erección forma parte de una forma de relacionarse asociada a la idea de provocar cambios irreversibles en el cuerpo de la persona amada. La inmadurez biológica le causa al niño una frustración mayor en la fase genital infantil que en la fase fálica, exigiendo de su ego la capacidad de luchar con una tremenda cantidad de frustraciones. La angustia de castración puede verse como una salida para la angustia de impotencia.

En el apogeo de la fase fálica, se instala el complejo de castración, cuando el niño, al precio de la angustia, verifica la diferencia anatómica entre los sexos. La alternativa es tener o no tener pene, ser o no ser castrado. No se es todo, no se tiene todo, hay diferencias.

El nene enamorado de la madre odia al padre que lo amenaza con la castración, pero termina por hacer su opción narcisística por el pene y abandonar sus deseos eróticos incestuosos por la madre, antes de ser castigado. Así se disuelve el complejo de Edipo y entra en un compás latente de espera hasta la pubertad.

Ya la nena, al ver el pene del nene, cree que fue castrada como castigo por la excitación. Odia a la madre por haberla hecho nena. Es tomada por la envidia del pene, que procurará resolver buscando recibir el pene del padre, el hijo del padre. En el caso de la niña, es el complejo de castración lo que la hace entrar al complejo de Edipo. Ella ahora ama al padre y odia a la madre, su rival.

Sólo en la adolescencia, o en la fase genital propiamente dicha, las fantasías genitales podrán transformarse en actos. Allí, el objeto amado deja de ser el padre o la madre, y la elección amorosa se extenderá a otros objetos.

Hice un pequeño resumen de la situación edípica clásica, tal como es expuesta por Winnicott, para quien el complejo de Edipo define un criterio de salud mental. Como Freud, él considera al Edipo como el complejo nuclear de las neurosis, donde el mecanismo de defensa por excelencia es la represión, proceso típico de la organización genital de la libido. Piensa, sin embargo, que la ausencia de neurosis puede ser comprendida como salud, pero no como vida. Vida, para Winnicott, tiene que ver con creatividad.

El complejo de Edipo trae consigo la prohibición del incesto, introduciendo así una interdicción, una ley, un límite a la satisfacción del deseo, que antes se pensaba como ilimitada. El tercer elemento del triángulo edípico destruye la ilusión de completud y de la posesión absoluta. Al alcanzar el complejo de Edipo, el niño se vuelve capaz de tolerar mejor las frustraciones. Soportar que hay algo que no puede ser obtenido implica que se soporte el límite propio del hombre, que es precisamente poseer límites.

La renuncia al objeto amado acarrea una enorme pérdida. Sólo se acepta la pérdida narcisística del genital, la castración, si son posibles intercambios simbólicos. Para Winnicott, tal pérdida sólo es tolerada porque hubo un camino previo, que preparó al hombre para la aceptación de esta realidad, camino que pasa por el original concepto de *objeto* y *fenómeno transicional*.

Aquí ocurrirá otra forma de triangulación que no es

la edípica, aquella que se atraviesa en el tercer *espacio* o *espacio potencial*, o espacio cultural, o área de ilusión, donde se inserta el fenómeno transicional, que está en las raíces del simbolismo. Para que se acepte la interdicción de la ley, hay que aceptar la interdicción de la cultura, introducida por la madre suficientemente buena (para Winnicott, la interdicción de la cultura no es sinónimo de la interdicción de castración). Alcanzar el complejo de Edipo y someterse a la castración no es garantía para la vida creativa, porque sólo se tornará posible mediante la vivencia de la transicionalidad, que es el tercer elemento entre la madre y el bebé.

En la introducción de su libro *Realidad y juego*, Winnicott considera que los psicoanalistas han focalizado su atención, por excelencia, en la realidad psíquica interna y/o en la relación de ésta con la realidad externa o compartida, sin detenerse, sin embargo, en la *experiencia cultural*, que se localizaría en el espacio potencial entre el individuo y el medio. Él entiende el concepto de cultura como tradición heredada: "Pienso en algo que está contenido en el acervo común de la humanidad, a lo cual pueden contribuir los individuos y los grupos de personas, y que todos podemos usar *si tenemos algún lugar en que poner lo que encontremos*" (Winnicott, 1971, p. 133). Las experiencias culturales "son las que aseguran la continuidad en la raza humana, que va más allá de la existencia personal" (ídem, p. 135). La experiencia cultural sería una extensión del concepto de objeto transicional. Sería responsable de una forma de vivir creativa; para Winnicott, la única forma considerada vida en su sentido más amplio.

Si el bebé encuentra a una madre, y si ella es suficientemente buena, o sea, adaptada a las necesidades de su bebé, va a permitir que su hijo tenga la ilusión de que el pecho es parte de él, fue creado por él en el espacio potencial entre el objeto subjetivo y el objeto percibido objetivamente. El fenómeno transicional está representado en los estadios precoces por el uso de la ilusión. El pecho no es considerado como del bebé ni de la madre: estaría en un área intermedia de experiencia. Algo concreto de la realidad se le ofrece al niño, y éste crea encima de eso. Paulatinamente, la madre tendrá que irse separando de su hijo; entonces, tendrá que desilusionarlo y hará que él vea que ella no es producto de su creación omnipotente. Para que el niño soporte la salida de la madre, tendrá que producirse la entrada de un tercer objeto, el objeto transicional. Es importante, sin embargo, dejar bien claro que el objeto transicional no es un sustituto de la madre, no es el símbolo de la madre; yo podría decir, incluso, que el objeto transicional es la no-madre, o mejor: es la separación de la madre, así como la unión con la madre. El uso del objeto simboliza la unión de dos cosas ahora separadas, bebé y madre. Otra alternativa le es ofrecida al niño para que éste pueda irse desinvistiendo libidinalmente de su atadura con la madre y pueda ir aceptando la realidad de la separación. Esto ocurre en el espacio de la cultura, al cual contribuyen tanto la realidad interna cuanto la externa, pero no es ni una ni otra. Ese espacio "es el lugar de descanso del individuo en su perpetua tarea de mantener separación entre la realidad interna y la externa, y también mantenerlas interrelacionadas". Allí se atravesarán todas las formas del vivir creativo y, entre otras, el juego. El juego, para Winnicott, no es explicable sólo a través del concepto de sublimación, puesto que él no apunta a una topografía psíquica. El juego no es, de hecho, un asunto de realidad psíquica interna ni de realidad externa. Esta forma creativa de vivir está localizada en el espacio transicional y se extiende en la experiencia cultural.

Todo este proceso corresponde al establecimiento de imágenes de objeto en la mente del bebé, lo que sólo es posible si la madre no se impone como objeto de percepción, sino que se deja ser objeto de apercepción, esto es, un objeto imagético creado por el bebé, que se verá a sí cuando mire a la madre. Esto ocurrirá siempre que la madre esté ejerciendo su función especular, permitiendo que su rostro refleje la imagen del propio niño, lo que ocurre naturalmente con toda madre que ama a su hijo y que permite que él tenga confianza en la experiencia de la continuidad de ser. Es la confianza la que posibilita que el niño se separe de la madre. La continuidad cede lugar a la contigüidad.

La función especular de la madre pasa por la relación del elemento femenino puro, forma de relación en que la madre deja que el bebé sea; él es el pecho, el objeto es el sujeto, el pecho es un objeto subjetivo. Sólo cuando haya este tipo de relación, en la que el bebé crea omnipotentemente el pecho, llegaremos a un *self* verdadero. A partir de allí, la madre puede causar la desilusión, estableciendo un tipo de relación de objeto del elemento masculino puro, en que la característica principal ya no es el ser sino el hacer. Hay, entonces, un sujeto objetivo, con sentimiento de ser real. Winnicott considera que el elemento masculino puro está relacionado con un ego corporal y, por lo tanto, con una experiencia del tipo orgiástico. Pensaríamos en tales experiencias relacionadas con la fase fálica del desarrollo libidinal, donde ocurren las fantasías del hacer, transformar el cuerpo del otro. Esto tiene que ver con el complejo de Edipo.

Winnicott postula, sin embargo, la existencia de una fantasía y una sexualidad femenina básica que tendrían un origen pre-edípico y, por lo tanto, pre-castración. Piensa que la vagina se torna más activa y excitable en el momento del amamantamiento y de las experiencias anales, pero el funcionamiento genital femenino verdadero se va a caracterizar por aquello que permanece oculto, o secreto, puesto que no es evidente; está ligado, pues, a las fantasías de recoger, de guardar en secreto, de esconder. Él nos dice que el juego "¿sabes guardar un secreto?" pertenece al lado femenino de la naturaleza humana, y que la niña que no sabe guardar un secreto no puede quedar embarazada. La fantasía y el funcionamiento femeninos reposarían mucho más pesadamente en raíces pregenitales.

Los elementos masculinos y femeninos puros se pueden encontrar tanto en el hombre como en la mujer.

Pensemos un poco en la metáfora de la función especular del rostro de la madre. Si la presencia concreta de un objeto (por ejemplo, la madre) es el presupuesto para que haya imagen, esto, sin embargo, no garantiza el fenómeno del reflejo. La madre fálica, correlato de un genital aparente, es la que se impone como objeto de percepción (y no como objeto de apercepción), lo que es deseable sólo cuando el niño está preparado para ser desilusionado por la madre en su sentimiento de omnipotencia.

La madre vaginal, con genital oculto, no tiene este objeto para ser percibido. La existencia de una imagen en la ausencia de la visión de un objeto concreto es lo que permite la acción reflexiva. Lo femenino posibilita la formación de un mundo imaginario más amplio. Ciertamente por ello, Winnicott denominó "elemento femenino puro" esta capacidad de la madre de no colocarse como objeto de percepción, favoreciendo en el niño la formación de imágenes aperceptivas y, por lo tanto, la creatividad.

Digo todo esto para enfatizar la idea de que el triángulo winnicottiano, por excelencia, no es el edípico, que tiene que ver con la forma de relacionarse del tipo de elemento masculino, sino el de la experiencia cultural, el del tercer espacio, el del "entre" la madre y el hijo, que tiene que ver con la forma de relacionarse del tipo de elemento femenino. Perturbaciones relacionadas con el primer elemento llevan a las neurosis, y las relacionadas con el segundo, a las psicosis y a los estados *borderline*.

La experiencia analítica por excelencia se da en el espacio transicional, donde las interpretaciones son actos creativos, producto del "entre" paciente y analista. Salir del área transicional acarrea graves perturbaciones al proceso analítico; entre tantas otras, la posibilidad de transformar al análisis en un objeto fetiche.

Cabe al analista suficientemente bueno ofrecerse como objeto para ser creado, poner en acción su elemento femenino para permitir que su paciente sea. Después, favorecerá la desilusión y la separación a través de su elemento masculino, que apunta hacia el Edipo, hacia el reconocimiento y la verdad.

Pienso que de esto se trata la ética del psicoanálisis. El psicoanálisis no se propone gratificaciones pulsionales directas, de ninguna especie. Es condición obvia para la vida humana aceptar límites e interdicciones. La realización de los deseos incestuosos de Edipo en Tebas lo hicieron indigno de vivir en la *polis* griega, y fue errante su destino en el exilio, hasta entrar en Colono, lugar de leyes y, por lo tanto, de hombres:

"*Entras en un territorio sometido a la justicia*,
donde nada se hace contrariando a la ley,
y menosprecias a sus jefes y te atreves
a sacar de él a la fuerza lo que te place.
Actúas como si creyeses que mi ciudad
estuviese desierta de hombres o fuese habitada
sólo por esclavos, y yo nada valiese."

(Sófocles, *Edipo en Colono*)

A duras penas recorrió Edipo su camino de Corinto a Tebas, de Tebas a Colono, en busca del reconocimiento y de la verdad. Menos duras son las penas del pájaro winnicottiano, del poema de T. S. Eliot:

"Ve, dijo el pájaro, porque las hojas están llenas de niños,
maliciosamente escondidas, reprimiendo la risa.
Ve, ve, ve, dijo el pájaro: el género humano
no puede soportar tanta realidad."

(T. S. Eliot, *Burnt Norton*)

Bibliografía

Winnicott, D. W. (1971): *Realidad y juego*, traducción de Floreal Mazía, Buenos Aires, 1972; Barcelona, Gedisa, 1979. (Edición original: *Playing and Reality*, Londres, Tavistock Publications.)

Winnicott, D. W. (1990): *A natureza humana*, Río de Janeiro, Imago.

4

Un aporte más para la comprensión del narcisismo

Luis E. Prego Silva

El narcisismo viene siendo objeto de una atención cada vez mayor dentro del pensamiento psicoanalítico actual. Algunos autores, como Kohut, por ejemplo, lo han colocado en el centro de su teorización.

Como no nos vamos a detener en esta ocasión ni en la revisión ni en la evaluación de lo que nos aporten tan diversas especulaciones sobre el tema, nos adheriremos, sin embargo, para nuestro propósito, a una formulación simple y, seguramente, incompleta, al decir que el término "narcisismo" define o describe lo que sucede cuando hay cambios en la libido de objeto y la libido del yo. A dichos cambios, o movimientos, se les atribuyen múltiples consecuencias, sea sobre el curso del desarrollo psíquico normal del individuo, sea sobre la determinación de diversas entidades psicopatológicas.

Nuestra proposición para una interpretación del narcisismo o, para mejor decir, de manifestaciones narcisísticas en la conducta humana, se apoya en el concepto de transicionalidad, introducido por Winnicott cuando describió los objetos y los fenómenos transicionales.

El hombre llega al mundo desde el vientre de una madre que, si es sana, o sea madura, le habrá dado al ser que se está formando en ella todas las posibilidades físicas y emocionales para que en ese feto se cumplan, a su vez, los designios del potencial de vida que impulsan su desarrollo desde el momento de la concepción.

Cualquier alteración en una u otra de las vertientes que concurren para dar origen a un individuo humano con derecho a vivir, a desarrollarse física, psíquica y mentalmente, para integrar e integrarse en el mundo en que vaya a habitar, determinará perturbaciones de diversa intensidad y cualidad en su cuerpo, en su *self*, en su mente y en las relaciones que establezca consigo mismo y con el ambiente.

Si todo va bien, estaremos ante un ser en el que se destaca una continuidad existencial, manifestada por una coherencia en el pasaje a través de etapas en las que se afianza, por un lado, su sentimiento de ser, y por otro, de estar, en comunicación con un ambiente, en constante cambio por hacerse más extenso y más complejo.

Si algo no va bien, no sólo la relación del individuo consigo mismo sufrirá alteraciones, sino que su ambiente será objeto de un tratamiento más en función de intereses personales que de aquellos que estén determinados por el establecimiento de una mutualidad.

Las primeras relaciones, según Winnicott, deben estar determinadas por una reciprocidad y no por lo sobrecogedor de conflictos o de sumisión; y nosotros sostenemos: esa reciprocidad en las relaciones ulteriores ha de ser el rasgo distintivo de una salud individual y colectiva.

El desarrollo desde el infante del período de los objetos y de los fenómenos subjetivos hacia otro, en el que predomina la relación con objetos reales ubicados en un espacio real compartible, implica la preservación de una transicionalidad (el *going-on-being*) que le dé al individuo la seguridad de que, si bien mantiene su propia identidad (sabe qué y quién es), puede fusionarse con el ambiente del que se nutre y al que nutre.

En otros trabajos he sostenido que la salud psíquica sólo es posible mediante el mantenimiento de la transicionalidad. Cuando ésta falla, el sujeto sobrevive mediante transacciones.

El síntoma es, pues, una transacción.

"Atribuyo particular importancia a la forma en que se instalen y prosigan los fenómenos transicionales, porque debido a ellos el niño sale de sí, de un estado narcisista, para descubrir al otro, para conocerlo, para vincularse con él; para amarlo y para odiarlo. Para incluirlo dentro de sus posesiones, dentro de lo que va siendo él, enriquecido con sus identificaciones e introyecciones."

Dice Winnicott que "un signo de salud mental se expresa mediante la habilidad y capacidad de un individuo de entrar imaginativa y afinadamente en los pensamientos, sentimientos, esperanzas y temores de otra persona, al tiempo que le permite a ese otro que haga lo mismo con nosotros".

El individuo cuyo desarrollo haya estado favorecido por una buena herencia y por un buen ambiente no tendrá dificultades para pasar desde su sí mismo hacia el sí mismo de otros, sin baches, sin interrupciones, sin miedos. Habrá, seguramente, un área en la que no se distinguirá lo propio de lo ajeno (que en ese caso no es ajeno).

Otra cosa sucede cuando la transacción desempeña la función que le hubiera correspondido a la transicionalidad. El sujeto verá al otro como un ser extraño, o ajeno a sí. No habrá una relación propiamente dicha; no habrá mutualidad. La reciprocidad habrá quedado interrumpida porque ese otro deviene objeto de uso (no estoy empleando este término con el significado que le da Winnicott en su trabajo sobre el uso del objeto). Me refiero a la explotación del otro en beneficio propio, sin considerarlo como un objeto (o individuo) con derecho a existir como tal porque, frente al mismo, se erigen sistemas defensivos que aseguran el mantenimiento de una distancia y un control y, aun más, puede llegarse a negar su existencia como tal, en cuyo caso no hay preocupación (*concern*) ni culpa.

Corresponde a una situación de predominio de los fenómenos subjetivos, de la omnipotencia "porque al principio cualquier objeto que establece relación con el bebé es creado por éste".

Para nuestro tema transformo esa frase y propongo: porque, desde que se ha producido una alteración en el curso de los fenómenos transicionales, cualquier objeto que establezca relación con el individuo es sentido como si existiera sólo para servirlo o para satisfacerlo.

Si los trastornos narcisistas se caracterizan por la particular manera de establecer relación con los objetos, en esta particular manera de relación, veo la expresión de una capacidad muy limitada para compartir y una muy notoria predominancia de la competitividad.

Por ello, sostengo que los sujetos con trastornos narcisistas compiten, no comparten. El compartir es atributo de la salud.

Creo que se hacen necesarias algunas aclaraciones.

Winnicott sostiene que el desarrollo humano presupone una ruda lucha contra la complacencia hacia el medio. Esa lucha lo llevó a decir "que el adulto maduro trae vitalidad a aquello que es ortodoxamente viejo para recrearlo después de haberlo destruido".

En esa lucha, repetimos, podría verse una competitividad con el medio o con lo que el individuo trae de sus antepasados, o con lo que se le ofrece en el curso de las experiencias cotidianas.

Creemos que lo que se debe destacar y distinguir es que la competitividad no siempre asegura el enriquecimiento interior que se obtiene en el compartir.

Nos apresuramos en destacar que hay una competitividad destructiva porque daña al otro, en cuanto lo reduce a público para que lo aplauda, al tiempo que empobrece a quien la ejerce.

A aquélla la distinguimos de la que está al servicio de la vida del individuo en el mundo que lo modela y al que contribuye a construir, para satisfacción propia y de los demás. Pero consideramos que, si "compartibilidad" y competitividad coexisten en todo ser humano, el narcisista se caracteriza porque compite y no comparte porque, de hecho, el mundo es él y, si llega a admitir su existencia, es para considerarlo como algo de lo que se va a servir.

Presentamos, a continuación, una pequeña viñeta de un paciente en el que vimos expresadas algunas de las características que hemos destacado en el narcisismo.

J. C. tenía diecinueve años cuando comenzó un análisis que, podría decirse, le fue impuesto por sus padres. Éstos me impresionaron por su frialdad y por la distancia que mantuvieron en las dos entrevistas realizadas con ellos. Dijeron que habían decidido imponerle el análisis a su hijo porque él había sido siempre una molestia para ellos.

Desde muy pequeño, fue cuidado por una persona "que estaba solamente para eso". Casi todos los mensajes para el niño llegaban a través de dicha persona "porque siempre hemos estado muy ocupados en nuestras respectivas actividades". (Ambos desempeñaron cargos diplomáticos en nuestro país.)

Lo describieron como un niño difícil desde que ingresó a jardín de infantes, particularmente por su actitud prepotente frente a sus compañeros, a los que nunca manifestó afecto. Solamente se acercaba a ellos cuando éstos tenían algo que le interesara a él.

Esas características las conservó cuando cursó primaria, secundaria y con compañeros de facultad. Lo mismo puede decirse de lo que ha sido su vida en clubes y en centros deportivos o sociales. Sin embargo, sus padres destacan la seducción que ejerce en los medios en que actúa. "Es como si adivinara qué es lo que debe hacer para conseguir de los otros lo que desea. Porque sus deseos son soberanos y no admiten demora."

Aunque hay mucho más de lo aportado por los padres, en razón de limitaciones de espacio, paso a relatar cómo viví mi encuentro con él para presentar luego lo que seleccioné del material de su análisis para esta presentación.

J. C. es un adolescente de aspecto agradable. Su corrección y el cuidado que mantuvo para describirse y describir su situación familiar me llamaron la atención. No es la forma común de conducta que se observa en jóvenes de esa edad, aun en aquel tiempo.

Las razones por las que aceptó la sugerencia de

sus padres para analizarse, no las sentí como verdaderas; más bien procuró quedar bien, dejándome una buena imagen de sí.

Su análisis duró cuatro años, con tres sesiones semanales. Se interrumpió, según él, porque debía irse del país. Supe, después, que esto no había sido cierto.

Desde el primer momento, tuve la convicción de que iba a ser un análisis difícil. Y lo fue.

Pocas veces se angustió ante el "hallazgo" de algo que reconoció que formaba parte de su historia personal. Lo predominante en sus defensas fue la intelectualización; sin embargo, llegó a molestarse, y mucho, toda vez que no logró romper mi silencio. En una sesión en la que aún no había hecho ninguna interpretación, dijo: "Yo sé que voy a descubrir el modo en que lo haré hablar. Pero no me interesa lo que diga; me basta sentir que soy más fuerte que usted."

Este comentario del paciente corroboraba mi convicción de que la competitividad, en ciertos trastornos narcisistas, sirve para enmascarar el doloroso sentimiento que les ocasiona a estos pacientes su falta de libertad y su debilidad interior.

El mundo al que me permitió aproximarme, me impresionó por la desolación, por la falta de objetos vivos confiables, por la inseguridad. Como si estuviera permanentemente ante la amenaza de pérdidas de pertenencias efímeras.

A pesar de estas dificultades, este paciente me hizo ver que, como dice Winnicott, "las raíces de la cura la constituyen el cuidado y que dicho cuidado debe estar al servicio del desarrollo personal". Que se debe utilizar la capacidad para contener los conflictos del paciente y esperar lo que éste pueda hacer con ellos, en vez de perseguirlo con un interés por la cura.

Si bien este análisis no pudo considerarse una experiencia satisfactoria para ambos, sobre el final del mismo había comenzado a descubrir que el mundo estaba poblado de objetos queribles y que tenían derecho a vida propia. Logró mostrar su preocupación por las consecuencias de sus actos y de su manera de ser con los demás.

Años después, me pidió una entrevista para discutir un tema que lo afligía. Cuando nos reencontramos, ya era un adulto, estaba casado y tenía un hijo recién nacido.

Casi a boca de jarro me preguntó: "¿Qué puedo hacer para que mi hijo no repita mi historia? ¿En qué me puede ayudar para que conserve lo que logré aquí?"

Luego de discutir las posibilidades de retomar un análisis con otra persona, nos despedimos con bastante calidez. Hasta la fecha no he sabido más de él, y de esto hace unos diez años.

Las inumerables complejidades que presenta el tema del narcisismo subsisten. Con este aporte, que es uno más, pretendemos abrir un camino para la investigación de los posibles orígenes del mismo, atendiendo a lo que pasa en el curso de las relaciones tempranas y cómo ellas aparecen en el análisis de pacientes con dicha patología.

5

Sin morirse ni vengarse
(Acerca de los destinos de la agresividad)

Sonia Abadi

Del manejo de la agresión deriva en gran parte la capacidad creadora y constructiva del ser humano. Estos impulsos innatos sufren una serie de modificaciones. Su destino estará en estrecha relación con el comportamiento ambiental. La madre, al decir de D. W. Winnicott, deberá ser capaz de contener la descarga agresiva del bebé, recibiendo tanto su impulso cruel como su capacidad de aportar algo, "sin morirse ni vengarse".

Varias son las formas patológicas posibles de la agresión, desde la inhibición neurótica hasta la psicopatía.

Pero un destino es esencial, y hace tanto al desarrollo del individuo como al de la civilización: la capacidad de construir, heredera del impulso destructor. El uso de la agresión libidinal que no se vuelve contra sí mismo ni destruye al otro, que no es melancólica ni paranoide, que se expresa con plena conciencia de su necesidad de ser utilizada, sin culpa ni miedo, también sin rabia ni rencor, "sin morirse ni vengarse".

La agresividad

Para D. W. Winnicott, la agresión y la destructivi-

101

dad tienen origen en la vitalidad y actividad muscular primaria del bebé, aportando su intensidad a los impulsos eróticos:

"En pocas palabras, la agresión tiene dos significados: por un lado, es directa o indirectamente una reacción ante la frustración; por el otro, es una de las dos fuentes principales de energía que posee el individuo" (Winnicott, 1990).

Aquí la destrucción sólo puede ocurrir en forma involuntaria, como componente desconsiderado de la avidez por el objeto. Acompaña al amor instintivo, y no tiene una intencionalidad en el sentido de la ira o el odio. D. W. Winnicott lo llamará amor despiadado.

A estos impulsos primitivos, fusionados con los impulsos eróticos, se les agregarán impulsos destructivos hacia los objetos, seguramente acompañados de fantasías. Aquí surge la originalidad del enfoque de D. W. Winnicott: cuando el objeto sobrevive al conjunto formado por la fantasía y el impulso de destrucción, adquiere cualidad externa y, a la vez, cualidad de permanencia. Éste es el momento en que el objeto podrá ser usado como otro diferente del yo, y es el origen de las relaciones de objeto:

"Gracias a la supervivencia del objeto, el sujeto puede entonces vivir una vida en el mundo de los objetos, cosa que le ofrece inmensos beneficios; pero es preciso pagar el precio, en forma de la aceptación de la creciente destrucción en la fantasía inconsciente vinculada con la relación de objeto" (Winnicott, 1979).

Este primer objeto será la madre —catectizada primero en forma narcisista, destruida luego en la fantasía inconsciente, y sobreviviendo a la omnipotencia infantil—, quien ofrecerá la oportunidad de pérdida y reencuentro con el mundo a través de la ruptura de la continuidad narcisista y la recuperación del objeto externo por medio del vínculo afectivo.

A diferencia de las teorías psicoanalíticas clásicas, en donde es el encuentro con el objeto externo el que desencadena la agresión, aquí es la agresión la que crea la exterioridad. En un segundo tiempo, podrá darse el caso de que la imposibilidad de controlar omnipotentemente al objeto externo, con la consiguiente frustración, genere realmente un ataque de ira:

"En general se entiende que el principio de realidad envuelve al individuo en la ira y la reacción destructiva, pero mi tesis dice que la destrucción desempeña un papel en la formación de la realidad, pues ubica el objeto fuera de la persona. Para que así suceda son necesarias condiciones favorables" (Winnicott, 1979).

Y más adelante:

"En la teoría ortodoxa siempre se encuentra presente el supuesto de que la agresión es una reacción al encuentro con el principio de realidad, en tanto que aquí el impulso destructivo es el que crea la exterioridad. Éste es el elemento fundamental en la estructura de mi argumentación" (Winnicott, 1979).

A partir de allí, D. W. Winnicott postulará el desarrollo de una nueva capacidad: la capacidad para la inquietud (o capacidad de preocuparse por el otro), proceso que comienza durante el segundo semestre de vida y se consolida alrededor de los dos años. Este proceso sería preedípico, y sólo si se ha instaurado adecuadamente la organización del superyó edípico tendrá un sentido compatible con la salud psíquica.

Esta capacidad —que para D. W. Winnicott implica reconocer la propia responsabilidad en las relaciones en las que están involucrados los impulsos instintivos— se hallaría en la base de muchos juegos y fenómenos constructivos. En la etapa de dependencia relativa, el bebé busca la satisfacción instintiva sin interesarse por el destino del objeto que lo satisface. Gradualmente, estará en condiciones de reconocer que aquello que él destruye cuando está excitado es lo mismo que valora en los intervalos de quietud. A partir de allí, logrará la integración de la ambivalencia, y la posibilidad de inquietarse por el objeto y preservarlo de su propia destructividad.

El entorno

La agresión es innata, junto con el amor. Sin embargo, la actitud del ambiente del niño hacia estos impulsos básicos marcará el destino de la agresividad y la capacidad de amar de cada uno.

Solemos pensar que la posibilidad de reparar surge como consecuencia de la culpa por el daño causado. Sin embargo, en la infancia, cuando el niño no es aún consciente de sus actos, la situación puede ser vista a la inversa.

La oportunidad de reparar brindada por los padres es la que hace posible para el niño la confianza en su aptitud amorosa, favoreciendo la adquisición de la capacidad de preocuparse por el otro, mientras se hace responsable de los propios impulsos destructivos. Allí, aparece el interés por el autocontrol como forma de preservar lo que se ama.

D. W. Winnicott usará una imagen original para indicarnos la calidad de las relaciones del bebé con la madre: hablará de una madre-objeto y de una madre-ambiente. La madre-objeto sería la poseedora del objeto parcial que satisface la necesidad urgente. Es el blanco de la experiencia excitada, respaldada por la descarga pulsional. La madre-ambiente será la persona total, que satisface además necesidades del yo. Es la que recibe el afecto del bebé en una relación más tranquila, la que permanece viva aun cuando la necesidad pulsional ya ha sido satisfecha. El niño se alimenta de la madre-objeto; la madre-ambiente sostiene la experiencia y sobrevive a la descarga instintiva.

Dirá D. W. Winnicott:

"Conforme a esta terminología, la madre-ambiente recibe todo cuanto pueda llamarse afecto y coexistencia sensual, en tanto que la madre-objeto pasa a ser el blanco de la experiencia excitada, respaldada por la burda tensión de los instintos" (Winnicott, 1990).

En cierto momento, y a partir de la repetición continuada de esta experiencia, el niño comienza a sentir angustia por la destrucción de la madre-objeto, a la vez que una creciente confianza en su capacidad de ofrecer algo a la madre-ambiente. Esta posibilidad —próxima a la idea de reparación en Melanie Klein— se diferencia claramente en la teoría de D. W. Winnicott, ya que él no hablará de sentimiento de culpa, sino de una inquietud que implica dejar en suspenso el sentimiento de culpa por un breve período, en el que sigue siendo posible la oportunidad de reparación. En este esquema no hablamos de reparación en sentido estricto, sino de la posibilidad de aportar algo a la relación.

Sólo si esa oportunidad desaparece, el sentimiento de inquietud surgirá como tristeza o culpa. Es evidente que el lapso de suspensión de la inquietud, hasta su transformación en culpa, depende del momento madurativo del niño, y de su capacidad para mantener viva la imagen interna del objeto, a la espera de la reparación:

"Para ser breve, diré que, si la madre-objeto no sobrevive, o la madre-ambiente no suministra una oportunidad de reparación confiable, el bebé perderá la capacidad de preocuparse y la reemplazará por angustias y defensas más primitivas, tales como la escisión y la desintegración" (Winnicott, 1990).

Si la madre es capaz de recibir la contribución, que en un momento puede estar representada por la sonrisa del bebé luego de haber sido alimentado por el pecho, se instaura lo que D. W. Winnicott llamará un "ciclo benigno". Un ciclo benigno es lo contrario de una relación paranoide, en la que la persecución y la desconfianza se realimentan. Aquí la madre confía en la capacidad reparadora del bebé, lo cual acrecienta en el bebé la confianza en su propia capacidad reparadora, no necesitando del despliegue de sentimientos persecutorios respecto de la madre, y realimentando su confianza en el ambiente:

"La falta de confiabilidad de la figura materna hace que cualquier esfuerzo constructivo resulte vano; en consecuencia, el sentimiento de culpa se vuelve intolerable y el niño se ve impedido a retornar a la inhibición o a perder el impulso que, de hecho, forma parte del amor primitivo" (Winnicott, 1990).

En todo este proceso está implícita la percepción por parte del niño de su propia integración en el tiempo, y de la permanencia temporal del objeto.

Este planteo lleva a D. W. Winnicott a una construcción paradójica que complementa en forma interesante la teoría kleiniana de la posición depresiva:

"No es el reconocimiento de la propia destructividad el que produce la posibilidad de reparación, sino que son las experiencias constructivas y creativas las que permiten reconocer la propia destructividad" (Winnicott, 1975).

Las alternativas patológicas

La agresión puede tomar varios caminos, que para D. W. Winnicott se hallarán en estrecha relación con la respuesta ambiental: el desarrollo normal de la capacidad para la inquietud, y dos alternativas patológicas.

La primera alternativa es la no adquisición de la capacidad para la inquietud. El niño pierde la esperanza en su propia capacidad de reparar cuando desde el ambiente no se le brinda la oportunidad. La falta del sentimiento de culpa es característica de los antisociales y psicópatas.

Si, además, en la historia edípica el superyó no se ha estructurado adecuadamente, los impulsos quedan en estado anárquico y no hay control de ninguna clase: ni el autocontrol que provenía del yo, ni el control impuesto por el entorno.

En estos casos, el individuo no es capaz de dominar su agresividad, y lo único que puede contenerlo es el límite externo real o el miedo al castigo. Muchas veces, sólo el encierro o las rejas de una cárcel ponen freno a una destructividad que el propio sujeto no puede manejar.

La otra alternativa patológica se orienta en el sentido de la neurosis. En ese caso, el niño ha sido sometido a valores que no tienen relación con su mundo interno. Allí se instaura la neurosis con un desproporcionado sentimiento de culpabilidad.

Entonces, la posibilidad de experimentar con las propias pulsiones queda coartada por la represión ambiental. En vez de un yo fuerte que disfruta con el autocontrol, se desarrolla un superyó cruel y acusador.

Aquí veremos un cuadro que puede tomar rasgos obsesivos o melancólicos.

El sujeto se halla atemorizado por sus pulsiones eróticas y agresivas, por sus propias fantasías, que son entonces reprimidas. El comportamiento hacia los objetos es sumamente cuidadoso y obediente, pero el individuo pierde la capacidad de amar y crear.

En esta alternativa, aparece el sentimiento de culpa exagerado y enfermizo, con aspectos positivos y destructivos. En este caso, la ley de la cultura y las prohibiciones que la vida en sociead impone no se han construido sobre la capacidad infantil de cuidar a quienes quiere, sino desde afuera como mandato. Esto sólo puede generar sometimiento y una falsa moral que no está basada en la responsabilidad, sino sólo en el miedo al castigo:

"Veamos otro contrario de la agresión: el contraste entre el niño que se vuelve agresivo con facilidad y el que retiene la agresión 'dentro de sí mismo', convirtiéndose en un niño tenso, formal y exclusivamente controlado. La consecuencia natural de esta segunda actitud es cierta inhibición de todos los impulsos y, por ende, también de la creatividad, por cuanto ésta se halla ligada a la irresponsabilidad de la infancia y la niñez, y a un estilo de vida abierto y espontáneo" (Winnicott, 1990).

Cuando las reglas y normas son impuestas desde afuera sin la experiencia previa de "preocuparse por el otro", la crianza y la educación tendrán el estilo de un adiestramiento, internalizando una serie de funciones, sin que éstas sean procesadas por el yo. Con esto, el sujeto logra una adaptación razonable a la sociedad, cumpliendo con normas básicas de comportamiento, pero no tiene participación creativa en la capitalización de sus logros; por lo tanto, no le pertenecen, y quedan, a la manera de corteza, como "falso *self*".

Sobrevendrá entonces una disociación entre aspectos adultos y adaptados, y un yo inmaduro que apenas puede sostenerse.

Creatividad y construcción

Los distintos modelos familiares y culturales de crianza y educación no sólo originan las dos modalidades patológicas, sino también un punto de esperanza no utópico para el ser humano: la responsabilidad.

La capacidad para la inquietud —término que D. W. Winnicott utiliza para hablar de la responsabilidad— es la alternativa que permite tanto el desarrollo personal como una vida dentro del mundo.

La actividad constructiva se originará entonces en una encrucijada donde participarán el ello, con sus pulsiones eróticas y agresivas, y el yo, con su capacidad de control.

¿Qué actitud del entorno puede inhibir el desarrollo normal de la capacidad de construir?

D. W. Winnicott utiliza el término "sentimentalismo"

para referirse a una modalidad de crianza o educación basada en la negación de la agresividad infantil, y construida sobre formaciones reactivas de aquel adulto que no puede reconocer su propia agresividad. Estas actitudes "sentimentales" generan culpa en el niño y le impiden la aceptación de la agresión y su utilización constructiva:

"El sentimentalismo contiene una negación inconsciente de la destructividad que está en la base de la construcción. Es muy perjudicial para el niño en desarrollo y eventualmente puede llevarlo a que necesite efectuar una demostración directa de la destructividad que, en un medio menos sentimental, podría haber expresado indirectamente al manifestar deseos de construir" (Winnicott, 1990).

El deseo de construir se apoya tanto en la satisfacción de los impulsos destructivos, como en la creciente capacidad de autocontrol lograda por el yo.

¿Cómo describió D. W. Winnicott este proceso?

"Miremos ahora pintar a un niño de cinco o seis años... ¿Qué hace? Registra el impulso de garabatear y hacer un mamaracho. Eso no es un dibujo. Estos placeres primitivos se tienen que mantener vivos pero, al mismo tiempo, él quiere expresar ideas, y expresarlas además de manera que se puedan comprender. Si realiza una pintura, tuvo que descubrir una serie de controles que lo satisficieron. Primero, hay una hoja de papel de determinado tamaño y forma, que él acepta. Después, espera aplicar cierta destreza que ha adquirido con la práctica... Los puntos   de interés se tienen que equilibrar, lo mismo que las luces y las sombras, y la distribución de los colores. El interés de la pintura ha de estar presente en toda la hoja, pero un tema central debe imprimir unidad al conjunto. En el interior de este sistema de controles aceptados, en verdad autoimpuestos, él trata de expresar una idea conservando parte de la frescura de sentimiento que la idea poseyó en el momento de concebirla" (Davis, M.; Wallbridge, D., 1988).

Revivimos esta experiencia cada vez que realizamos una tarea creativa. Este control es también, en la medida en que surge de una necesidad interna del sujeto y no de una imposición represiva, fuente de una calidad particular de placer, el que deriva de la destreza, del desarrollo de las propias habilidades, de los logros yoicos.

Así, se desarrollan el mundo interno y la capacidad de autocontener los impulsos y las fantasías.

Esta capacidad sirve al individuo para llevar a cabo acciones constructivas y preservar objetos amados de su propia destructividad.

El autocontrol comienza a resultar placentero por los beneficios que aporta: la destreza en todos sus campos, físico, intelectual y artístico. La consecuencia será el incremento de la fuerza del yo y, por lo tanto, de la autoestima:

"Finalmente, toda la agresión que no se niega, y por la que es posible aceptar responsabilidad personal, puede utilizarse para fortalecer los intentos de reparación y restitución. En el trasfondo de todo juego, de todo trabajo y de todo arte, hay un remordimietno inconsciente por el daño realizado en la fantasía inconsciente, y un deseo inconsciente de comenzar a arreglar las cosas" (Winnicott, 1990).

Bibliografía

Davis, M.; Wallbridge, D. (1988): *Límite y espacio*, Buenos Aires, Amorrortu. (Edición original: Colchester, 1981.)

Winnicott, D. W. (1975): *El proceso de maduración en el niño*, Barcelona, Laia. (Edición original: Londres, 1965.)

Winnicott, D. W. (1979): *Realidad y juego*, Barcelona, Gedisa. (Edición original: Londres, 1971.)

Winnicott, D. W. (1990): *Deprivación y delincuencia*, Buenos Aires, Paidós.

Winnicott, D. W. (1991): *Exploraciones psicoanalíticas I y II*, Buenos Aires, Paidós. (Edición original: Londres, 1989.)

6

La regresión a la dependencia y el uso terapéutico de la falla del analista

Elsa Oliveira Dias

En memoria de Amazonas Alves Lima.

1. Introducción

Uno de los aspectos técnicos más fecundos del pensamiento de Winnicott consiste en el uso de lo que llamaremos, con él, la "falla" del analista; se refiere, sobre todo, a las fases de regresión a la dependencia en el tratamiento de pacientes fronterizos. Extremadamente provocante, ese tema requiere explicitación teórica compleja, especialmente en relación con dos conceptos íntimamente imbricados entre sí y centrales en su obra: 1) el carácter específico del enfermar psicótico (que generó una nueva clasificación de las patologías), cualquiera que sea la organización patológica en la cual se manifieste, y 2) la cualidad peculiar del desarrollo emocional durante el período de no-integración.

Para la comprensión del primer punto, importa atender a la manera como Winnicott configura la "naturaleza" de la diferencia entre neurosis y psicosis. Dice: "Fuera del estudio de las personas sanas, tal vez sólo en la neurosis y en la depresión reactiva sea posible aproximarse a la enfermedad verdaderamente interna, la enfermedad que forma parte del intolerable conflicto inherente a la vida y al vivir de las personas enteras (*whole persons)*" (APM, 124).

"Verdaderamente interna" se refiere, a mi ver, a un territorio ya constituido (aunque jamás estable hasta el punto de no poder volver a perderse) donde se puede percibir el no-yo e inclusive desearlo, o envidiarlo, o querer destruirlo. Organizadas en un piso pulsional, las neurosis representan así un estadio sofisticado del desarrollo. Llegar a la fase edípica, con la posibilidad de padecer los afectos y sus sintomatologías defensivas, en medio de relaciones interpersonales, significa haber alcanzado una vida emocional a nivel de salud, de la posible y precaria salud humana. Ése es el territorio tradicional de investigación e interés analítico: toda la inmensa gama de conflictos y formaciones fantasmáticas generadas en la eterna lucha del amor y del odio, "conflicto inherente a la vida y al vivir de las personas enteras". (*ibídem*)

Pero, si el pensamiento analítico clásico, por basarse en las neurosis, da por supuesto el territorio (pulsiones, objetos, deseos), o sea, una integración (aunque precaria o parcial) en un *self*, lo que interesa a Winnicott, atento a la vacuidad *borderline*, es lo que pasa antes o, mejor, lo que no pasa, hasta el punto de impedir que la integración se lleve a cabo, se realice. Son los agujeros de ese *no sucedido* los que de forma patológica, muchas veces, subyacen a la organización neurótica que funciona, entonces, como cobertor defensivo de un vacío radical.

Según Winnicott, ése es el caso de las psicosis fronterizas. Es el caso de los dos pacientes cuyo análisis destacamos en este Encuentro. Fue la experiencia analítica con pacientes *bordeline* lo que le posibilitó acercarse al carácter propiamente psicótico de la psicosis; así afirma haber encontrado allí "la oportunidad de observar los delicados fenómenos que apuntan a la comprensión de los estados verdaderamente esquizofrénicos" (BR, 121). Tratándose de ese tipo de patología, sabemos que Winnicott no iría a suponer la existencia (integración) de un *self* que quedó a medio camino y, por lo tanto, no tratará de encontrar al paciente que *aún no está ahí para ser encontrado.* Tampoco esperará encontrarse con el sufrimiento típico de los conflictos pulsionales relativos a los afectos. El fronterizo está más allá de lo que podría llamarse vida psíquica. Esos pacientes, y ésa es la característica de la patología fronteriza, viven en la forma de una *no-existencia.*[1] Aquel, cuyo análisis es narrado en el libro *Holding e Interpretação* vive en el *fantasear* (BR, cap. II) que evita y sustituye a la realidad interna; usa la mente, hipertrofiada y disociada de la experiencia, ámbito que el paciente desconoce. La otra (BR, 83) transita entre *flashes* esparcidos y citas de poetas; vida hecha de pedazos amorfos, desconectados y sin sentido. Ambos se protegen

---

[1] En las neurosis, la vida ya empezó y el individuo está enraizado en un mundo de cuya realidad no duda, capturado por la trama consistente del vivir: lo "lleno" de los sucesos, recuerdos, fantasmas, heridas, traumas; escenario abierto donde el enredo del existir puede desarrollarse, tiempo interno extendido —pasado, presente, futuro— a veces distorsionado, trabado, pero horizonte en el cual el individuo teje su historia. En las psicosis fronterizas no hay escenario: una ausencia peculiar, un vacío afectivo atraviesa toda presencia. De ahí la extrañeza y perplejidad que invaden al analista o interlocutor eventual. El individuo no presenta rasgos abiertamente patológicos, y sus relatos, pertinentes, exhiben contactos aparentemente bien establecidos o coloreados por conflictos neuróticos triviales. Viven, sin embargo, una inconsistencia básica, como si nada pudiera ser propiamente real. Los vínculos, flojos, externos, duran el tiempo de la presencia concreta, y sólo ésta existe. De ahí, tal vez, la dependencia de la externalidad, de la presencia efectiva de los otros y de las cosas. Parece que los vínculos, actuados pero no vividos, no tienen a qué referirse, dónde instalarse internamente, ni cómo, cosiéndose unos a otros, entretejer enredos. El mundo está afuera, como una película que no les concierne, y no hay puente posible a no ser por la observación de las reglas y sumisión a los esquemas y expectativas. Lo que parece faltarles es la materia prima misma del vivir: la posibilidad de dejarse afectar por los otros y por los sucesos de la vida, y así vincularse. La quiebra revélase como anterior al establecimiento de vínculos. Es relativa a la propia posibilidad de formarlos. Es una quiebra en el orden del ser. "Todo lo que conseguí fue lo que no conseguí", decía una paciente de Winnicott. Y él comenta: "He aquí una tentativa desesperada de transformar lo negativo en una última defensa contra el fin de todo. Lo negativo es lo único positivo" (BR, 42).

de una amenaza, vaga para ellos, pero que, sabemos, es la de los encuentros reales, la amenaza de existir. Se someten, entonces, a las expectativas del ambiente externo para garantizar la sobrevivencia de la cáscara a partir de la cual se presentan a sí mismos y a los otros. Si seguimos a Winnicott, es posible suponer, a propósito de ambos, que en la etapa más precoz, antes de alcanzar el lugar (la reunión, el *self*), desde donde podrían sentirse afectados (afectos), concernidos, tornáronse puramente reactivos, controlando el peligro de las intrusiones y de los sobresaltos. Prematuramente atentos, la mente sustituyendo el papel del ambiente protector, no llegaron a la experiencia de dejarse estar, de habitar, y perdieron la aventura de vivir. En vez de concéntricos, tornáronse excéntricos. No encontraron el camino del juego.

2. El estado de no-integración y las psicosis

La tesis que sostiene esa fenomenología consiste en que, para Winnicott, las psicosis se refieren a un momento de *no-integración, anterior a la reunión en un self*, a esa fase de *dependencia absoluta* donde ocurrieron fallas de adaptación en la unidad bebé-mamá. La gravedad de esas fallas está relacionada con el hecho de que, en ese momento en que el bebé todavía "no existe" y sólo "existe" en unidad con la madre, están siendo gestados los fundamentos, las *condiciones de posibilidad* de ingreso a la vida, vida que será, entonces, atravesada por conflictos pulsionales.[2]

---

[2] Es la inconfigurabilidad de las pulsiones, en ese momento de no integración, en que no hay todavía yo ni no-yo, lo que lleva Winnicott a afirmar que "no hay id antes del ego" (APM, 55).

La afirmación de que el bebé "no existe" no es retórica ni simbólica. Para Winnicott, el existir no es dado y no coincide con el nacimiento biológico. No-integrado, el bebé no tiene yo ni no-yo; no hay intencionalidad, objetos o intereses. Se trata, por lo tanto, de un momento pre-objetal, pre-pulsional y pre-simbólico. Antes de notar los objetos, nombrarlos y valorarlos, se encontrará y habitará en un "medio", en un "ambiente" espacial y temporal, dotado de una cierta "atmósfera". En ese momento, lo que el bebé tiene, sí, son posibilidades virtuales (bebé posible) que requieren ser actualizadas, "realizadas", ganar configuración y expresión (bebé real): sólo así puede llegar, como dice Heidegger, a *ser-en-el-mundo*, existiendo en las estructuras fundamentales del tiempo y del espacio, como un ser situado y datado. Notemos: abrirse para el mundo y abrirse para sí mismo, *self*, es un único y mismo proceso. Por lo tanto, precisa tener, con la ayuda de la madre, la *experiencia de habitar* (permanencia, protección de intrusiones, regularidad, etc.), de modo de llegar a tener el sentimiento de "estar en casa"; *un lugar (mundo y self) a partir del cual acoger y dejarse afectar por los sucesos, lugar donde pueda reunir y guardar las cosas que encuentra, y en la duración de un tiempo continuo* (continuidad, previsibilidad) *en que una existencia se extiende como pasado, presente y futuro*.[3]

El existir *(ex-sistere)*, por lo tanto, sólo comienza cuando el bebé, llegando a la integración que implica

---

[3] La prioridad de esta necesidad queda clara cuando se presta atención a aquella que es, en general, mencionada por Winnicott como la primera de las tres conquistas que realizan el proceso de integración (también denominada integración, tal como el proceso global, lo que sugiere que es la más básica): se trata de la reunión (integración en un *self*) de las posibilidades de ser del bebé (ahí entran los impulsos eróticos y agresivos) en una unidad espacio-tiempo. Dice Winnicott: "La tendencia principal del proceso maduracional está contenida en los varios significados de la palabra integración. La integración en el tiempo se agrega a (lo que podría llamarse) integración en el espacio" (APM, 58).

el reconocimiento de la existencia separada del no-yo y correlativamente del yo, alcanza el sentimiento de ser real y de habitar en un mundo real. Pero mucho tendrá que suceder todavía para que el bebé llegue a eso. "La integración es una conquista", dice Winnicott. Antes puede pensarse en una no-existencia. Se trata, por lo tanto, de un momento delicadísimo que requiere cuidados específicos.

Para tener esa experiencia inaugural de habitar y llevar a cabo la tendencia virtual a la integración, ese momento debe poder ser vivido en las condiciones de inmadurez que le son inherentes y en la entrega favorable que reconoce, acepta, reúne y da soporte a ese estado de no-integración, sin apresurar el proceso. Éste debe seguir su propio curso, estando garantizada y protegida la *"continuidad del ser"*. "La base para el establecimiento del ego es una continuidad existencial suficiente, que no sea interrumpida por reacciones a la intrusión" (PP, 496).[4]

Cabe a la madre "suficientemente buena" propiciar al bebé los cuidados de soporte, de presencia continua previsible y de protección contra las intrusiones. En la salud, eso es posible porque, identificada con el bebé, la madre tiene capacidad para una *adaptación sensible, activa y completa* a sus necesidades. Luego, ella provee la *desadaptación gradual*, cuando pequeñas fallas suceden, en la misma medida de la capacidad maduracional creciente del bebé, lo que significa que forman parte de la pauta de la adaptación. Mas he ahí un punto que merece destacarse y revela la profundidad del pensamiento de Winnicott: la adaptación completa no apunta específicamente a

---

[4] Esto vale para el bebé y también para el paciente fronterizo que, cuando todo va bien y se ofrecen las condiciones altamente especializadas de soporte analítico, llegará a regresar a la dependencia.

la satisfacción instintiva.[5] Hay algo más básico y estructural que sucede. *En la adaptación completa hay un encuentro y ese encuentro es fundamental: es la matriz de los encuentros* posibles, el *paradigma existencial de los vínculos* de que se constituye el existir. Observemos que el propio bebé no se encuentra con la madre ya que, en ese momento, la madre no existe y el bebé tampoco. Pero el *encontrarse* está sucediendo en el completar el gesto del bebé y en el atender a su necesidad "en su punto" (madre *suficientemente* buena). Sin que el bebé se dé cuenta, se está creando el sentimiento de que el no-yo es encontrable, puede concernirle y tener sentido; se están plantando también las raíces de la mutualidad y de la posibilidad de comunicación, sin pérdida de la soledad esencial.[6]

Pero puede darse el desencuentro. Puede ser que la madre no sea capaz de sintonizar, desde lo íntimo, la necesidad del bebé. Ella no consigue crear el *en-*

---

5 Dice Winnicott: "Una fuente de equívocos es la idea (que algunos analistas tienen) de que el término adaptación a las necesidades, en el tratamiento de los pacientes fronterizos y en el cuidado del lactante, significa satisfacer los impulsos del id. En esta situación, no existe la cuestión de satisfacer o frustrar los impulsos del id. Hay cosas más importantes sucediendo, como proveer apoyo a los procesos del ego. Sólo en condiciones de adecuación del ego los impulsos del id, sean satisfechos o frustrados, tórnanse experiencias del individuo" (APM, 217). Winnicott hace notar la prevalencia del ámbito de la experiencia (matriz de significado y sentido) sobre el del placer/displacer, satisfacción/frustración. Lo que importa es que se creen las condiciones para que el nuevo individuo pueda acoger aquello que llega, como experiencia real y personal (en su medida) y, por lo tanto, creativa, en el sentido winnicottiano.

6 La dependencia absoluta no puede, por lo tanto, ser pensada de modo trivial (como el desvalimiento del bebé para la sobrevivencia) ni tampoco referida a una supuesta "producción" del bebé como tabla rasa, por el ambiente. No se trata, tampoco, de dependencia afectiva, en el sentido tradicional, ya que en ese momento no hay todavía afectos. Se trata de dependencia estructural, ontológica. Como en Winnicott no hay que contar con una constitución que autónoma e intrapsíquicamente vaya de sí, inscrita en la naturaleza, el todo sólo se da en el encuentro. Repitiendo, eso no significa que el ambiente hace al bebé pero, sí, que el bebé depende enteramente de la madre para llegar a ser aquello que ya es en cuanto posibilidad. Las posibilidades, virtuales, son del bebé pero precisan ser actualizadas y eso sólo se da en un encuentro con el mundo. O sea, o la madre, en la medida y ritmo del bebé, tiene éxito en la tarea de introducirlo en el espacio y en el tiempo del mundo, en la presencia de las cosas, cuidando de protegerlo de las intrusiones y precocidades, o el bebé queda, por decirlo así, desucedido. No nace, queda crudo. Es en el vacío del no-sucedido donde el fronterizo orbita, sin lugar y sin tiempo.

tre, la burbuja de intimidad y protección donde se gesta, en la *ilusión de omnipotencia*, el sentimiento de que es posible encontrar y significar el mundo que va a servirle de morada. Tal vez ella no pueda soportar lo amorfo de la no-integración que le recuerda su propio desamparo escondido y recubierto por el ajetrear adulto. Y así no hay encuentro. Esa madre, más atenta a su papel de madre que al bebé, puede embutirle el alimento y el mundo garganta adentro. Si pudiese abrir el "entre" y ensayar la posibilidad del encuentro, ella sabría que el bebé necesita ser introducido en el mundo muy despacito, en su medida y ritmo, y tener la oportunidad de crear el mundo que encuentra: habitar en la paradoja.⁷ Necesita de cuidados que se refieran a él, no al género bebé. Necesita que ella dé soporte y sostén, tanto para el avance como para el retroceso. Retroceder significa que el bebé, a veces, siente necesidad de morir un poquito y abandonarse en algún lugar al que la madre no tenga acceso: "En el centro de cada persona, hay un algo no comunicable. Éste es sagrado y merece ser preservado" (APM, 170).

Por la ilusión de omnipotencia, el bebé es introducido, imperceptiblemente, en el ámbito abierto del mundo. Le es permitido un tiempo en que está eximido de la tarea de separar el yo del no-yo, protegido de la conciencia prematura de la externalidad del mundo. Sin esos cuidados, hay intrusión y desencuentro. La intrusión quiebra la continuidad de ser: al-

---

⁷ Éste es uno de los puntos más fascinantes del pensamiento de Winnicott, y lo vincula al pensamiento pos-metafísico. Si, para el psicoanálisis clásico, es preciso deshacerse de las ilusiones para llegar a la realidad, para Winnicott sólo a través de la ilusión una relación con la realidad externa, por vía de la realidad compartida, es posible (cf. Pontalis, 1977/1971). Fuera del ámbito de la ilusión, esto es, si el nuevo individuo es expuesto prematuramente a la conciencia de la externalidad del mundo, el no-yo puede quedar definitivamente inhóspito, eternamente extranjero e increable por su absoluta y cruda exterioridad. Sería como caer en el puro fisicismo, iluminación sin sombras, mecánica y desprovista de significado: el "sistema", la "irrealidad" de la esquizofrénica de Sechehaye.

go rebasa la posibilidad del bebé o sencillamente no sucede. El bebé hace el gesto que le viene del impulso momentáneo y no halla nada, nada le viene al encuentro. O todo le es dado en demasía, más allá de su real necesidad. Aprende, entonces, a tener aquellas necesidades que dan a la madre la sensación de estar viva y actuante. En esos casos, es el bebé el que se encarga de mantener a la madre "viva". Si eso se vuelve norma de conducta ambiental, puede haber un retroceso dramático, como en el autismo, o un retroceso defensivo con formación de coraza externa de sumisión que simula vínculos, como en los fronterizos. Son innúmeros los matices de las fallas en esa primera relación que fuerzan al bebé a superarse, a ponerse alerta antes de tiempo, y él, desviado de sí, interrumpido en su "continuidad de ser" y ocupado en controlar el ambiente, queda reactivo, precozmente expuesto a la exterioridad del mundo y a la incumbencia de existir.

Hay, por lo tanto, quienes no llegan a nacer y permanecen en un tiempo anterior al tiempo del mundo. Un tiempo donde el hombre "privado del don de residir, habita en la eternidad de un presente vacío, sin movimiento, donde no pasa nada".[8] En ese cuadro, según Winnicott, "están todos los pacientes cuyo análisis debe enfrentar las etapas primitivas del desarrollo emocional, antes y hasta el establecimiento de la personalidad como entidad y antes de la adquisición del *status* de unidad espacio-tiempo" (PP, 460).

---

8 Pessanha, J. G., "O ponto K (Heidegger e Freud)", en *IDE, Revista da Soc. Bras. de Psicanálise de S. Paulo*. Recomiendo vivamente al interesado en la cuestión de la no-existencia, de ese "más allá del principio del placer", el estudio de Pessanha acerca de la temporalidad y negatividad en Freud y Heidegger. Forma parte de un proyecto de reflexión, iniciada por Zeljko Loparic, que intenta pensar las categorías de la psicopatología freudiana a partir de la ontología heideggeriana expuesta en *Ser y Tiempo* (1927).

La falla en proveer la matriz de los vínculos y del habitar puede hacer un agujero en el tejido de la continuidad de ser y hacer caer al bebé fuera del camino que lo llevaría a la integración. No cae en el mundo; cae fuera.[9] Extraviado del vivir, exiliado de sí mismo y del mundo, permanentemente extranjero, el individuo no sabe habitar. Deambula en un desierto sin referencias, sin familiaridad posible: nada le concierne. Ni siquiera puede saber lo que ha sucedido o no, porque, *no-nacido* todavía, no estaba allí para que algo sucediese. La falla que lo habita, como un vacío informe, sucedió, sorprendentemente, *fuera de su psiquis*.[10] Dice Winnicott: "Los psicóticos sufren de disturbios derivados de un estado todavía más precoz y básico. Sus dificultades y problemas son especialmente dolorosos. Por no ser inherentes, *no forman parte de la vida, pero sí de la lucha por alcanzar la vida*. El tratamiento exitoso de un psicótico permite que el paciente *comience* a vivir y empiece a experimentar las dificultades inherentes a la vida" (NH, 100, subrayados míos).

Para algunos, sin embargo, residir en el mundo creyendo en su realidad, y dejarse ser, tornóse de-

---

9 Es ésa la agonía impensable del "caer para siempre": caer fuera del espacio-tiempo del mundo, exiliado del lugar donde se puede habitar en la presencia y en la familiaridad de las cosas, en la repetición cotidiana y aseguradora de los hábitos, y en la tradición, entre proximidades y lejanías, vida que puede ser contada, sentida y proyectada. Apátrida, el exiliado de la vida diría como el semiheterónimo de Fernando Pessoa, Bernardo Soares: "Sou os arredores de uma vila que nao há, o comentador prolixo a um livro que se não escreveu. Não sou ninguém, ninguem. Não sei sentir, não sei pensar, não sei querer. Sou uma figura de romance por escrever, passando aérea, e desfeita sem ter sido, entre os sonhos de quem me não soube completar" (*Libro do Desassossego*, en Pessoa, 1986, vol. II, pág. 667).

10 En el bellísimo artículo-prefacio de la traducción francesa, hecha por él mismo, de *O Brincar e a Realidade*, describe Pontalis, en negativo, la paradoja central de la falla no experienciada: algo "tuvo lugar sin encontrar su lugar psíquico; no está depositado en ninguna parte. No es un traumatismo enterrado en la memoria, cualquiera que sea la profundidad con que se lo postule. No es, igualmente, lo reprimido en el sentido de un trazo que estaría inscripto en un sistema relativamente autónomo del aparato psíquico. Inclusive hablar incluso de escisión *(clivage)*, con aquello que la noción implica de elemento interno irreductible, sería, a mi ver, erróneo" (1977, 196).

masiado lejano. Así, con el paciente de *Holding e Interpretação*. Era capaz, a veces, de dejarse cuidar por Winnicott y de entregarse a la dependencia. Pero esa posibilidad se desvanecía pronto. Para él, que sólo podía vivir en la ruta del *script* ambiental, el estado de no orientación y la amorfia de la no-integración eran terroríficos. Su principal recurso defensivo era el retraimiento en el adormecer. En el excelente prefacio al libro, dice Masud Khan: "Desde el comienzo, Winnicott tenía conciencia de que toda forma de hablar y de relatar del paciente encerraba una reacción terapéutica negativa. El paciente hace su propio diagnóstico: 'No me he hecho humano jamás. Perdí esa experiencia' (pág. 107) y, 'resumiendo, *mi problema es cómo encontrar una lucha que nunca hubo*' (pág. 185). Winnicott no se dejó intimidar. Mucho menos tentó la cura" (Khan, M., 1991, 16, subrayado mío).

No tentar la cura es la sabiduría clínica de Winnicott. Tal vez exactamente residiese allí la falla original e insuperable: una madre que impelía a su hijo a mantenerse vivo, siempre, a cualquier precio. Pero eso no significa que Winnicott no usase los recursos de que disponía. Él extiende, disponible, el piso sobre el cual un nacimiento podría llegar a suceder, o para, por lo menos, mantener al paciente en la estrecha abertura que le era posible. Winnicott ofrece el soporte para que el paciente haga uso de él cuando y como pueda.

Con relación al dar *holding*, en el *setting* analítico, hay un detalle que merece examen: *holding* casi siempre se entiende como la continuidad de cuidados que teje el piso, aquello que da soporte, sustentación. Pero ocurren fallas, porque siempre ocurren fallas. Winnicott notó, sin embargo, que el paciente aprovechaba exactamente las fallas para avances en el proceso de maduración. Esas fallas repetían, sí, la intrusión temprana. Pero ahora, revividas y configuradas en la relación analítica, podían propiamente suceder y comenzar a formar parte del psiquismo.

3. Dos tareas analíticas: soporte para la no-integración y el uso analítico de las fallas del analista

Dado lo arriba expuesto, y tratándose de pacientes fronterizos en regresión a la dependencia, surge una cuestión para la función del análisis: no hay cómo retrazar o resignificar una historia que no sucedió, ni cómo analizar la calidad libidinal de vínculos que no existen, a no ser como remedos de vínculos externos, artificiales, capas producidas para cubrir un campo interno vacío. En virtud de esa nueva perspectiva, la relación analítica tendrá que preferir otra función que aquella para la cual fue originalmente concebida (la interpretación de los conflictos pulsionales). El analista tendrá que estar atento, cuando el fondo de extrañamiento y vacuidad está cubierto por una organización neurótica o un disturbio psicosomático. "En tales casos, el psicoanalista puede ser cómplice, durante años, de la necesidad del paciente de ser psiconeurótico (en contraposición a loco) y de ser tratado como tal. El análisis progresa y todos manifiestan satisfacción. El único inconveniente está en que el análisis jamás termina. Puede ser concluido y el paciente puede inclusive movilizar un falso *self* para finalizar el tratamiento y expresar gratitud. En verdad, sin embargo, él sabe que no hubo alteración en el estado (psicótico) subyacente y que analista y paciente tuvieron éxito en el complot para provocar un fracaso" (BR, 122).

Con pacientes *borderline*, por lo tanto, si se quiere llegar al fondo, la regresión es necesaria, y no es verdad que los clínicamente más regresivos sean los más enfermos. Tal vez sea más difícil la tarea de tratar pacientes psicóticos en estado de fuga en la salud (PP, 471), como era el caso del paciente anteriormente mencionado. Sin embargo, en general, si el analista ofrece las condiciones requeridas, el paciente fronterizo "atraviesa gradualmente las barreras que denominé técnica del analista y actitud profesional, y fuerza un relacionamiento directo, de tipo primitivo, llegando hasta el límite de la fusión" (APM, 150).

La regresión a la dependencia "representa la esperanza del individuo psicótico de que ciertos aspectos del ambiente que fallaron originalmente puedan ser revividos, con el ambiente, ahora con éxito, en vez de fallar en su función de favorecer la tendencia heredada del individuo de desarrollarse y madurar" (APM, 117). Pero ¿qué es lo que el paciente busca repetir, revivir, recordar? No es posible rescatar "algo que no ha sucedido aún, y esta cosa del pasado no ha sucedido porque el paciente no estaba allí para que sucediese" (Ex, I, 117). La falla, el derrumbe, sucedió fuera del psiquismo, en un "sin lugar", "sin tiempo", "sin forma", y *no puede pertenecer al pasado a menos que sea experienciada en el presente por primera vez.* "Para entender eso es preciso pensar, no en un *trauma*, sino en que no pasó nada cuando algo provechoso podría haber pasado" (Ex, I, 118, subrayado mío). Por esta razón, lo que sucedió en el período de no-integración no puede ser rescatado como un recuerdo olvidado en los vericuetos del inconsciente, y en las formas tradicionales de la transferencia.

En esas situaciones de regresión casi todo lo que está ocurriendo de importante se ofrece en el registro pre-verbal y *entonces se presenta un desafío al analista: necesita saber todo lo que se refiere a las interpretaciones relativas al material presentado*, mas "debe ser capaz de contenerse para no ser desviado a esa función, que sería inapropiada, porque la necesidad es la de apoyo simple al ego, o sea, la de *holding*. Ese *holding*, como la tarea de la madre en el cuidado del bebé, reconoce tácitamente la tendencia del paciente a desintegrarse, a cesar de existir, a caer para siempre" (APM, 217).

Es de extrema importancia la tarea analítica de mantener cuidadosamente la continuidad previsible y regular del *setting*, creando las condiciones para que una *falla del analista* sea sentida como tal, como falla del ambiente. Así, la falla debe ser entendida estrictamente en relación con la necesidad del paciente que se permite estar no-integrado, dependiente y fundido con el analista: *cualquier movimiento del analista que se dirija fuera de la órbita de omnipotencia del individuo puede ser sentido como falla.* Y ésa será la ocasión para que aquella falla sufrida (pero no experienciada) en el período de no-integración, alcance un contexto, una configuración, una historia, para que pueda finalmente *suceder* y, reconocida, tornarse una experiencia del individuo. A ese respecto relata Winnicott, refiriéndose a una paciente: ella *"siempre siente espanto*, pero durante un cuarto de hora sintió espanto por algo" (Ex, I, 165). Para Winnicott, cuando las fallas del analista son casuales y no tienen una pauta fija propia, el paciente sufrirá aquella que corresponde "a la pauta según la cual el propio ambiente del paciente le falló a éste en una etapa significativa" (Ex, II, 200).

Pero, para que el paciente ose aproximarse al vacío amorfo que lo habita sin lugar propio, hay que tejer, primero, la casa: una base muy firme de confiabilidad hecha de los cuidados básicos de permanencia, regularidad, simplicidad, monotonía; esto es, establecer la *ilusión de la omnipotencia* sobre cuyo piso, bien asentado, la falla, la *desilusión* configurada, pueda suceder de modo de ser experienciada, sufrida, soportada. Muy amparado, el paciente puede empezar a tener sentimientos y a no estar sólo hundido en sensaciones; ya puede sentir *falta* de algo, y no el vacío de todo; ya puede sufrir frustración y odio, y no aniquilamiento. Dice Winnicott sobre otra paciente: "Mi tarea consistía, en primer lugar, en cooperar con su proceso de idealización a mi respecto, y luego compartir el peso de la responsabilidad por la quiebra de esa idealización a raíz de su odio..." (Ex, I, 165). En las condiciones altamente especializadas del *setting* analítico, y después de haberse establecido firmemente la confiabilidad, la falla puede suceder y dar ciudadanía al odio. "En la recuperación de la situación original de fracaso, cuando la situación congelada de fracaso se descongela, el individuo puede, por primera vez, sentirse frustrado y desarrollar defensas más complejas, así como experimentar furia o ira, justamente contra el fracaso" (GE, 54). Y aun: "Estas fallas producen rabia, lo que es valioso, porque esa rabia trae el pasado al presente. En el momento de la falla (o falla relativa) inicial, la organización yoica del bebé no estaba suficientemente preparada para *una cuestión tan compleja como es la de tener rabia acerca de una cuestión concreta*" (Ex, I, 306, subrayado mío).

Sólo en la regresión a la dependencia, la necesidad del paciente de experimentar el vacío, lo no-sucedido, la decepción, puede emerger y tener lugar. Sólo dentro del soporte del analista la falla tendrá esa función y esa importancia. Winnicott relata cómo sería, si fuera verbal, la demanda de un paciente que se ve a punto de entrar en regresión a la dependencia: "Ya es hora de que usted se decida: o va hasta el final, o se retira. No me importa que me diga ahora que no está en condiciones de hacerlo pero, si sigue avanzando, yo le entregaré algo que es muy mío y me volveré peligrosamente dependiente de usted, *y sus errores tendrán una enorme importancia*" (Ex, I, 124, subrayado mío).

El relieve dado a ese punto no debe llevar a pensar que, en el trato del fronterizo, Winnicott aconseje al analista programar fallas. Tanto en la adaptación como en la desadaptación, en el error o en el acierto, cualquier mecanicismo malogra la tarea de introducir al bebé o al paciente en el mundo humano. Tal como la madre "suficientemente buena", el analista fallará espontáneamente por el simple hecho de ser humano y porque las necesidades del paciente, así como las del bebé, son, por decirlo así, "inhumanas". Se trata de estar atento y usar analíticamente la situación.

Una de las ocasiones más frecuentes de falla se refiere al tiempo: en virtud del agotamiento originado en el carácter absorbente de la adaptación completa, y sintiéndose llamados por otros intereses, madre y analista sobreestiman los progresos del bebé o del paciente, y anticipan posibilidades que no se establecieron todavía. El paciente se siente sobrecargado, no visto, y otra vez su "estar allí" se constituye en un peso del cual él mismo y quien lo cuida quieren librarse. El retroceso es inevitable. Es una suerte cuando el paciente puede avanzar del retraimiento a la regresión y entregarse a nuestros cuidados.

En la regresión a la dependencia, pisamos un terreno extremadamente frágil: hay grandes riesgos entrañados, pero hay que correrlos. "En los casos graves, todo lo que importa y es real, personal, original y creativo, permanece oculto y no manifiesta ninguna señal de existencia. En ese caso extremo, al individuo no le importa vivir o morir" (BR, 99). Silencios, retraimientos y, sobre todo, aquello que Freud denominó reacción terapéutica negativa, son, en general, entendidos como resistencia a la propia relación analítica y/o a un contenido pulsional indeseable. Freud quedó sorprendido al darse cuenta de que había pacientes que luchaban contra la cura y sólo entonces pudo configurar el mecanismo de la resistencia. Si lleváramos esto hasta el fin, verificaríamos que *la resistencia puede residir en un rechazo más básico aun, y sin contenido*, rechazo a cualquier posibilidad de una existencia real.

"No me haga querer SER...", decía una paciente de Winnicott, citando al poeta Hopkins. Un rato antes, en la sesión, ella había dicho: "Tengo a veces la sensación de que nací... ¡Si no hubiera sucedido! Eso me viene; no es como la depresión." Winnicott: "Si usted hubiera podido no existir, hubiera sido bueno." Ella: "¡Pero lo que es tan terrible es la existencia negada! Jamás hubo una época en que yo pensara: ¡qué bueno haber nacido! Siempre tengo presente que hubiera sido mejor si yo no hubiera nacido, pero ¿quién sabe? Podría ser, no sé" (BR, 89).

Sólo con el permiso y el soporte para el no-ser, el existir puede empezar a ser posible. "Sólo a partir de la no-existencia la existencia puede comenzar", dice

Winnicott (Ex, I, 120). Tal como en la aceptación y soporte de la madre al estado de no-integración del bebé. Tal vez, la falla mayor del analista en esos casos sea la incapacidad de soportar la negatividad que deshace toda realidad y la impaciencia por introducir al paciente en la existencia, en la positividad de la vida, donde todo sucede. La confiabilidad del *setting* puede ayudar al paciente a *querer ser*, pero necesita confiar en que puede *retroceder* y a veces dejar de existir; necesita saber que el analista soporta ese retorno a la no-existencia o al estado no-integrado, amorfo, de la completa dependencia. "El sentimiento del *self* surge sobre la base de un estado no-integrado que, con todo, por definición, no es observado ni recordado por el individuo y que se pierde, a menos que sea observado y espejado de vuelta por alguien en quien se confía, que justifica la confianza y atiende a la dependencia" (BR, 88).

Referencias bibliográficas

Nota: Las siglas, luego del título de las obras de Winnicott, son las mismas utilizadas como referencia inmediatamente después de la cita, en el cuerpo del texto, seguidas de los números de las páginas. Junto a la fecha de la edición utilizada, señalé el año de la publicación original; cuando me pareció importante, hice lo mismo con las obras de apoyo. Siempre que fue posible, comparé las traducciones en portugués y español con los originales y, cuando fue necesario, procedí a correcciones que, sin embargo, no están explícitamente señaladas.

Khan, M. (1978): Prefacio a Winnicott (1978).

Khan, M. (1991): Introdução a Winnicott (1991).

Loparic, Z. (1990): *Heidegger réu: um ensaio sobre a periculosidade da filosofia*, Campinas, Papiros.

Pessanha, J. G. (1992): "O Ponto K – Heidegger e Freud", en *IDE, Revista da Soc. Bras. De Psicanálise*, San Pablo.

Pontalis, J. B. (1977): "Trouver, accuellir, reconnaître l'absent", en *Entre le rêve et la douleur*, París, Gallimard.

Pontalis, J. B. (1979/1971): "L'illusion maintenue", en *Entre le rêve et la douleur*, París, Gallimard.

Sechehaye, M. A. (1988): *La realización simbólica y Diario de una esquizofrénica*, México, Fondo de Cultura Económica.

Winnicott, Donald W. (1978): *Da Pediatria à Psicanálise*. Textos seleccionados (PP), Río de Janeiro, Francisco Alves.

Winnicott, Donald W. (1971): *A criança e seu mundo (CM)*, Río de Janeiro, Zahar, 2.ª edición.

Winnicott, Donald W. (1983): *O ambiente e os processos de maturação (APM)*, Porto Alegre, Artes Médicas.

Winnicott, Donald W. (1980): *A familia e o desenvolvimiento do individuo (FDI)*, Belo Horizonte, Interlivros.

Winnicott, Donald W. (1975): *O brincar e a realidade (BR)*, San Pablo, Imago.

Winnicott, Donald W. (1971): *Holding e interpretação (HI)*, San Pablo, Martins Fontes.

Winnicott, Donald W. (1989): *Tudo começa em casa (TCC)*, San Pablo, Martins Fontes.

Winnicott, Donald W. (1990): *O gesto espontâneo (GE)*, San Pablo, Martins Fontes.

Winnicott, Donald W. (1990): *Natureza humana (NH)*, Río de Janeiro, Imago.

Winnicott, Donald W. (1991): *Exploraciones psicoanalíticas*, I e II (Ex I y II), Buenos Aires, Paidós, col. Psicología Profunda.

7

¿Existen equivalentes al falso *self* en Freud y en Klein?*

Myrta Casas de Pereda

Desde el momento en que el Dr. L. Prego Silva me pide una ponencia sobre el tema *¿Existen equivalentes al falso self en Freud y en Klein?*, me encuentro sumergida en un debate interno. ¿Cómo resumir, en este breve lapso, años de diálogo con este pensador de lo original que es Winnicott? Diálogos erizados de cuestionamientos asentados en una base de profunda admiración.

Frente al *self* (falso o verdadero), quedamos ante el descentramiento radical de la propuesta winnicottiana, en una inquisitoria acerca de qué está detrás de ese *self* si no una especie de verdad que no se adapta a ninguna parte de la teoría analítica. Nada corresponde a eso. Por eso, creo que es necesario dejarnos conducir por el autor para ir con él interrogándolo, interrogándonos. Elijo este camino para compartir algo de esta confrontación donde me debato con él y esbozo respuestas.

J. B. Pontalis (1977), al puntualizar el obstáculo lingüístico, que es también obstáculo epistemológico, relativo al vocablo anglosajón de *"self"* se pregunta si es exportable de una cultura a otra. Creo que el obs-

* Trabajo publicado en *Revista de Psicoanálisis*, junto a los comentarios de la Dra. Raquel Zak de Goldstein y del Dr. Miguel Ángel Rubinstein. Editada por la Asociación Psicoanalítica Argentina, tomo XLVII, núm. 5/6, noviembre-diciembre de 1990, Buenos Aires, Argentina. Publicación autorizada.

táculo no surge de la cultura, sino de la teoría psicoanalítica, pues estamos ante una propuesta que no es fácil ubicar en ella. Pontalis señala también uno de los riesgos mayores cual sería *"la vuelta (como de lo reprimido), el resurgimiento de una concepción que el psicoanálisis había desmantelado... la de un sujeto prepsicoanalítico, unificado y unificante ... que puede reconocerse como sí-mismo, como sí y como mismo, es decir como unidad... susceptible de escapar en su ser a la irreductibilidad del conflicto, a la alteridad del inconsciente, a lo inconciliable de las representaciones, a la parcialidad de las pulsiones o la multiplicidad dispar de las identificaciones"*.

Sin embargo, con D. Winnicott ocurre algo singular, pues estas objeciones, sin duda fundamentales, quedan en parte relativizadas a medida que nos adentramos en su proceso de pensamiento.

En el hecho mismo de ser una propuesta poco rigurosa en un recorte metapsicológico, estriba el que, por un lado, nos permita leer en ella siempre algo más y, por otro, nos obliga a reperar sus ideas en el contexto de conceptos que D. Winnicott maneja y crea.

Por lo pronto, se vuelve imprescindible recordar las propuestas nodales del objeto *transicional* y del espacio potencial para comprender la oposición entre verdadero y falso *self*.

D. Winnicott realiza con su obra un aporte mayor al psicoanálisis centrado especialmente en el objeto transicional. *"Uno de los más finos descubrimientos del Psicoanálisis"*, refiere J. Lacan. Dejando de lado aproximaciones nosográficas, psicopatológicas, psiquiátricas o psicoanalíticas, se interna en una propuesta diferente, singular.

Parece desentenderse del conflicto psíquico freudiano (como fundante y a la vez producto del inconsciente), y transita por otros senderos abarcativos, exhaustivos en lo concerniente a la afectividad que es, sin duda, un elemento esencial de nuestra condición de sujetos divididos.

Es un sutil percipiente de los efectos, de la división esencial, y, sin abordarla, realiza una propuesta dinámica de dichos efectos y de cómo tomarlos para promover modificaciones. Nos propone una trama en acto, una estructura en funcionamiento en su actualización con el otro, mostrando sus posibles carencias o fallas.

Pues el origen del *self* que reúne al gesto espontáneo y la idea personal como experiencia de un sujeto que allí nace (y allí tiene que estar el sujeto de deseo) sólo es concebible si se lo articula con el medio materno (donde está el otro sujeto de deseo) que, al hacer posible la experiencia de ilusión, permite la creación del objeto (subjetivo).

Precisamente este aspecto se me subraya; la fuerza con que hace presente al otro [¿el semejante, el *nebenmensch* de Freud en la acción específica?], en su madre medio ambiente, suficientemente buena para la organización de la vida psíquica. *"Ocultarse es un placer, pero no ser hallado es una catástrofe."* El deseo de reconocimiento allí expresado nos lleva al reconocimiento del deseo. Pero este ámbito, el del deseo, es un espacio que Winnicott no recorre o, en realidad, lo hace a su manera. Artífice de la relación dual con la madre (indispensable para la vida), hace presente el deseo del otro como objeto; madre medio ambiente, objeto transicional, y que va a permitir ubicarse como cuerpo y sujeto en el lugar y momento justos (para que sea creado el objeto, dice D. Winnicott). Anudamiento de conductas y hechos psíquicos (¿inscripciones?), cuerpo y psique en un ir y venir significativo.

Con la propuesta del verdadero y falso *self*, salimos de la perspectiva freudiana. Ya no inconsciente, preconsciente-consciente, o ello, yo, superyó. Algo de todo eso queda subsumido en una nueva categorización. También sus raíces kleinianas están allí presentes, por ejemplo, en la perspectiva reparadora del objeto (siempre presente, nunca perdido, como ocurre en cambio con Freud).

Categorización abarcativa de un amplio abanico de dolencias, quedan en la patología del falso *self* casi todos los cuadros serios: *borderline*, psicosis, depresión y suicidio.

Hay presente en su formulación un cierto riesgo ético, pues quedan en la neurosis o la enfermedad los aspectos menos auténticos o más falsos. Lo auténtico queda del lado de lo verdadero: la salud, la cultura, la creatividad. Contrasta con la propuesta freudiana que condensa O. Mannoni (1970), al decir: *"Las más grandes cualidades humanas están hechas de la misma estofa que los vicios."*

Sin embargo, su genialidad trasciende en parte sus contradicciones. Falso y verdadero *self* no son *"dos tipos de personalidad... sino una bipolaridad en un mismo individuo"* (Mannoni, 1970), incluida la función del falso *self* de ocultar y proteger al verdadero. Así, ambos, falso y verdadero *self*, quedan como peripecias naturales de expresión de lo psíquico.

Y hago referencia a lo psíquico para dar cabida a otra de las dificultades winnicottianas que, por ello mismo, son los lugares álgidos para la confrontación. Me refiero a su preocupación constante por dar cabida al cuerpo. Un cuerpo que lo despulsiona o desexualiza para mostrarlo en su dependencia absoluta del otro. Tal vez el lugar donde queda más en evidencia la no disponibilidad de un registro simbólico para hacer sostener esas representaciones, para no perderlas de toda posible conceptualización, aun en lo fecundo del abordaje terapéutico.

Podría leerse como un deslizamiento a una concepción de unidad todo lo referido por D. Winnicott al *self* verdadero. Sin embargo, al proponer que *"el gesto del niño da expresión a un impulso espontáneo; la fuente del gesto es el ser verdadero en potencia"* (Winnicott, 1971), hace presente una dimensión potencial, no una unidad pre-establecida y donde dicha potencialidad dependerá de la respuesta de la madre. Es lo que señalé anteriormente acerca de hacer bascular la estructuración psíquica (Winnicott hablará de desarrollo) sobre el encuentro con la madre. Y ésta, ubicada como entorno o como semejante, se aleja de los objetos parciales. Privilegia ese espacio potencial, un "entre dos" que vuelve un espacio sensible (con satisfacciones y frustraciones, y también pérdidas, aunque no conceptualizadas, como por ejemplo las fallas progresivas en la función madre para lograr la independencia). *"Aun al comienzo, cuando la madre está orientada biológicamente hacia su función especializada, la adaptación a la necesidad no puede ser jamás completa"* (Winnicott, 1960).

Y, si volvemos a la anterior frase de Winnicott citada, también se hace presente un término que nos plantea problemas. Impulso (que Kalmanovitch en francés traduce por pulsión), pulsión, ubicada en el gesto, acto o balbuceo, conllevan demanda, necesidad y deseo. Winnicott no realiza la discriminación y nos da trabajo.

Tal vez algo de eso que señalamos como ausente en la conceptualización se haga presente en sus paradojas. Como una carencia incolmable que debe ser aceptada como tal, una incompletud perfilada en la aceptación de lo no comprensible. Es como atestiguar desde lo intelectual (el pensamiento) un incognoscible, un no-sentido que no puede ser abarcado en este registro. (Volveré luego sobre esto.) También presente en la transicionalidad (sin duda su aporte mayor) que desbarata las ficciones topológicas del adentro y el afuera.

En este contexto de la constitución del *self* verdadero y falso, y sobre todo en torno al falso *self*, nos describe a la madre *"que no responde al gesto espontáneo sino que coloca su propio gesto"* (Winnicott, 1971), que promueve sumisión o acatamiento en el niño. En esta descripción nos sitúa en realidad ante un cotejo de deseos entre el niño y la madre, aunque no lo exprese de ese modo. El término "sumisión", al que ubica como primera fase en la constitución del falso *self*, alude al sometimiento del niño, y esto es sólo entendible como sometimiento al deseo de la madre.

Descarta la "realización simbólica" propuesta por Sechehaye, que implica el encuentro en la respuesta materna al gesto espontáneo pero, en la objeción que allí realiza, vemos su captación valedera del proceso de simbolización implicado. Dice: *"este término no es del todo exacto ya que lo que cobra realidad es el gesto o la alucinación del pequeño y su capacidad para utilizar un símbolo es el resultado"* (Winnicott, 1971). Precisamente porque hay gesto, expresión de un anhelo que no se colma, alucinación que no alcanza, se reitera el gesto (o aparece el grito), testimonio de una ausencia que hace surgir en la deman-

138

da otra expectativa que la necesidad. *"Una vez que la necesidad atravesó el lugar del código, surge transformada en demanda"*, señala D. Rabinovitch, y el gesto se vuelve símbolo ("resultado" de una pérdida que acontece en el encuentro que hace a lo humano en su radical división). En la realidad del gesto, acontece un acto que tiene efectos. Dicho efecto es la constitución del sujeto iniciado en el encuentro (y) en el discurso materno.

D. Winnicott reconoce la radical importancia del otro para la estructuración psíquica, pero no lo hace pasar por el campo del lenguaje (pese a que el gesto es lenguaje), aunque se sirve de él para expresar lo que supone circula entre madre e hijo. Y allí se hace presente la paradoja, en torno a la creación del objeto y, por ende, en la constitución del *self*, objeto encontrado para ser creado, y creado para ser encontrado. Y la constitución del falso *self* surge también como una defensa paradójica, solución de continuidad que viene a preservar la continuidad del ser en el *self* verdadero amenazado, como lo señalan A. Clancier y J. Kalmanovitch (p. 150)

La paradoja, pues, se hace presente en los momentos más significativos de la reflexión winnicottiana. Tal vez un modo de hacer presente la pérdida, la de la simbolización que articula en el lenguaje ese mismo acontecimiento de estructuración. Las paradojas son tal vez lo más próximo del inconsciente, en tanto presencia del no-sentido generador de sentidos.

Esto se expresa en Freud como inscripción psíquica. Freud hace coincidir la emergencia del deseo con el investimiento de la huella mnémica dejada por la satisfacción de la necesidad.

En esta articulación del deseo en la inscripción,

hecha posible por la acción específica *(Proyecto...)* del otro, permite plantear la diferencia entre objeto de necesidad, objeto de deseo y objeto de pulsión. Es también un modo de decir que no habrá nunca satisfacción del deseo en el objeto (de la pulsión), y se asegura así la circulación del deseo o la constitución de un inconsciente, de aquí en más sólo cognoscible por sus efectos.

Debemos puntualizar que, para Winnicott, satisfacción de necesidad no es satisfacción de los instintos pues, para él, los instintos no serían aún claramente definidos como internos.

"Cuando el yo se afirma en su constitución, las exigencias instintuales serán vividas como formando parte del self y no del medio ambiente" (Clancier, A.; Kalmanovitch, J.).

"El ello no existe sin el yo", afirma Winnicott (1960), y el yo precede y sucede al *self*.

En estas reflexiones surge el *self* como producto, resultado del encuentro niño-madre, pero no sustituye la división freudiana consciente-inconsciente ni se lo puede ubicar claramente en yo-ello-superyó.

En busca de una aproximación más cuidadosa en este último sentido, voy a realizar un recorte sobre la conceptualización de la angustia en Freud y en Klein. Elijo este aspecto, ya que me parece central para pensar sobre la muerte (como ausencia o como pérdida) en el camino a la simbolización.

Para M. Klein, *"la angustia se origina como miedo a la muerte... mis observaciones analíticas muestran que hay en el inconsciente un temor a la aniquilación de la vida... el peligro que surge del trabajo interno del instinto de muerte es la primera causa de la angustia"* (Klein, 1962).

140

Freud, por un lado, no acepta la representación de la muerte en el inconsciente y, por otro, aparece la representación indirecta a través de la castración y las sucesivas pérdidas (pecho, pene), como lo señala en *Inhibición, síntoma y angustia* (Freud, 1927). Y, por otro lado, y en lo que respecto a la angustia más arcaica, la deja en íntima relación con el desamparo, y describe allí la angustia real. No fantasía, sino amenaza en lo real.

Establece así la conocida serie de *Inhibición, síntoma y angustia:*

• peligro de desvalimiento (inmadurez del yo);

• peligro de la pérdida de objeto (falta de autonomía de los primeros años);

• peligro de la castración (en la fase fálica);

• angustia ante el superyó (período de latencia).

En Klein todo es interno. En Freud la angustia está marcada por la carencia, ya sea inicial, ya sea dada por la pérdida de objeto, o en las fantasías en torno a la castración.

En Klein es el instinto de muerte; en Freud, las pérdidas. Y lo que Winnicott introduce es la radical importancia del otro en el proceso de estructuración. Rompe con lo interno y externo y, aunque en lo explícito de sus términos habla de la sobrevida del objeto (raigambre kleiniana), lo que él describe en su transicionalidad es la pérdida del objeto para que surja el sujeto. Objeto que "demora" en su representación más autónoma (disponibilidad de la representación), que se encarna **en él perdiéndose** (metáfora a medio camino de lo que es el objeto transicional), pero que, si finalmente desaparece, marcará con ello la simbolización más acabadamente realizada y la disponibilidad de la fantasía.*

Es que tal vez lo que sobrevive a la pérdida o destrucción del objeto no es el objeto sino el sujeto (dividido.) De eso da cuenta la aparición de la fantasía o, como lo señala Winnicott, el acceso al pensamiento y a la cultura.

Volviendo a la propuesta del título, pienso que muchas de las ideas que están presentes en la descripción winnicottiana del *self* se pueden acercar al yo de la conceptualización freudiana.

En Klein, aunque se mantienen los términos de yo, ello y superyó, lo sustancial de sus aportes recae en las posiciones esquizo-paranoides y depresivas, y en la importancia capital de la fantasía inconsciente.

Sin embargo, y tal vez forzando un poco los conceptos, el falso *self* estaría vinculado a una defectuosa elaboración de la posición depresiva.

Por otro lado, no podemos dejar de mencionar las otras propuestas sobre el *self* de los autores de las llamadas relaciones de objeto (Kohut, Guntrôp, Balint, Fairbain, Suttie). En este sentido, el *self* de Winnicott no puede superponerse a estas concepciones, y subrayo nuevamente su aporte singular que, al decir de H. Bacal (Bacal, 1987), complementa por ejemplo a Kohut.

Veamos la posible relación con el yo de Freud. Si pensamos en la primera tópica y sus instancias, la utilización del vocablo *Ich*, Yo para Freud, en ese mo-

---

* En trabajos posteriores he desarrollado esta idea, introduciendo la noción de *"metáfora viva"*. Ver Casas de Pereda, Myrta: "Gesto, juego y palabra. El discurso infantil", en *Revista Uruguaya de Psicoanálisis*, Núm. 74, Montevideo, 1991; "Sobre el juego y la simbolización", *Correo de FEPAL*, Montevideo, RB, 1992; "Estructuración psíquica", en *Revista Uruguaya de Psicoanálisis*, Núm. 76, Montevideo, 1992.

mento responde a algo no especificado y designa generalmente la personalidad en su conjunto (J. Laplanche-J. B. Pontalis).

Si bien la ambigüedad terminológica sólo subraya un problema más complejo (cuando pasamos a la segunda tópica, por ejemplo, con el yo consciente e inconsciente), podemos pensar que el yo como persona o el yo como instancia en Freud condensan efectos de la división que genera el inconsciente. El conflicto psíquico, lo inconciliable del deseo, dominan la escena y atestiguan de la fuerza de lo inconsciente y aun de lo incognoscible del mismo (ombligo del sueño).

El yo se vuelve vasallo en la triple servidumbre (de la realidad, del ello y del superyó), y lugar también de defensas, pero formando parte de una constelación donde lo esencial será el inconsciente y sus efectos. También en Klein la fuerza de la fantasía inconsciente atestigua del conflicto que, más que entre deseo y castración (como en Freud), será entre instinto de vida-instinto de muerte. Amor-odio. Envidia-reparación.

Tal vez en Freud, con la introducción del narcisismo y las identificaciones que ponen de relieve los componentes ideales diferenciando yo, yo ideal, ideal del yo, nos acerquemos algo más a la noción de *self*. Podríamos aproximar la división del *self* winnicottiano con el yo sometido a un cierto clivaje donde funcionan en una suerte de gradación vivencias desde el yo ideal al yo actual. Estas últimas abarcarían las propuestas sobre el falso *self*, pero no sería freudiano ubicar lo verdadero en el yo. Freud se refiere a lo inconsciente como lo genuino, y al yo como efector de desconocimiento.

La propuesta de Winnicott, que alude directamente a Freud en relación con el *self*, expresa: *"lo que yo divido en un self falso y verdadero me parece especialmente enlazable con la división freudiana del ser en una parte central y accionada por los instintos (o lo que él llamó sexualidad pregenital y genital) y otra parte volcada hacia afuera y en relación con el mundo"* (Winnicott, 1971).

Pero, por otra parte, el verdadero *self* no surge como consecuencia del conflicto, sino que debe surgir antes. Es una zona no reactiva sino primaria, señala Winnicott, lugar de posibilitación del desarrollo espontáneo (área libre de conflictos).

Por ello, creemos que no podemos dejar al verdadero *self* del lado del inconsciente y al falso *self* del lado del yo.

También podemos acercar la idea winnicottiana de que *"el self se encuentra naturalmente situado en el cuerpo"* a la relación que Freud describe entre la génesis del yo y la imagen del organismo en *El yo y el ello: "El yo es ante todo un yo-cuerpo (...) proyección mental de la superficie del cuerpo."* Pero esto implica una operación psíquica.

Tal vez no hay equivalentes posibles.

El sentimiento de futilidad parece apuntar a un nuevo abarcado en la clínica psicoanalítica, caracterizando a la patología del falso *self*. Y esta subdivisión requiere, dado su recorte etiológico, una propuesta terapéutica específica cual es la regresión (y que Winnicott desarrolla especialmente) (Winnicott, 1979).

Vuelvo entonces a esas propuestas winnicottianas ya transitadas en torno al *self* verdadero. La fuente del gesto espontáneo que expresa un impulso espontáneo es el *self* verdadero, y el gesto indica la existencia de un self verdadero potencial pero, también, el gesto espontáneo representa al ser verdadero en acción. Creo que surge claramente la circularidad de estos enunciados; de lo potencial a lo actualizado que implica al otro que percibe y da lugar a que el gesto se realice. Casi podríamos decir que *el self verdadero es el resultado de un encuentro simbolizado*.

Pienso que el niño, con el gesto, habita lo real y hace signo, pues el deseo habita el gesto que se dirige al otro. *"Madre suficientemente buena"* como función materna, *"que responde a la omnipotencia del pequeño y en cierto modo le da sentido"* (Winnicott, 1971), función simbólica, otorgadora de sentidos (imaginarios) y que debe hacerse fallante en esa descripción de Winnicott de falla gradual de la capacidad de respuesta de la madre.

Pienso que lo que Winnicott describe es la necesidad de que el otro soporte, sostenga encarnadamente al significante, que la palabra o el gesto que habla del deseo de que el niño viva se escribe con el cuerpo, con el gesto que contiene y abraza en lo real al niño.

El discurso infantil, gesto y palabra, que en la realidad aparece como una progresiva capacitación instrumental, preexiste en el otro *"medio ambiente"* como posibilidad simbólica de organización psíquica, pero encarnadamente real por un buen tiempo, "el suficiente".

Bibliografía

Bacal, H. (1987): "Los teóricos británicos de las relaciones objetales y la psicología del sinismo", en *Libro Anual del Psicoanálisis*, p. 223.

Clancier, A.; Kalmanovitch, J., *Le Paradoxe de Winnicott*, París, Payot.

Freud, S. (1895): *Proyecto de psicología*, T. I, *Obras Completas*, Amorrortu.

Freud, S. (1900): *La interpretación de los sueños*, T. IV, *Obras Completas*, A. E.

Freud, S. (1925): *Inhibición, síntoma y angustia*, T. XX, *Obras Completas*, A. E.

Freud, S. (1923): *El yo y el ello*, T. XIX, *Obras Completas*, A. E.

Freud, S. (1914): *Introducción del narcisismo*, T. XVI, *Obras Completas*, A. E.

Klein, M. (1962): *Teoría de la ansiedad y la culpa*. *Desarrollos en Psicoanálisis*, Buenos Aires, Hormé.

Lacan, J., *Seminario XV. El acto psicoanalítico*.

Laplanche, J.; Pontalis, J. B., *Diccionario de Psicoanálisis*, Barcelona, Labor.

Mannoni, O. (1970): *Freud. El descubrimiento del inconsciente*, Galerna, p. 90.

Pontalis, J. B. (1977): *Entre el sueño y el dolor*, Buenos Aires, Sudamericana, p. 157 y ss.

Rabinovitch, D., *El concepto de objeto en la teoría psicoanalítica I*, Manantial, p. 123.

Winnicott, D. W. (1960): "Deformación del ego en términos de un ser verdadero y falso", en *El proceso de maduración en el niño*, Barcelona, Laia.

Winnicott, D. W. (1979): "Aspectos metapsicológicos y clínicos de la regresión dentro del marco psicoanalítico", en *Escritos de Pediatría y Psicoanálisis*, Barcelona, Laia.

Winnicott, D. W. (1971): *Realidad y juego*, Granica.

Winnicott, D. W. *Psicosis et soins maternels. De la Pédiatrie à la Psychanalyse*, París, Payot.

————"Integración del yo en el desarrollo del niño", en *El proceso de maduración en el niño*, Barcelona, Laia.

Discusión

Raquel Zak de Goldstein

Con Myrta Pereda estamos lo suficientemente cerca como para escuchar con facilidad y placer los ecos de sus elaboraciones y mis propias resonancias, y lo suficientemente "a distancia" como para intentar reflexionar sobre sus dichos e ideas. Es natural, porque además vivimos "enfrente" geográficamente.

Respecto del tema que aquí nos ocupa, es notorio que el avance es aún lento en las dilucidaciones en torno al *concepto de self*, debido en parte a sus múltiples y diversas conceptualizaciones y usos.

También es compleja y desafiante la cuestión de *lo verdadero* en el sujeto, tal como éste es concebido en el psicoanálisis. Sin embargo, esta complejidad no sólo no nos exime de intentarlo, sino que, como toda complejidad (bien venida), nos indica la presencia de "algo" en la clínica que espera ser dicho en la teoría.

Quizás lo que a mi entender justifique más esta inquietud y su consideración tal como la emprende la autora sean, por ejemplo, las derivaciones clínicas y teóricas de nuevos enfoques, tales como: parasitación, baluarte (en Willy Baranger), autismo en pacientes neuróticos (en Frances Tustin), objeto enloquecedor (en García Badaracco), identificación proyectiva (en Melanie Klein). Y quizás, en la base misma freudiana, la idea de una deformación del yo, en "Análisis terminable e interminable" y en "La escisión del yo", puntos en los que Freud puso parte de sus esperanzas de desarrollo futuro del pensamiento psicoanalítico. Se trata, en todos estos casos, de una distinta visión del aparato psíquico, más allá de la primera y la segunda tópicas, que no congenian de por sí, como ya Freud mismo notó, y de movimientos vinculares introyectivos-proyectivos que difícilmente sean encuadrables en nuestra metapsicología habitual.

Algunos de nosotros, buscando más claridad para los factores de cambio psíquico y analizabilidad, hemos avanzado en desarrollos respecto de la desidentificación y, por fuerza, retomamos la problemática de la identificación.*

Un primer acuerdo con las precisiones que Myrta Pereda desarrolla sobre la propuesta winnicottiana en lo que atañe al otro, y sobre el sentido de la paradoja como presencia del inconsciente. Estas precisiones indican la sensibilidad y la comprensión psicoanalítica con que cuenta la autora (Freud, Lacan,

---

* Willy Baranger, Néstor Goldstein y Raquel Zak de Goldstein: "Acerca de la desidentificación", en *Rev. de Psicoanálisis* (Asociación Psicoanalítica Argentina), XLVI, 6, 1989.

Winnicott, entre otros). Otro hallazgo, la actualización en términos de "discurso infantil" del acontecer constitutivo. Esquiva así el encierro en la perspectiva genética, sin renunciar —sin embargo— al "devenir-acontecer" propio del contexto constitutivo.

Este contexto constitutivo, como bien se advierte en este texto y en el modo de pensar de Myrta Pereda (que comparto), si bien es entendido como accionar de estructura, es también —Winnicott pone allí uno de sus mayores acentos indicando el despliegue en la acción— un jugar témporo-espacial que sostiene el trabajo metafórico-metonímico que amalgama allí, a nuestro entender, imagen y palabra. Tal vez se encuentren aquí, en el trabajo de representar y la oscilación representación-cosa y representación-palabra freudiana, el jugar "verdadero" que permita ampliar la comprensión del proceso simbólico y su función (central también en los desarrollos kleinianos) en la constitución del sujeto. Así como sus fallas y deformaciones como parte de escisiones y formaciones "no dinámicas", sino en la línea de las "seudoidentificaciones", o sea del orden del falso *self*.

Estas observaciones que acabamos de precisar parecen útiles para reflexionar sobre el juego y la salud infantil, y sobre un proceso constitutivo sin patología grave. En este sentido, la patología infantil observa las perturbaciones o la detención del juego como indicador decisivo. Podemos pensar que normalidad, crecimiento, juego y "sujeto en acto" ponen en evidencia algo de aquello que se consideraría verdadero.

También dentro del "resumen" quedan claras como aporte algunas "funciones" del otro ahí, en ese tiempo mítico prehistórico.

"El discurso infantil, gesto y palabra, que en la realidad aparece como una progresiva capacitación instrumental, preexiste en el otro *medio ambiente* como posibilidad simbólica de organización psíquica, pero encarnadamente real por un buen tiempo, 'el suficiente'."

Como al pasar, o quizás no, también queda dicho: "encarnadamente real" por un buen tiempo (cronológico)... "el suficiente". Habla de presencia real, carnal, cronológicamente medible y "palpable"... Aquí queda claro que, además, todo esto es *con medida*. Aquí se plasma la idea de "madre *suficientemente* buena", tal como nosotros también la entendemos en Winnicott. La autora también deja implicado el valor estructurante de la necesaria insuficiencia de la presencia y de la ilusión. Tal como Winnicott las concibe, en el pasaje ilusión-desilusión, hacia la instalación estable de las tres categorías que entendemos que ese autor distingue: mundo externo, mundo interno y espacio-categoría transicional.

Enfatizo, con todo gusto, el valor que para la autora tienen el gesto, la palabra, en presencia de ese "otro alguien", para la simbolización y organización psíquica... ¿Será la presencia de este contexto lo que determina la "experiencia personal", trama de la subjetividad reconocible como *propia*, tal vez *verdadera*? ¿Y será la falla —mayor o menor de este contexto en sus distintos grados o variantes— lo que compone lo "no propio", lo "no personal", que se puede llamar *falso* como *opuesto a verdadero*?

En todo caso, sabemos de la función esencial de la subjetividad —mundo propio— en el equilibrio emocional. Y es precisamente lo que se registra como dañado o ausente en las personas de delicado o frágil equilibrio emocional y estructural.

La visión que la autora presenta en este artículo respecto de los tiempos constitutivos es muy rica, coherente, winnicottiana y personal.

Respecto del problema del falso *self*, damos la bienvenida a la cita de Pontalis. Creemos que permite contrastar la idea de una intención de unidad —no de "lo verdadero"—, con la escucha ética del deseo inconsciente, quizás el lugar de lo verdadero en juego.

Múltiples preguntas se despliegan en torno al concepto de falso *self*. ¿Es "yo de desconocimiento", de defensa, de cristalizaciones identificatorias? ¿Se trata del grado de libertad, maniobrabilidad del "yo socio gerente" de Freud, al que apuntamos en la cura analítica?

¿Es falso el comportamiento de este "yo gerente" que busca conciliar deseo inconsciente, mundo externo y mandatos?

Quizás se trata del cómo y del cuánto... aunque a menudo estas conciliaciones resulten en traición —aun con autoengaño mediante— al deseo inconsciente, el cual no puede ser verdadero o falso; es "el deseo de uno" y allí no hay nada, es reconocible para uno mismo.

Esta actividad del deseo está marcada por una singularidad reconocible —allí está la historia propia—, como diría Piera Aulagnier. ¿Estará allí una de las claves del sentimiento de autenticidad o verdad, de uno mismo (*El malestar en la cultura*)?

Como se ve en el problema del concepto de *self*, desde su aparición y en sus usos, hay un intento, no se sabe aún si enriquecedor en definitiva, de sortear las dificultades que la primera y la segunda tópicas generan al esquema del aparato psíquico, lo que hasta ahora impidió también resolver las cuestiones del yo, por ejemplo, y la inclusión del "sentimiento de sí" o *"selbstgefühl"* de Freud, entre otros grandes problemas.

También el problema de lo que estaría involucrado en el falso *self* es amplio, ya que parece incluir tanto las identificaciones por sumisión, como las identificaciones correspondientes a la cultura y al orden social, y aun las identificaciones "pasivas", en espejo, imitativas, o por sumisión patógena grave, etc.

Y lo verdadero, ¿qué es para Winnicott? ¿Un estado primario, imprevisible y singular, ligado a lo originario, tal vez? ¿Ligado al inconsciente como proceso primario y a su productividad, como lo presenta Freud en la realización de deseos? ¿Hay una relación entre lo verdadero y la vía regia al inconsciente, representada por el deseo en los sueños, según Freud?

Entonces, se diferenciarían dos tipos de actividades en el yo: una, del lado del "falso", ligada al desconocimiento, y otra ligada a lo verdadero, a un saber (también considerado por Bion como función K referida al conocimiento), un saber sobre el deseo inconsciente tal como aparece en los sueños, por ejemplo, y tal como se lo plantea Lacan en "La ética del psicoanálisis".

Otras preguntas: ¿Se puede concebir algún aspecto o actividad del sujeto como falsos, como dijimos antes, o ajenos a su deseo? Y, sin embargo, en la clínica de los estados de sumisión, sometimiento o dependencia extrema, encontramos un sutil sentimiento de extrañamiento, de "no existir", estado que se revoca —cambio terapéutico mediante— ostensiblemente, tanto en el sentir subjetivo del analizando como en la experiencia intersubjetiva transferencial. ¿Quién es "ese" que "ahora existe", según la expresión frecuente del analizando en estos casos?

Tal vez nuestra apreciación psicoanalítica, en la clínica, de lo falso y lo verdadero no esté aún presente en nuestro trabajo conceptual, y no se trate ni de cuestión de mala fe como síntoma patológico, ni de una apreciación moral o filosófica.

En fin, en un casi "sin fin" de fertilizaciones, preguntas, respuestas y nuevas preguntas, este artículo de Myrta Pereda nos lleva a pensar nuevamente en la metapsicología y su forma actual. Pero, como debe haber un cierre a cada tramo, éste es un cierre-paréntesis entre amigas y amigos.

Como siempre, este trabajo-diversión sigue, ya que hay mucho más en este artículo que hoy no podemos desplegar.

Miguel Ángel Rubinstein

Para cumplir con la tarea que me encomendó la *Revista de Psicoanálisis* (esto es, comentar este meduloso trabajo de Myrta Casas de Pereda) elegiré, en paralelo con el camino que se propuso la autora, dejarme conducir por el hilo del mismo, interrogándola e interrogándome, a la par que acompañarla en su ambicioso cometido. En el arranque mismo, nos encontramos con el análisis de dos conceptos fundamentales de la obra de Donald Winnicott: *self* y objeto transicional.

Ambos conceptos, profundos y polémicos, aparecen discutidos de manera exhaustiva. Si bien concuerdo con las expresiones de Pontalis, que el trabajo transcribe en este punto, no puedo sino coincidir plenamente con la autora en que la propuesta winnicottiana permite leer algo más. Es cierto que parece alejarse de la noción de conflicto, tal y como la postula Freud, pero Winnicott no deja de señalar, y creo que esto es especialmente destacado por la autora, que en el establecimiento de la alteridad hay algo que se pierde, al ganarse la "estructura". Al ubicar en el *self* el sujeto de deseo y en la madre al "otro" sujeto de deseo, establece la autora una interesante línea de articulación entre el pensamiento winnicottiano y la cuestión de la sexualidad. Muchos autores, tendenciosamente o no, han reprochado a Winnicott "olvidarse" de la sexualidad.

En el deseo de reconocimiento se juega tal vez un aspecto fundamental de la sexualidad humana. Si el bebé no es mirado, vale decir reconocido, no sólo como ser, sino además como dotado de un sexo (el papel de espejo de la madre), no existirá ningún sujeto. El "otro" tiene que estar presente, en su calidad de deseante, constituyéndose, según lo entiendo, una articulación entre la sexualidad (deseo) y la dependencia (término de indudable filiación winnicottiana). El gesto espontáneo y su captación por parte de la madre podrían ser entendidos con un vínculo donde el acto de reconocimiento, en su doble interrelación (reconocer-ser reconocido), se ubicaría entonces en los comienzos mismos de la sexualidad humana.

Yo agregaría aquí que en los análisis de pacientes regresivos (en el sentido winnicottiano del término) se tiende a repetir una situación equivalente, en el juego transferencia-contratransferencia, donde la labor analítica también consistirá en una "mera" tarea de reconocimiento del sujeto; en este caso lo podríamos llamar verdadero *self*, ocultado detrás de esa "nada" (nada de auténtico-nada de deseo) que es el falso *self*. No voy a extenderme en estas consideraciones, para no apartarme de la cuestión central de esta tarea, pero no puedo dejar de señalar en este punto el tema del deseo de no deseo.

Estamos ahora en la materia central de este trabajo, que es el estudio del falso *self*. Podríamos decir que lo auténtico, lo que llamamos lo verdadero de este *self*, se construye sobre la base de un identificarse con ese deseante, de donde emergerá con un deseo propio, en tanto lo falso se construirá sobre la base de una pauta de sometimiento. Estoy de acuerdo con la cita de Pontalis que la autora trae en este punto, en el sentido de que entonces falso y verdadero no son dos tipos de personalidad, sino una bipolaridad que está en un mismo individuo, como por otra parte podemos recordar que lo plantea, a su modo, el propio Winnicott en su artículo de 1960.

Comparto la opinión de la autora acerca de que la sumisión implica para el bebé un someterse al deseo de la madre. Es cierto que la postulación del verdadero *self* implica un cierto deslizamiento a una concepción de unidad indivisible; no obstante, la dimensión potencial que la autora cita en el trabajo, la cuestión de bipolaridad anteriormente citada, y la idea de relajación que implicaría una cierta vuelta a estados de no integración, destacando lo esforzado que le resulta al *self* esta tarea de unificación, de mantener separado lo que es yo de lo que no lo es, nos permiten ver a un Winnicott menos unitarista de lo que suele leerse.

Aquí se me hace necesario señalar la ubicación de la noción de paradoja, presencia del no-sentido, lo más próximo al concepto de inconsciente freudiano, según lo plantea Myrta, con lo que concuerdo plenamente.

Al referirse al importante rol del otro para la estructuración psíquica, señala la cuestión de lo imposible que es colmar el anhelo al que el gesto da expresión, constituyéndose ahí un campo relacional, donde tendrá cabida el símbolo, al que se accederá luego de aceptar la paradoja: "Estás realmente ahí, porque te creé mágicamente." Para el abordaje del proceso de simbolización, nos va conduciendo Myrta, por vía de la angustia, al análisis de la muerte (en su carácter de ausencia o de pérdida).

Aquí se hace interesante ver cómo los diferentes autores teorizan acerca de la pulsión de muerte.

Como señala la autora, para M. Klein todo se juega desde la interioridad; angustia e instinto de muerte son partes correlativas de una misma cosa. Winnicott dice que no puede hacer coincidir la palabra instinto con muerte. En Freud las cosas son mucho más complejas pero, a partir de su afirmación de que la muerte es irrepresentable para el psiquismo, nociones como las de ausencia, pérdida, inercia, etc., se vinculan de algún modo con una tendencia esforzante (compulsión de repetición).

Las referencias hechas al desamparo y la angustia real me parecen un punto muy interesante para articular las ideas de Winnicott con las de Freud.

El desamparo (*hilflosigkeit*) es un estado, equivalente tal vez a la muerte psíquica, y será la madre suficientemente buena la que, aportando la función de *"holding"* (que J. L. Etcheverry prefiere traducir como "amparo", mejor que como "sostenimiento"), evitará la caída en ese estado. Un bebé, dice Winnicott, es un ser que vive al borde de una angustia inconcebible (¿será un equivalente de la "angustia real" de Freud?), y será la función materna adecuada la que garantizará la continuidad existencial (otro concepto winnicottiano que merecería un estudio especial, pero que, en una lectura un tanto somera, yo encuentro equivalente a la pulsión de vida) y evitará la reacción, que resultará de algún modo el punto de origen de la disociación que culminará con la organización de un falso *self*.

La posibilidad de acercar este *self* winnicottiano al yo de Freud me parece muy importante.

Más allá de las diferencias conceptuales, entre los autores citados, existe una cuestión vinculada a la lengua, que aparece en la cita que la autora trae.

El término *Ich*, en idioma alemán, incluye la subjetividad, lo que le otorga esa cierta ambigüedad, utilizada por Freud, que no está presente en la lengua inglesa (tampoco en español), lo que llevó de algún modo al uso del vocablo *self* que, hasta donde yo alcanzo a comprender, no resultaría necesario en la lengua germana. El punto surge respecto de la división y el subsecuente conflicto yo-inconsciente, lo que hace, como bien lo explicita la autora, difícil de superponer los términos de estos dos autores. El verdadero *self* es previo al conflicto, no es reactivo; el falso *self* sí lo es.

La propuesta de vincular al falso *self* con una defectuosa elaboración de la posición depresiva me parece tan interesante como difícil; la alcanzaría a ver en el sentido de la integración que la correcta elaboración de esta posición entraña, y la disociación que caracteriza la constitución de una organización falso *self*. Pero me resulta muy difícil encontrar equivalentes winnicottianos a los fundamentales conceptos de envidia primaria y fantasía inconsciente como expresión mental del instinto.

Podría seguir ahondando en estas cuestiones. Considero que es un mérito de este trabajo no sólo el reflejar a una inteligente pensadora en acción sino, además, el hecho de lo estimulante que resulta, para quien lo lee, el participar de este "juego" intelectual que es la confrontación de modelos teóricos en psicoanálisis.

Espero seguir este diálogo con Myrta Casas de Pereda en alguna otra ocasión, y agradezco a la *Revista de Psicoanálisis* el haberme designado para esta compleja y gratificante tarea.

8

Transicionalidad: el psicoanálisis al final del siglo XX

Cecilia Montag Hirchzon
Melany Schvartz Copit

Comprender es una manera de reconciliarse con el tiempo; no de resignarse a lo que es, sino de volverse capaz de acoger lo que advenga.
Hanna Arendt

Freud, cuya vida abarcó la segunda mitad del siglo XIX y la primera mitad del siglo XX, formulaba así la utopía humana: amar y trabajar.

Hoy, nosotros, ciudadanos con un pie en cada siglo —el XX y el XXI—, asistimos a lo que quedó de esa utopía. Por un lado, se liberó el amar, en su versión sexual, hasta la búsqueda del éxtasis por la droga, y, por otro, el trabajo avanzó hasta el límite de la máxima productividad y eficiencia prometidos por la robótica. Pero nunca estuvimos tan lejos de la conjunción "y" contenida en aquella célebre enunciación.

Atravesamos, en este fin de siglo, una crisis socioeconómica caracterizada por el *apartheid*: diseminadas por el continente, islas de prosperidad cercadas de océanos de hambrientos por todos lados.

Desde el punto de vista del hombre, la masificación promovida por los medios de comunicación, por un lado, y la alienación del ser provocada por la fetichización de la mercancía, por el otro, alcanzaron sus apogeos justamente con el desarrollo de la ciencia moderna.

¿Qué se hizo de ese saber iniciado por Freud, cuyos descendientes acabaron por marcar resueltamente su diferencia respecto al paradigma de esa ciencia? Pasado casi un siglo de la creación del psicoanálisis, ¿cómo será su praxis con los humanoides y sus maravillosas computadoras en el planeta Tierra?

En 1993, se realizó el XIV Congreso Brasileño de Psicoanálisis, cuyo tema fue el futuro del psicoanálisis. Dos trabajos de ese congreso constituyen, a nuestro modo de ver, los dos polos del espacio potencial en el que el psicoanálisis de este fin de siglo podría ser caracterizado como un fenómeno transicional.

El trabajo de Joel Birman —"¿Un futuro para el psicoanálisis? Sobre el psicoanálisis en el siglo XXI"— puede ser considerado un fiel descendiente del lenguaje freudiano, cuyo objeto es lo inconsciente reprimido, cuyo lenguaje es el del conflicto psíquico, o sea, la lengua del "o", y cuyo personaje principal es el padre.

En este ensayo, el autor hace consideraciones sobre las perspectivas futuras del psicoanálisis, que pueden dividirse en dos grandes temas. En el primero, Birman hace reflexiones de orden epistemológico, situándolo como una forma de saber que se inscribe en los campos de la *ética* y de la *estética*, y no de la ciencia.

En la segunda parte, destacando los obstáculos que se plantean para el psicoanálisis en la clínica, frente a las condiciones actuales del malestar en la cultura, observa el creciente escepticismo ante el poder de la ciencia, aliado a la disolución de las utopías que marcaron nuestra época, trayendo como consecuencia la condición de desamparo abisal del hombre moderno.

En este contexto, muestra la multiplicación de la literatura de autoayuda, el uso de drogas, la medicalización excesiva, así como la exacerbación de la religiosidad expresada a través de los fundamentalismos y los mesianismos.

En oposición a estas ondas homogeneizantes, la propuesta psicoanalítica se centraría en la posibilidad de promover la diferencia y la singularidad, y de este modo se definiría no como una forma de terapéutica o de cura, sino como una *estilística de la existencia*.

Concordamos con sus planteos cuando apunta hacia el fin de la hegemonía de un orden científico vigente. Sin embargo, consideramos que son diferentes y mucho más complejas las condiciones psicológicas y sociológicas de las cuestiones epistémicas actuales, en una crítica en que se presenta un modelo bastante distinto de lo que se entiende por ciencia en los días de hoy.

Aun extendido a las ciencias sociales emergentes en el siglo XIX, el modelo de racionalidad científica que preside la ciencia tradicional se vuelve totalitario, en la medida en que niega el carácter racional a todas las formas de conocimiento que no se pautan por sus principios epistemológicos y por sus reglas metodológicas. Se puede observar que, hasta en su forma antipositivista, este modelo de racionalidad participa de características mecanicistas, en la medida en que contrapone las ciencias naturales (modelo científico por excelencia dentro de esta concepción) a las ciencias del hombre, incluso realzando la especificidad de su objeto.

Sin embargo, cuando el psicoanálisis es presentado por este psicoanalista como una forma de saber que no se inscribe en el campo de la ciencia, ¿no será tal planteo, también, secuela de una posición dualista, característica de la ciencia tradicional? Al admitir la especificidad humana dentro de un campo del saber que lo singulariza, pero también lo sitúa fuera de un modelo científico, ¿esta diferenciación epistemológica no reforzará toda una serie de dicotomías, tales como naturaleza/cultura, objetivo/subjetivo, observador/observado, y así sucesivamente?

A decir verdad, Birman se muestra sensible a esta cuestión, llamando la atención, entre otros aspectos, a que "no se renueve el antiguo dualismo entre el cuerpo y la psiquis en el sentido de pretender solucionar este *impasse* en la dirección del determinismo".

Demuestra cómo, a través de la propia formulación del concepto de pulsión, el discurso freudiano desde su inicio pretendió superar el dualismo cartesiano entre cuerpo y espíritu, sustentando el sujeto del inconsciente en el cuerpo, esto es, en el cuerpo pulsional. Así, las pulsiones se constituyeron en la frontera entre lo somático y lo psíquico, siendo el psiquismo solamente una de las formas de dominio de las pulsiones.

Desarrollando este raciocinio, el autor procura demostrar la no oposición entre psiquiatría y psicoanálisis que, a su modo de ver, se superpondría a la antigua dualidad cuerpo/psiquis.

Para él, la psicofarmacología no modificaría la demanda de exigencia de trabajo que las pulsiones realizan sobre lo simbólico y sobre el otro. Pero, en las psicosis, la medicación sería "la condición de posibilidad para el trabajo psicoanalítico... lo que permite que el analizando pueda funcionar en el registro de la simbolización...".

Aunque, por un lado, revele una preocupación por la "medicalización excesiva que puede llevar a la homogeneización de las individualidades", al reconocer la necesidad del auxilio medicamentoso en el campo de las psicosis, llega a afirmar, sin embargo, que el "lugar ocupado por los psicofármacos en la experiencia analítica con la esquizofrenia es el de transformar la angustia de aniquilamiento en una forma de angustia que posibilite la relación y la simbolización psíquicas, para que la escucha y la acción se tornen posibles".

Dejando de lado la sorpresa ante este alcance insospechado del poder de los psicofármacos (¡transformar la angustia de aniquilamiento en angustia de castración!), ¿tal planteo no evidenciará una nueva forma de determinismo, ya que le cabe al medicamento el tratamiento (físico) de la angustia de aniquilamiento, seguido secundariamente por el psicoanálisis, que trabaja la angustia de castración?

Si el psicoanálisis tiene, en la propia proposición del concepto de pulsión, la tentativa de superación de la dicotomía cuerpo-mente, ¿no será la propuesta de Birman, separando el abordaje terapéutico en función del tipo de angustia, una posibilidad renovada de ese mismo dualismo apuntado?

En el desarrollo de los puntos de vista de este psicoanalista, se muestra relevante la atención a importantes fenómenos del mundo contemporáneo que buscan compensar la "ausencia de un padre protector", tales como la creación de "seres superpoderosos, capaces de producir el encantamiento del mundo... en los diferentes registros de la religión, la política, la ciencia y la droga".

Pero, al traer todos estos diferentes registros a un mismo plano de apreciación, ¿no se estará también homogeneizándolos? Además de esa identificación, ¿no habrá una superposición e incluso una confusión entre tales experiencias y su uso idealizado?

Según el autor, este mundo ya desencantado se constituye en la "condición histórica de posibilidad para la emergencia del psicoanálisis en el final del siglo XIX... Vale decir, un mundo donde el orden simbólico no regula la polis y el cosmos, y el hombre, como Prometeo, se sitúa como artífice de la naturaleza y creador de la sociedad".

En tal situación, Birman entiende que "el psicoanálisis implica una teoría del sujeto y de sus *impasses*, donde se concibe su constitución entre los polos de la *pulsión* y del *lenguaje*. El registro del inconsciente es el efecto de esta contraposición, de manera que el sujeto del inconsciente y la sublimación son ramificaciones que se ordenan entre esos dos polos del psiquismo".

Lo que se puede inferir a partir de estas afirmaciones es la propuesta de una trayectoria de simbolización que el sujeto, en su proceso de constitución, se ve obligado a emprender, buscando *ad infinitum* dominar la pulsión.

Situando el papel del psicoanálisis entre los polos de la pulsión y del lenguaje —con énfasis en la función de la sublimación—, ¿no se estará excluyendo la posibilidad de otros regímenes de funcionamiento que puedan comportar transicionalidad, ambigüedad e incluso ausencia de sentido, como ciertas corrientes actuales de psicoanálisis proponen?

¿No existirá en el proceso de constitución del sujeto algo más que un conjunto de representaciones, sino también la posibilidad de un gesto, el gesto poético (como desarrollaremos más adelante)?

Por último (pero también como punto de partida de los planteos de Birman), se sitúa en la cuestión del desamparo. ¿De qué desamparo se trata? ¿En qué nivel se vive su angustia? ¿Cómo se enfrenta con ello el psicoanálisis?

Cuando el autor se refiere a los *"impasses* actuales en la civilización, en un mundo enteramente 'cientifizado'... y en el que se renuevan los llamados de salvación surgidos de las nuevas formas de religiosidad", considera que no cabe al psicoanálisis resolver estos problemas.

Si, con la caída del Iluminismo, se perdió la creencia en la ciencia y la religión, y las drogas corresponden a intentos alienados de solución, tal vez corresponda también al psicoanálisis prestar atención a algunas posibilidades. Por otro lado, el propio psicoanálisis, fruto de las condiciones histórico-sociales de este período, ¿puede también fácilmente incurrir en esos mismos desvíos y volverse objeto de vicios semejantes? ¿Qué hacer?

Parece que, en el momento de transición en que estamos viviendo, el psicoanálisis (predominantemente dentro de ciertas corrientes) se ha dedicado a la función de registrar la falta y revelar los intentos de bloquearlo. En este sentido, denunciar las superestructuras, no solamente en el plano individual sino también en el social, puede ser una tarea importante. Podemos preguntarnos, sin embargo, si es éste sólo su campo de acción y si es ésta su finalidad última.

La ruptura de valores y de referentes es una encrucijada donde se expresa el desamparo del hombre moderno, pero no es la única. La falta de continencia se puede originar en condiciones mucho más primitivas, no necesariamente pasibles de simbolización, incluso a posteriori. La experiencia (gesto creativo) puede dedicarse a posibilidades de re-creación del mundo que no sólo se limiten al señalamiento de la falta.

Tal vez existan otras concepciones del hacer psicoanalítico que no sean las de una "estilística de la existencia"...

Por otro lado, el trabajo de Edna Pereira Vilete — "Psicanálise, seu futuro uma ilusão?" (no publicado)— caracteriza, en nuestra concepción, lo que fue llamado por Pierre Fédida "psicoanálisis complicado" (por el aspecto psicoterapéutico), cuyo concepto central es el jugar, cuyo lenguaje es la paradoja, o sea, la lengua de la "y", cuyo personaje principal es la madre y cuyo padre es Donald Winnicott.

De una forma muy feliz, este artículo "pinta" el ambiente social en el cual surgió el psicoanálisis, sacando del Larousse del siglo XIX la descripción de la escena familiar, en torno de la mesa del comedor, que ocurría tres veces al día: "Todos estaban allí, los abuelos, los padres, los niños, el bebé, servidos por las criadas. El clima era a veces de juegos, a veces de represiones. El papel principal en el ambiente pertenecía a la 'señora del hogar', encargada de hacer funcionar la vida privada de modo que todos, y el marido en primer lugar, encontraran el máximo de bienestar."

Retoma la autora: "En este escenario, donde surgió y creció el psicoanálisis de las primeras décadas, en un medio familiar de mucha estimulación, la pasión edípica floreció, y bajo la moral y la educación severa de la época, la represión sexual y la rigidez de las defensas moldearon las histerias y las neurosis obsesivas."

Concluyendo su argumentación, dice Edna que los "pacientes que hoy buscan nuestros consultorios son personas que ya no presentan síntomas psiconeuróticos definidos como antes, sino quejas vagas y confusas —una imposibilidad de sentir, un vacío en la existencia, un desconocimiento de sí mismo, un empobrecimiento en las relaciones afectivas— que intentan compensar con avidez de ganancias, bienes de consumo, de sexualidad promiscua y del uso de drogas. Otros, rota la frágil y fría redoma de vidrio donde se encerraron y protegieron, se sienten diluir y desparramar en miedo y angustia insoportables, que no logran definir, y que intentan contender en reacciones somáticas de mayor o menor gravedad".

Sin embargo, en Rogério Luz, en un trabajo no publicado —"A noção de espaço potencial"—, de fines de la década del ochenta, encontramos el argumento para afirmar que la obra de Winnicott no es un psicoanálisis complicado, sino un psicoanálisis *otro*.

En este trabajo, "jugando con el pincel", como pintor que es, nos va delineando el espacio potencial para introducir en él el concepto de transicionalidad (paradoja vivida), que, según Rogério, permite el replanteo de las principales cuestiones del psicoanálisis. A su modo de ver, este nuevo enfoque rescata lo esencial de la revolución psicoanalítica, reencontrando preocupaciones presentes en otros campos de la ciencia contemporánea.

Acompañemos su delineamiento de la noción de espacio potencial, lo que nos permitirá compartir con él el desenlace del "cuadro":

* El espacio potencial, de fronteras indeterminadas, es donde se da el juego, que genera la realidad interior y exterior.

* La naturaleza de esta actividad es de una vivencia paradójica marcada por la ambigüedad o ilusión característica de la experiencia cultural.

* El espacio potencial es el lugar de una experiencia actual, un proceso temporal y permanente de pasaje, noción ésta que elucida, retroactivamente, la totalidad del recorrido de Winnicott, marcado por sucesivos abordajes de la zona intermedia.

* No se trata de un lugar de discurso, sino de un lugar de uso, así como la experiencia es paradójica porque no hay síntesis entre la fantasía como representación inconsciente y el objeto no-yo, atestiguado por los sentidos y perteneciente al mundo compartido.

* La resolución de la paradoja le sacaría carácter intermedio a la experiencia, que incluye un movimiento de aproximación y distanciamiento, unión y separación, que va de la identificación total con el objeto, hasta la plena aceptación de un objeto que no depende de su relación con el sujeto.

Concluyendo:

* El juego es, al mismo tiempo, gestualidad inscrita en la materialidad de lo que el mundo puede presentar u ofrecer, y simbolización de lo que en él se ausenta. Actividad cuya fuente se encuentra no en un estado de excitación a la búsqueda de satisfacción inmediata o diferida, sino en un estado de reposo, posibilitado por la creencia en este mundo.

* La teoría del inconsciente como juego, en Winnicott, se propone manifestar el trabajo del inconsciente, no reducirlo; entre vacío y plenitud, el sujeto se da en proceso, en el gesto poético.

* Al radicar el fundamento de la cultura más allá de la culpabilidad que sigue a la frustración, o más allá del lenguaje que se estructura en torno a la negatividad de la falta, Winnicott introduce en el psicoanálisis no sólo un nuevo objeto.

Finalmente, la luz: "El espacio potencial puede ser considerado como sagrado, en la medida en que es aquel en el que se oficia la experiencia de la vida creativa."

Y cuál no será nuestro espanto al encontrarnos con un artículo de Boaventura Souza Santos —"Um discurso sobre as ciências na transição para uma ciência pós-moderna" (1988)—, que propone un modelo de ciencia emergente, marcado por la paradoja, por el juego, a partir de la crisis del paradigma de la ciencia en situación de "ambigüedad y complejidad del tiempo presente, tiempo de transición, sincrónico con mucho que está más allá o más acá de él, pero desacompasado en relación con todo lo que lo habita".

Entre sus hipótesis de trabajo, está la no dualidad del conocimiento del paradigma emergente, que supera las distinciones naturaleza/cultura, natural/artificial, vivo/inanimado, mente/materia, observador/observado, subjetivo/objetivo, colectivo/individual y animal/persona.

Otra característica de su propuesta es que la ciencia posmoderna sea analógica, pudiendo usar la analogía lúdica, dramática o biográfica: "El mundo que hoy es natural o social, y mañana será ambos,

169

visto como un texto, como un juego, como un escenario o incluso una autobiografía. Cada una de estas analogías devela una punta del mundo. La desnudez total, que será siempre la de quien se ve en lo que ve, resultará de las configuraciones de analogías que sepamos imaginar: finalmente, el juego presupone un escenario, un escenario se ejerce como un texto y el texto es la autobiografía de su autor."

En un juego de realismo fantástico, "oímos" el compartir de Winnicott, cuando Souza Santos "decía" que *la ciencia moderna no es la única explicación posible de la realidad y no hay siquiera una razón científica para considerarla mejor que las explicaciones alternativas de la metafísica, de la astrología, de la religión, del arte o de la poesía. Sí, hay muchas maneras de jugar; el psicoanálisis es sólo un juego sofisticado del siglo XX*, "susurró" Winnicott, sacudiendo la cabeza.

Concluyendo, entre el siglo XIX y el siglo XXI, entre Freud y Winnicott, como un fenómeno transicional, en la clínica recreamos, perplejos, el psicoanálisis.

Bibliografía

Birman, Joel (1993): "Um futuro para a psicanálise? Sobre a psicanálise no século XXI", en *Rev. Bras. Psican.*, vol. 27, núm. 4.

Souza Santos, Boaventura (1988): "Um discurso sobre as ciências na transição para uma ciência pós-moderna", en *Estudos avançados*, vol. 2, núm. 2, USP, mayo/agosto.

9

El objeto subjetivo según Winnicott
(Comienzos de la creatividad)

Adriana Anfusso
Verónica Indart
Vera Krecl

Introducción

Winnicott es un autor muy complejo bajo su aparente simplicidad y pretender transmitir un concepto como el que nos ocupa —objeto subjetivo— en pocas líneas puede acarrear el inconveniente de que no se pueda comunicar adecuadamente la sutileza de sus ideas y su importancia en la aplicación clínica.

En su búsqueda de alguna técnica que le permitiera ayudar a pacientes *borderline*, esquizoides y de otras categorías que ya habían sido analizados en una o más oportunidades con las prácticas analíticas habituales, observó la necesidad de acompañarlos en una regresión hacia etapas muy precoces del desarrollo. Esta tarea analítica, unida a su extensa experiencia como pediatra, le permitió ir perfilando una teoría innovadora acerca del desarrollo emocional primitivo del ser humano.

Winnicott resalta la enorme importancia del "medio ambiente facilitador" que, en permanente intercambio con lo que cada sujeto trae como herencia, permite que se vaya constituyendo un individuo.

Este medio ambiente facilitador "suficientemente bueno" es fundamental en los primeros momentos de vida del niño. Está representado por la función materna, que él llama "preocupación materna primaria" y considera como una enfermedad normal de la mujer embarazada, que se extiende hasta unos meses después del parto.

Las características del cuidado ofrecido por esta madre "devota", que se consagra temporaria pero auténticamente al bebé, desempeñando una función yoica auxiliar por identificación con él, determina la calidad de los procesos de desarrollo del niño. En esos momentos la madre está dispuesta a ser todo el mundo para su hijo. Sabrá adaptarse a sus necesidades, satisfaciéndolas en el momento preciso, en forma casi perfecta al principio, para ir frustrándolo posteriormente en forma gradual y acorde con el ritmo de tolerancia del bebé. Lo importante es que sea el bebé el que dirija este proceso, ya que Winnicott destaca insistentemente la necesidad que el bebé tiene de establecer su derecho a una actitud personal desde el inicio.

Winnicott describe tres etapas de acuerdo con el grado de dependencia del ser humano con respecto a su medio ambiente: dependencia absoluta; dependencia relativa, y hacia la independencia, paso que nunca termina de completarse, al ser una característica de la salud conservar la capacidad para pasar de una a otra.

El objeto subjetivo surge en el período de dependencia absoluta o de fusión madre-bebé, en donde más bien se da lo que Winnicott llama unidad dual, binomio gestante u organización medio-individuo.

El tránsito de la dependencia absoluta a la relativa

se da cuando el sujeto se constituye como una unidad delimitada por la piel y cuando surge un mundo interno donde pueden acumularse recuerdos de experiencias. Llegado este punto, el bebé, si pudiera hablar, podría llegar a decir: *yo soy*.

El individuo viene al mundo como un ser no-organizado, con lo que trae como herencia, que son tendencias al crecimiento y maduración que se asientan en el funcionamiento de los tejidos. A partir de un mero conjunto de fenómenos sensorio-motores, a los que el ambiente otorga cierta cohesión, se constituye un *self* verdadero —concepto muy valioso que introdujo Winnicott—, gracias al cual el sujeto puede sentirse vivo y real, con una continuidad existencial y con capacidad para vivir de manera creadora.

Tres son los procesos fundamentales que se dan simultáneamente en este período de dependencia absoluta en el bebé, que se corresponden con tres aspectos de la función materna, a saber: integración del yo, personalización y relación con la realidad exterior.

• Integración del yo a partir de un estado primario no-integrado, equivalente a los momentos de relajación o descanso, cuando al niño no le importa ser una serie de fragmentos (núcleos del yo), siempre y cuando haya cuidados maternos que lo sostengan. Luego, los fragmentos se unen, se organizan las funciones, y las experiencias pasan a ser realmente experimentadas, interpretadas y catalogadas por un yo en formación, constituyéndose el niño en una unidad que ya puede incluir las categorías de tiempo y espacio.

• Personalización, que consiste en el cumplimiento en el niño de la tendencia a "habitar su cuerpo" y beneficiarse con las funciones del mismo, al establecerse una firme, íntima y fácil relación entre la psique y el soma, con una posterior aceptación de los límites impuestos por la piel como membrana restrictiva que separa al individuo de lo que no es él.

• Y, por último, el complejo proceso de contacto y relación con la realidad exterior, que permite comprenderla teniendo en cuenta las coordenadas espacio-temporales, así como incorporar datos de dicha realidad que enriquecen al sujeto y le facilitan una adaptación activa al medio. Así, la madre puede permitirse fallas en su adaptación, porque la mente y los procesos intelectuales del niño le permiten comprenderlas y tolerarlas. La mente del bebé es la aliada de la madre, y asume parte de las funciones de ésta, pues puede catalogar acontecimientos, almacenar recuerdos y clasificarlos.

Estos procesos de integración, personalización y contacto con la realidad que se dan en el bebé, podrán cumplirse siempre que estén presentes tres aspectos de la función materna, que son: *holding* o sostenimiento, *handling* o manipulación, y presentación de objeto.

Hay que destacar que en los primeros momentos el amor se expresa en términos corporales, y el cuidado físico es también un cuidado psicológico.

El tema del objeto subjetivo podría decirse que está más directamente conectado con el proceso que permite establecer la capacidad para relacionarse con objetos, aunque los otros procesos (integración y personalización) son fundamentales para que sea posible su surgimiento.

El ser humano recorre un camino desde la subjetividad hacia la objetividad, relacionándose con tres

tipos de objetos: subjetivo, transicional y objetivamente percibido. Estos objetos tienen que ver con las
tres áreas de la vida: la de la realidad psíquica personal, la cultural y la de las relaciones interpersonales.

Nos parece necesario hacer algunas consideraciones acerca de la paradoja implícita en la expresión
"objeto subjetivo", ya que el objeto subjetivo es y no
es un objeto, es y no es subjetivo. Winnicott recurrió
a ella para señalar la discrepancia entre lo que se observa y lo experimentado por el bebé. Se trata de un
objeto, si consideramos el punto de vista de un observador externo; pero, desde el punto de vista del
bebé, es subjetivo porque para él no hay alteridad ni
exterioridad, y ese objeto forma parte de él y fue
creado por él.

Cuando hablamos de objeto subjetivo, pues, nos
referimos al primer objeto, cuando aún no hay distinción entre un yo y un no-yo. Como ya dijimos, al comienzo de la vida el bebé conforma con la madre una
unidad dual y, desde la óptica infantil, se podría decir
que el objeto *es* el sujeto; que el bebé *es* la madre o
el pecho; y, en este sentido, no habría intercambio
entre el bebé y la madre ya que, en términos psicoló-
gicos, el bebé se alimenta de un pecho que es parte
de él, y la madre da leche a un bebé que forma parte de ella.

El objeto subjetivo es el producto de una experiencia de omnipotencia que permite al bebé crear exactamente lo que ya estaba creado y puesto allí para
ser encontrado por él, situación que implica un dominio omnipotente y mágico de los objetos. Esta experiencia es la base de la creatividad primaria del bebé,
creatividad que Winnicott ve indisolublemente ligada
a la condición de sentirse vivo.

El objeto subjetivo tiene además la cualidad importantísima de favorecer la constitución de lo que Winnicott llama el verdadero *self*, que se relaciona con el sentimiento de SER, de sentirse vivo y real, y de poseer una identificación personal. Si el individuo no alcanza esta etapa, aparece en él un sentimiento de futilidad y sin sentido de la vida. "Sentirse real es más que meramente existir, es encontrar una forma de existir como uno mismo y de relacionarse con los objetos como uno mismo." Al desarrollar esta idea, Winnicott apunta a la importancia de promover y preservar lo que de único, irrepetible y personal tiene cada individuo.

Winnicott ve dos procesos, el de la madre y el del bebé, que se dan juntos, como dos líneas procedentes de diferentes direcciones, susceptibles de acercarse la una a la otra.

Al decir de Winnicott: de un estado no-integrado, el bebé sale turbado por una vaga expectativa que tiene su origen en "necesidades instintivas no formuladas y apremiantes, acompañadas de ideas predatorias, y está dispuesto a creer en algo que podría existir. La madre adaptativa, identificada con su bebé", posee el pecho, la facultad de producir leche y la idea de que le gustaría verse atacada por un bebé hambriento. Le presenta al bebé un objeto o manipulación en el momento oportuno, en dosis adecuadas a la capacidad del bebé, de manera repetitiva y de modo que no choque con su omnipotencia, en lo que todavía no es capaz de entender. Así, no interrumpe la continuidad existencial del niño.

Estos dos fenómenos no establecen una relación mutua hasta que la madre y el niño "vivan y sientan juntos". Si coinciden, se produce un momento de ilusón en el que se superpone lo que la madre proporciona y lo que el niño puede concebir. De esta manera, la madre "le muestra al niño que es sensato crear". "Se produce entonces un breve período en el que la omnipotencia es una cuestión de experiencia." De este modo, el bebé llega a adquirir confianza en su capacidad para crear objetos.

"Como resultado de una experiencia instintiva satisfactoria, no sólo existe una experiencia física sino también una unión emocional, y el principio de una creencia en la realidad, en calidad de algo en torno a lo cual es posible tener ilusiones y que se comporta como por arte de magia."

Al principio, la madre deja que el niño domine la situación y, si no logra hacerlo, no se conseguirá que al objeto subjetivo del niño se superponga el objeto percibido objetivamente.

El bebé puede empezar a gozar de la ilusión de creación y control omnipotentes. Sólo más tarde, en otra etapa, reconocerá gradualmente al elemento ilusorio, lo cual le permitirá imaginar y jugar.

Quizás sea importante señalar aquí la diferencia entre el objeto subjetivo y el objeto transicional, que suelen confundirse. El objeto transicional aparece cuando hay distinción yo, no-yo se caracteriza por ser la primera posesión no-yo y, a diferencia del objeto subjetivo, no se domina por la magia sino por la manipulación que permite experimentar el placer que brindan el erotismo muscular y el ejercicio de la acción coordinada. Además, "el uso de un objeto transicional simboliza la unión de dos cosas ahora separadas, bebé y madre, en el punto del tiempo y el espacio de la iniciación de su estado de separación".

Según Winnicott, el pasaje de la pura subjetividad a la exterioridad es el paso más difícil del desarrollo humano. Consiste en la ubicación del objeto fuera de la zona de control omnipotente. El objeto que no se adapta totalmente a las necesidades del sujeto produce en éste un repudio con intenso deseo de destruirlo y, en la medida en que el objeto sobrevive y no toma represalias, adquiere valor para el sujeto. Así, percibido y no sólo concebido, el sujeto lo reconoce como una entidad con derecho propio.

Winnicott imagina el siguiente diálogo entre el sujeto y el objeto: "El sujeto dice al objeto: 'Te he destruido', y el objeto se encuentra ahí para recibir la comunicación. En adelante el sujeto dice: '¡Hola, objeto!' 'Te he destruido.' 'Te amo.' 'Tienes valor para mí por haber sobrevivido a tu destrucción por mí.' 'Mientras te amo te destruyo constantemente en mi fantasía' (inconsciente)." Entonces el sujeto puede utilizar el objeto que ha sobrevivido.

Dice también Winnicott: "En la teoría ortodoxa siempre se encuentra presente el supuesto de que la agresión es una reacción al encuentro con el principio de realidad, en tanto que aquí el impulso destructivo es el que crea la exterioridad."

La tarea de aceptación de la realidad no queda nunca terminada, y ningún ser humano se encuentra libre de la tensión de vincular la realidad interna con la exterior. El alivio de esta tensión lo proporciona una zona intermedia de experiencia: la zona de los fenómenos transicionales.

La realidad exterior es, en alguna medida, un fenómeno subjetivo, y el grado de objetividad es variable en cada individuo, de modo que puede decirse que la actitud científica representa un logro nada común.

A su vez, la subjetividad está en la base de la riqueza personal y de la creatividad primaria y, especialmente, en el vivir creador. El impulso creador innato puede marchitarse, a menos que el niño recree el mundo en contacto con la realidad externa.

La creatividad es así un fenómeno correspondiente a la coloración de toda la actitud hacia la realidad exterior, y se opone a la relación de acatamiento, en la cual se reconoce el mundo sólo como algo en lo que es preciso encajar, que exige adaptación, lo cual implica un sentimiento de futilidad.

Podríamos resumir diciendo: la creación del objeto subjetivo surge de un estado no-integrado, mediante un gesto o idea espontáneos que encuentran su confirmación en el ambiente y, en ese momento muy especial de ilusión en que se vive una experiencia de omnipotencia, surge este primer objeto creado por el sujeto y puesto allí por la madre.

La relación con el objeto subjetivo es *identidad*, proporciona al niño la base para *ser* y el sentimiento de *ser persona*.

Los cimientos, para la que quizás sea la más simple pero la más importante de las experiencias: la de *ser* se establecen si la madre ofrece al niño la oportunidad de sentir que el pecho *es* él (objeto subjetivo).

Winnicott afirma: "Después de ser, hacer y que se le haga a uno. Pero primero *ser*."

Bibliografía

Davis, M. y Wallbridge, D. (1990): *Límite y espacio*, Buenos Aires, Amorrortu.

Phillips, A. (1988): *Winnicott*, Londres, Fontana Press.

Varios (1972): *D. W. Winnicott*, Buenos Aires, Trieb.

Winnicott, D. W. (1972): *Realidad y juego*, Buenos Aires, Granica.

Winnicott, D. W. (1980): *La familia y el desarrollo del individuo*, Buenos Aires, Paidós.

Winnicott, D. W. (1981a): *El proceso de maduración en el niño*, Barcelona, Laia.

Winnicott, D. W. (1981b): *Escritos de pediatría y psicoanálisis*, Barcelona, Laia.

Winnicott, D. W. (1986a): *El niño y el mundo externo*, Buenos Aires, Paidós.

Winnicott, D. W. (1986b): *Home is Where We Start From*, Londres, Penguin Books.

Winnicott, D. W. (1988): *Human Nature*, Londres, Free Association Books.

Winnicott, D. W. (1990a): *Deprivación y delincuencia*, Buenos Aires, Paidós.

Winnicott, D. W. (1990b): *El gesto espontáneo*, Buenos Aires, Paidós.

Winnicott, D. W. (1991): *Exploraciones Psicoanalíticas I y II*, Buenos Aires, Paidós.

10

El objeto transicional de Winnicott: ¿una nueva categoría objetal en la teoría y en la clínica?*

Raquel Zak de Goldstein

Desarrollo de los procesos transicionales en la relación temprana

El desarrollo de las ideas que presentamos se funda en los conceptos de D. W. Winnicott, yendo más adelante en procura de las articulaciones y enriquecimientos de que disponemos, dado el estado actual del pensamiento psicoanalítico.

"Los fenómenos transicionales representan las primeras etapas del uso de la ilusión, sin las cuales no tiene sentido para el ser humano la idea de una relación con un objeto que otros perciben como exterior a ese ser."

Elegimos esta frase, entre todas las expresiones de Winnicott y sus seguidores, por ser clara y a la vez pregnante. Está aquí lo esencial en cuanto al esclarecimiento de sus ideas.

El autor quiso ser expresamente simple: quiso presentar su experiencia y su descubrimiento como observación directa de la clínica y de lo cotidiano, y preñados de múltiples sugerencias y aperturas. El objeto transicional, objeto de su estudio, y el estilo que lo describe son coherentes.

* Publicado originalmente en *Revista de Psicoanálisis*, vol. 38, núm. 1, 1981.

El sentido del término "ilusión" tiene para Winnicott un alcance que excede ampliamente su uso corriente, si bien se vislumbra el parentesco directo que guarda con él.

Los procesos a que él se refiere se inician alrededor del tercero o cuarto mes en forma visible. La primera unión posnatal restablece una primitiva unidad en calma, perdida en el nacimiento, e inaugura dos estados básicos: pérdida e incompleción, reunión y compleción, dentro de los cuales viviremos alternativamente a partir de entonces.

Entre uno y otro de estos estados, un puente imaginario deberá ser creado por el bebé para que se mantenga en él una básica vivencia subjetiva de unidad y continuidad, y la necesaria ilusión o esperanza de reencuentro o reunión.

Para ello, el bebé necesita aprender a esperar sin desesperar. ¿Cómo lo logra? La madre, con su voz y sus manipuleos, brinda datos sensoriales estables con los cuales él articulará —en su ausencia— una presencia ilusoria, sólo objetivable y real para sus sentidos, y que lo insta a esperar el reencuentro.

Esta creación de la presencia ilusoria de la madre centra y sostiene el desarrollo del primitivo fantaseo, y llena el corte de la ausencia; tiene la calidad de una evocación perceptual cercana a la categoría de la alucinación, poseedora de una propiedad característica de casi-realidad; es lo que la diferencia del tipo de objeto imaginario en el sentido corriente del término, con el cual se maneja el pensamiento adulto; como éste (aunque no exactamente igual), evoca una presencia real externa en la cual el bebé cree, mientras su estado de frustración interna no pase de cierto límite crítico. Preanuncia con su aparición el desarrollo de los procesos indispensables que llevarán a la creación ulterior de los objetos transicionales.

Vemos, pues, que estos objetos son una creación destinada a cumplir específicamente una función de puente entre el sujeto infantil (con su precaria subjetividad) y el mundo de los objetos naturales. Ella surge de la capacidad innata de imaginar, fantasear e ilusionar exteriorizadamente con respecto al yo inicial perceptual, y, en nuestra opinión, se basa tanto en la percepción del objeto natural como en la emergencia del fenómeno psíquico concomitante, al que acabamos de referirnos.

De esta dualidad, percepción exterior-fenómeno psíquico, deriva la dualidad de espacios y categorías iniciales centradas en estos hechos, que de este modo adquieren además una ubicación en categorías espaciales estables; son los rudimentos de un futuro yo y de un mundo externo; queda establecido así también el asiento del yo de la percepción.

El sólido establecimiento de la creencia del bebé en su habilidad para lograr la posesión estable de la madre es de suma importancia; es una fantasía indispensable en la evolución de su subjetividad, que debe desplegarse sin fracturas ni desfallecimientos, del yo perceptual (o yo función).

La madre debe quedar, inicialmente, al servicio incondicional de todas las necesidades del infante, que sólo así puede afirmar su existencia deseante y su deseo.

Una madre de este tipo es dócil e indestructible, constante y tolerante; además del abastecimiento concreto que brinda y del sentimiento de unidad somática que restablece con su sostén corporal, en los momentos de ruptura o frustración reasegura con su presencia, ante el surgimiento del horror de perecer hundido o desintegrado en los instantes en que persiste la frustración previa al reencuentro.

La frustración, acompañada de abandono externo, genera un malestar creciente, tanto emocional como somático; todo parece destruirse en derredor del bebé como correlato del sentimiento de destrucción interna o del *self* primitivo.

La experiencia directa con lactantes que se encuentran en esta situación permite observar una secuencia característica, descrita por Winnicott: estado de necesidad y espera tranquila; si la frustración continúa, aparece una conducta de malestar y enojo creciente; si se prolonga la frustración externa, parece dificultarse cada vez más la posibilidad de recurrir a la tranquilidad que le aporta la evocación ilusional de la madre bondadosa; el bebé comienza a estar inconsolable, decimos. Si la situación se prolonga mucho más aun, surgen indicios de alejamiento en el bebé; un desgano que se expresa en su lentitud para reconectarse con la madre cuando ésta se presenta. De persistir esta reacción de enojo, el alejamiento se acentúa (a veces, este proceso es silencioso y subjetivo); en los casos extremos, parece faltar la capacidad de responder a los estímulos exteriores tendientes a retomar el vínculo con el bebé.

Podemos decir que la propia existencia del ser, del sujeto humano (especialmente en sus comienzos), depende, por lo que estamos describiendo, de la presencia de las condiciones puestas en marcha por los procesos singulares de la transicionalidad. Éstos son los fenómenos que estudia Winnicott.

A partir de los dos espacios primeramente descritos, y que podemos adjudicar a un yo y a un no-yo, hacen su aparición tres áreas definidas: el área de lo subjetivo, donde se origina el "yo mismo" del bebé o *self* primitivo; el área del espacio intermedio o mediador (zona del vacío o huevo generado por la ausencia natural e inevitable de la madre), en el cual se desarrollan precisamente los fenómenos transicionales que estudia Winnicott; y el área del otro (primitivamente representado por la madre), que comienza a ser reconocido y que es dotado también, a partir de entonces, de existencia subjetiva.

El fenómeno que nos ocupa sucede allí donde se produce la experiencia de la ausencia.

Las fallas en estos procesos, que llamamos de la transicionalidad, son un objetivida terapéutico capital; las retomaremos en el punto siguiente cuando tratemos la situación analítica.

Con estos procesos se produce además el alumbramiento peculiar del lenguaje humano. Ello nos invita a pensar en la aparición contemporánea de la categoría preconsciente.

El resultado de esta aventura fantástica es un sujeto parlante; un sujeto que se concibe a sí mismo en forma rudimentaria, centrándose en el espacio y en el tiempo, como categorías lógicas estables.

Se afirma en su existencia dotado de cuerpo erógeno, con todo lo cual inaugura una relación con un otro; éste, a su vez, es concebido a su imagen y semejanza, y reconocido gradualmente como independiente del niño.

Comienza una historia propia y particular.

El otro —primeramente la madre, que luego es transferida sobre el "osito de peluche"— es el que sostiene el aprendizaje y entrenamiento del bebé. Tal como lo hacía el bebé cuyo juego del carretel Freud observó y describió en *Más allá del principio de placer*, nuestro bebé inicia este proceso en una atmósfera de calma. Aprende a estar solo; puede hacerlo porque cuenta con el objeto transicional; preserva así al objeto real ausente, que de este modo no está expuesto a ningún daño peligroso fantaseado. Paradójicamente, esto se le aparece ya muy claro en ese momento al bebé, lo cual indica la presencia consolidada de una capacidad de discriminación entre las categorías de lo interno imaginario y subjetivo, por una parte, lo externo real, por otra parte, y la nueva categoría: los fenómenos ilusionales de la transicionalidad.

Para ilusionar necesita el fenómeno psíquico de la magia evocadora; para revestir con esta ilusión un objeto de la realidad, necesita tener suficientemente bien establecida y discriminada la categoría de lo externo y lo real, como también tomar suficiente distancia respecto de la creencia plena, primaria, en la omnipotencia de su pensamiento.

Éste es el delicado equilibrio que proporciona el "como si" fundamental, fundante, y característico de la atmósfera mágica de la ilusión, en el sentido winnicottiano. Es la paradoja básica de la ilusión que preside los fenómenos que estamos estudiando.

Se fundamenta en una constante imbricación de estas dos categorías de fenómenos: el fenómeno mágico y el fenómeno perceptual; ambos deben mantenerse suficientemente cercanos y diferenciados. Las fallas en esta habilidad paradójica, creación del sujeto humano, se hacen inmediatamente visibles en la pérdida de la ilusión, que desemboca en una concreción obsesiva o melancólica de la realidad externa, con la consiguiente pérdida de la realidad interna.

Sentirse vivo depende estrechamente de estos procesos, que deben ser activos y estables, fluidos y en constante recreación; serán experimentados adecuadamente cuando el *self* haya sido dotado de un cuerpo erógeno propio, a través de la integración psíquica y somática con un sentimiento de unidad. Esto le permite desarrollar una capacidad de ensoñación a partir de los elementos del mundo real, creación propia correlativa de la vida sexual, precursora de la relación placentera y activa con el mundo exterior.

A partir de estos procesos iniciales de separación y concomitantemente con el desarrollo de la sexualidad, emerge el complejo de Edipo temprano. Actualmente es impensable su enfoque adecuado sin la consideración de los aportes posteriores a Freud, de Melanie Klein, Winnicott y la escuela francesa.

El complejo de Edipo temprano sólo puede hacer su aparición si la figura de un tercero adquiere existencia para el sujeto infantil.

El bebé depende en alto grado, por consiguiente, para acceder a esta adquisición del tercero, de las condiciones resultantes del proceso previo, que partiendo de la feliz unión del llamado "binomio inicial" debe avanzar hacia una tranquila separación gradual.

La primera unión o binomio —sólo visible de ese modo para un observador externo— genera en el bebé, por contraste, la sensación de que esa unidad, que considera propiedad y producto de su necesidad y su deseo, es periódicamente perturbada por interrupciones. Vemos cómo la ausencia de la madre, al iniciar las inevitables experiencias de frustración, abre un espacio real entre ella y el bebé. Ésta es la evolución saludable e ineludible de la realidad.

La dualidad pasa entonces a existir, deja de ser virtual para el bebé; el espacio aparece como un vacío, un hiato o hendidura, una separación o discontinuidad temporal, una falta de sostén y gratificación; éste es el *gap*, término inglés con que Winnicott lo designa.

Es indispensable que dicha discontinuidad sea salvada para la subsistencia del sujeto infantil; primero, se lo hará en la forma de la creación ilusoria: una ilusión de reencuentro basada en la memoria de la experiencia pasada, una persistencia en la fantasía de la unión anterior. Luego, ya es inevitable el doloroso conocimiento de la realidad de la separación, de la imposibilidad de reunión absoluta; la realidad de la existencia de otro separado de uno mismo se ha hecho carne.

A través del reconocimiento progresivo de este otro, surge la noción de tercero, tal vez concebido a imagen y semejanza de uno mismo, y capaz de unirse con la madre reproduciendo la experiencia del bebé, que inicialmente la tuvo para sí.

Este logro es decisivo para su existencia como sujeto independiente y, aunque representa un dolor o castración radical, sienta las bases para la triangulación, temprana y tardía.

Se trata, en resumidas cuentas, de alumbramiento concomitante del Ser, centrado en su sexualidad e inserto en un triángulo esencial.

Este tercero, la persona real del padre, trae consigo la realidad y el mundo exterior; junto con esto, trae a los otros seres humanos y sus reglas, las que rigen desde entonces el mundo exogámico al que está remitido el niño.

Por la necesidad de subsistir frente a la separación, se generan el pensamiento y la palabra como soportes del juego y de la simbolización. Con estos elementos, el bebé resuelve el momento clave de suspensión momentánea de su sentimiento de existir, ocasionada por la ausencia. Ante el alejamiento, para cubrir el hueco y quedarse con un sustituto de esa porción de sí mismo que le está faltando, el niño inventa un objeto útil para él, para representarse lo que le falta.

Éste es el objeto transicional, base de los procesos de la transicionalidad que así se inician; con este trozo de objeto útil creado por él, el niño queda unido para mantenerse a flote sobre la grieta o hiato, evitando experimentar el peligroso hundimiento excesivo.

En estos momentos, representativos de la escena observada por Freud —la del juego del carretel—, se ubica, además de la aparición del vocablo doble "Fort-Da", el desarrollo de un juego más activo, verbalizado, repetido y tranquilizador. Esto marca un fenómeno nuevo, una categoría de hechos distintos y complejos; indica un nuevo estado en la vida anímica del bebé: el estado de la transicionalidad.

Ya puede "entretenerse a sí mismo", ya juega; los padres respiran contentos y aliviados: ya puede estar solo. Ya buscará activamente los objetos. Será, con mucha probabilidad, una persona humana parlante e integrada en la cultura, dotada de sexualidad y de deseo propio.

A partir de allí, la historia de los procesos que solemos llamar "evolutivos" es principalmente anecdótica, ya que, en lo que hace a lo esencial de estas conformaciones básicas, no da oportunidad para grandes modificaciones; más bien suele ahondar lo que existe, logrado o fallido.

El corte que genera la primera ausencia en la vivencia plena instaura, por una parte, los rudimentos del *self* y las nociones de límite corporal, marcando al mismo tiempo una herida en la continuidad del estado narcisista de la libido. Por otra parte, el papel del acariciamiento infantil que describe Winnicott aporta la sensación de existir y de sentirse a sí mismo corporal y psíquicamente a la par; pensamos que ella proviene de la presencia simultánea de una doble fuente de estimulación corporal: la zona erógena bucal estimulada específicamente por el contacto con el objeto, que forma parte de un otro, y la propia superficie corporal, sostenida y acariciada ante todo por el cuerpo de la madre.

Los fenómenos y objetos transicionales buscan reproducir y recrear precisamente esas condiciones — la presencia física de la madre— pero desarrolladas esta vez con objetos independientes, manipulables por el bebé. Éstos sólo pueden ser creados y existir si los sentimientos de enojo, ira, rencor vengativo y decepción con respecto a la madre —que comienza su alejamiento— no se vuelven demasiado violentos ni se prolongan excesivamente.

Los fenómenos patológicos subyacentes a las perturbaciones de las primeras separaciones llevaron a la escuela kleiniana, con toda razón, a destacar el papel de los llamados "primeros duelos"; creemos que lo que así se denomina son más bien procesos posteriores —los fenómenos objetivamente descritos como "destete"—, sobre los cuales, como dice Winnicott, poco podríamos entender sin considerar estos fenómenos producidos en un tiempo lógico anterior, iniciadores de la capacidad de tolerar las separaciones sin experimentar reacciones de duelo patológico (es decir, sin reacciones melancólicas).

La compulsión repetitiva —manifestación del instinto de muerte— puede hacer su aparición en las reacciones de desquite del bebé, promoviendo el comportamiento que implica seguir castigando al malvado que lo abandonó; esta modalidad de relación encierra al sujeto infantil, impidiendo tanto el acercamiento como el alejamiento, ya que por razones obvias el malvado no debe morir, sea cual fuere el precio. El vínculo ambivalente así planteado toma las características de algunos procesos patológicos evidenciados en ciertos tipos de vínculos que perturban las relaciones estables de la vida cotidiana: estructuras sadomasoquistas de pareja, algunas patologías de la convivencia institucional, etc.

La opción es clara: para una salud evolutiva temprana no sirven ni la simbiosis ni el abandono; hay que favorecer emocional y físicamente la emergencia de las transiciones.

Yendo un poco más lejos que Winnicott, uno podría decir que las perturbaciones de la separación temprana tienen una patología correlativa, según cuál sea el tipo de falla materna particular.

La madre que se aleja prematuramente, o que se excede en el tiempo de separación inicial, genera un estado de fobia, predisponiendo a las obsesiones y a las adicciones. En su grado extremo, esta situación determina el hundimiento psicótico, que persistirá luego como una grieta estable en la estructura. Dentro de esta perspectiva, determinadas condiciones de uno o ambos integrantes del binomio pueden favorecer usos pre-perversos del objeto transicional (Winnicott se refiere a esto en el estudio que hace del caso del cordel).

En el otro extremo, encontramos el tipo de madre

que retiene al bebé para su compleción personal, que toma al sujeto infantil como una prolongación de sí misma; esto da lugar a la aparición de una personalidad infantil dependiente y a perturbaciones como el carácter fálico narcisista; en síntesis, a derivaciones de la patología del narcisismo. La madre del incesto infantil consumado —en el sentido que le da Leclaire—, la que toma al niño como una posesión para su goce y le impide la sexualidad, prepara el terreno para la perversión.

La madre adecuada es la que se aleja de manera gradual y sin violencia, la que tolera y hace tolerable un cierto monto de desilusión, la que sabe retornar y ofrecer sustitutos apropiados con los cuales favorecer la paulatina y confiada investidura libidinal de los objetos, que de este modo comienzan a funcionar como objetos transicionales.

La otra cara de la situación pone de manifiesto la función del bebé en la economía libidinal de la madre.

El alejamiento sólo se torna factible si para ésta se halla presente y vivo el tercero —el padre, su pareja—, es decir, si el hombre es considerado por ella como padre para el niño, portador de la ley de los hombres, presidiendo el triángulo edípico. En estas circunstancias, también habrá sido posible una buena etapa amorosa inicial con el bebé. La madre, como persona capaz de unirse libidinalmente, sin interferencias, habrá estado dispuesta a crear un vínculo gratificante y de adecuada ilusión, por poseer una estructura predominantemente genital de su libido.

Si el tercero —el padre— está de algún modo ausente, o si hay una enfermedad depresiva o fóbica en la madre, el alejamiento es imposible, porque el vínculo dual es para ella indispensable. El hijo "debe" pertenecerle, y toda la evolución del bebé queda interferida y se altera gravemente.

Cuando la madre es capaz del incesto temprano, pero paralelamente ha existido cierto grado de ilusión preservada en el vínculo, se instala una dualidad marcada por una escisión del yo, la *Spaltung* central, y se organiza una estructura perversa.

Una madre psicótica, confusionante o narcisista, es decir, ajena a todo posible vínculo, abandona al bebé en un estado en el que predomina inevitablemente el clima de persecución pura, a causa de que en su hundimiento queda a merced del ello primitivo. No hay siquiera rudimentos del proceso de ilusión, y se instala el estado psicótico desde el comienzo.

La situación analítica

El descubrimiento de los fenómenos y objetos transicionales por Winnicott adquiere relieve de verdadero aporte porque saca a la luz estos hechos cruciales de la evolución del psiquismo temprano, con inteligencia desprejuiciada y nitidez de lupa de gran aumento. En ellos nos basamos para los desarrollos que estamos describiendo; nos permitiremos hacer ahora algunas consideraciones sobre la clínica, esclarecidas por sus aportes.

La afirmación más fecunda de la clínica analítica dice: no se cura "en ausencia"; lo que modifica es la actualización, y su interpretación en la transferencia.

La función del analista durante esta actualización consistirá —a través de la adecuada desilusión y desarticulación de mitos y perseguidores— en traer la realidad e instalar la ley de la interdicción del incesto, con la consiguiente movilización exogámica vital. Este enfoque permite captar con más precisión las dificultades que se generan en los preciosos instantes previos de desilusión por la ausencia, y el consiguiente fracaso del desarrollo de los fenómenos transicionales que deberían surgir en esos momentos.

Nuestra actividad clínica necesariamente enfoca esos momentos tempranos, buscando en la repetición las perturbaciones que rodearon la ruptura del binomio de la unión feliz.

Como si escenificáramos cada vez en el proceso analítico el juego del carretel, procedemos convencidos de que el germen que buscamos está allí; o no se engendró dónde y cómo se necesita —nos referimos a los fenómenos y objetos transicionales—, o quedó estacionado en alguna etapa intermedia.

Veamos ahora la situación analítica. En la regresión transferencial se van a reeditar estas perturbaciones.

En el encuadre de la situación analítica, el paciente neurótico descubrirá gradualmente con nosotros "que no sabe jugar con el carretel". Aquí nos reencontramos con Winnicott, que no deja de insistir en todos los aspectos y significaciones del juego en el trabajo analítico y para la salud.

Nuestro analizando comprende poco a poco que carece del "como si", esencial y decisivo para su salud. Sus dificultades se expresan en una amplia gama, que va desde las fallas en el reconocimiento del otro como objeto independiente de él, hasta las vivencias penosas de pérdida constante e irrecuperable del otro y del vínculo, con la consiguiente y aterrorizante frustración de la gratificación.

Entre estos dos polos se encuentra una gran zona intermedia, de patologías variadas.

Esto se reactiva repetitivamente en el clima de ilusión, emoción y magia que proporcionamos con el encuadre del tratamiento. Se producen momentos fugaces en los que la regresión transferencial nos hace encontrar a un niño pequeño, expuesto y sensible a la influencia emocional. Espera el trozo de realidad que le permita sostenerse y, sólo así, poder volver a desear y a experimentar confianza en el otro; precisa encontrar en la reedición transferencial algún camino mejor que el que lo llevaba a repetir los antiguos senderos del encierro, la fractura o la fusión fóbica.

En algún momento del tratamiento se reeditarán (en medio de circunstancias distintas, resultantes de la desarticulación de los procesos defensivos citados) las experiencias del corte, la vivencia de hundimiento y la audición del hiato o *gap*. Son instantes de pánico, terror y despedazamiento somático, pero que ahora son vivenciados en compañía del analista y sostenidos por el vínculo con éste.

Sólo entonces el trabajo de reconocimiento gradual y de desarticulación de procesos inútiles, masoquistas e ilusorios (no ilusionales) dará paso a un estado de desilusión tolerable y eficaz para iniciar un acercamiento a la realidad.

La actividad psíquica, previamente desactivada por el pánico, se recupera; la conciencia de continuidad reaparece junto con el impulso libidinal y el deseo, ligando los impulsos previamente desorganizados por el pánico y el sometimiento a un superyó primitivo que representa las tendencias tanáticas del ello. El surgimiento de sentimientos de esperanza y confianza verbalizados acompaña la emergencia de fenómenos transicionales que permiten ilusionarse con respecto a reencuentros capaces de restituir el clima emocional de los primeros encuentros amorosos y eróticos en el vínculo inicial.

Conviene llamar la atención sobre un uso algo diferente que suele dársele al término "ilusión", donde lo ilusorio se contrapone a lo realista, e indica un alejamiento de la realidad; esta dificultad puede obviarse optando por el término "ilusional", que afianza el nuevo sentido winnicottiano de mecanismo activo, producción mental, emocional y perceptual, que tiende el puente hacia los objetos de la realidad. No es lo mismo ser un iluso que ilusionarse.

La disponibilidad analítica, lejos de ser una sustitución materna o un maternaje (como lo aclara W. Baranger),* se asemeja muy definidamente al "como si" del que carece el analizando; cálida y comprensivamente, como si fuera "el osito de felpa", partiendo de los preciosos momentos regresivos de vivencias de desilusión y separación, inicia el proyecto de capacitar al sujeto, a través de la actividad interpretativa, para tolerar el dolor y crear transiciones hacia los objetos de la libido, por medio de desplazamientos, sustituciones y distribuciones constantes. Por esto decimos que tienen marcada relevancia la capacidad y la habilidad específicas del analista para sensibilizarse a estos procesos y hacerlos conscientes, para captarlos y capitalizarlos, ya que son los más susceptibles de recibir la acción terapéutica o mutativa.

Veremos aparecer en la transferencia la repetición de los desencuentros y de los recursos erróneos puestos en juego, en medio del miedo a la depresión,

---

* Willy Baranger, "El 'Edipo temprano' y el complejo de Edipo", *Revista de Psicoanálisis*, vol. 33, núm. 2, 1976, pág. 303.

la desesperanza y el sentimiento de desamparo extremos que fueron vivenciados antaño sin respuestas ilusionales. Lo vemos surgir cuando logramos retirar o desarticular *splittings*, disociaciones psique-soma, bloqueos obsesivos, represiones, renegaciones, escotomas, adicciones, acompañantes fóbicos, etc.; en una palabra: cuando disolvemos todos aquellos medios a los que el individuo había echado mano para enfrentar esa situación inadmisible, catastrófica y psicotizante: la de permanecer sin ilusión y empezar a desaparecer como ser, por el agujero o hendidura de la separación. Es imposible aprender a separarse sin la ilusión de nuevos reencuentros gratificantes.

El analista que acompaña este proceso debe lograr previamente en el analizando el reconocimiento y la aceptación tranquila y definitiva de la separación inicial. Con sus interpretaciones confiere, de por sí, limitación y cualidad a lo real. La verbalización, por parte de ambos, en esas situaciones de experiencia emocional básica transferencial, opera una mutación significativa; el tratamiento verbal de lo vivido emocionalmente y en la fantasía le quita su carácter mágico, irreal y persecutorio, y otorga a todo lo vivido el don de ser simbolizable y discriminado.

El rencor, motor tanático, se desactiva; aparece anacrónico y carente de sentido. El analista está allí, sereno y disponible (aunque con la firmeza de lo real), frustrante para la demanda imposible de amor endogámico, decidido a sostener la realidad, a la par que sobreviviente y afectuoso. Su adiestramiento y habilidad le permiten crear una estrategia general dirigida a desalentar también la aparición o repetición de la tiranía del bebé sobre los objetos transicionales tempranos. En este período, el analizando le exige a su analista que cumpla con obras propias de un mago, ya que en esas épocas el niño atribuye a la madre, y luego al analista, todas las capacidades (es decir, la magia que el propio niño anhela conservar y que creyó poseer en los momentos de unión inicial).

Vital, aunque no sobrehumano, decidido a reducir los excesos de esta fantaseada omnipotencia y de la idelización, el analista, así como se embarcó inicialmente en el proceso de ilusión que a través de las proyecciones lo fue recubriendo, inicia el proceso de desalentarla —lo que Winnicott llama "desilusión"—, hasta lograr desarticular la creencia en esa fantasía universal y básica: el retorno feliz e idealizado a la dependencia infantil. El analista es un deshacedor de mitos universales. El analizando está entonces en condiciones de descubrir la insuficiencia actual de este tipo de gratificación ilusoria, por otra parte sólo realizable en una relación dual e infantilizante.

El clima de ambigüedad que proporcionamos a la situación analítica* se propone expresamente crear el "lugar privilegiado" para esta actualización de los fenómenos transicionales en su carácter de paradoja.

El analista acompaña y espera, desarrollando su actividad interpretativa para permitir la aparición de la imprescindible confianza en un vínculo estable, sobre el cual se repetirán los fracasos traumáticos, el carácter y persistencia de la herida narcisista infantil, y, como consecuencia, esa específica y determinante pérdida de confianza en la propia habilidad creadora de ilusiones, y la incapacitación consiguiente para la satisfacción real de deseos.

---

* Este concepto ha sido desarrollado por Willy y Madeleine Baranger: "Es esencial para el procedimiento analítico que toda cosa o todo acontecimiento en el campo sea al mismo tiempo otra cosa. Si se pierde esta ambigüedad esencial, desaparece también el análisis" ("La situación analítica como campo dinámico", *Revista Uruguaya de Psicoanálisis*, vol. 4, núm. 1, 1961-62, pág. 9).

La conducta contratransferencial, centralizada en el fenómeno de la empatía (a su vez basado en los fenómenos de identificación proyectiva e introyectiva), permite que el analista comprenda vivencialmente lo que experimenta el analizando de manera regresiva y encuentre las palabras que dan existencia y, por consiguiente, tolerancia ante las situaciones emocionales anteriormente imposibles de elaborar, situaciones carentes de palabras, y por ello impensables y traumáticas.

Probablemente, al vivenciar la pérdida en un estado inicial de fusión, es la madre, con su empatía especial y específica, quien puede traducir y tornar gradualmente vivibles y tolerables para el sujeto aquellas experiencias de terror, persecución corporal, y amputación de su psique. Lo que no hizo la madre en su función complementaria es tomado a su cargo por el analista en los momentos de actualización regresiva; sólo entonces, el bebé hará activamente con su osito de peluche aquello que experimentó en su pasividad dependiente. Así, las situaciones traumáticas innombrables devienen fenómenos transicionales.

Como la madre debía hacerlo y no lo supo hacer, toca al analista sagaz y sensible desligarse gradualmente de su función de talismán, mito, mago y objeto acompañante, y librar en el sujeto las fuerzas del deseo propio en la búsqueda de la satisfacción real.

En este desligamiento, dificultoso para el analizando, se evidencia la perturbación existente en el sujeto para tolerar las separaciones. Las separaciones en el vínculo analítico pondrán de manifiesto el carácter perturbado del alejamiento y reencuentro, tema cotidiano en la repetición transferencial. Al reactivar estos procesos, es el analista quien se transforma en el objeto transicional.

Pero, ya desde los comienzos del tratamiento, algunas de las características asumidas por el analista en el encuadre permiten proyectar sobre él ese tipo de objetos ilusorios poseedores de una función mágica protectora, deseada y temible. Las interpretaciones al respecto señalan la falsa necesidad actual del paciente de mantener su refugio imaginario en un mundo poblado de seres legendarios y míticos, y erróneamente transicionalizado; multitud de detalles en las sesiones analíticas desalientan lentamente la posibilidad de mantener la creencia en aquella imagen todopoderosa, ilusional, del analista. De ahí la importancia del adecuado uso de esta ambigüedad, puesto que es la que permite la ejercitación, por parte del analizando, de los fenómenos de transición que poco a poco dan paso a la función del analista como objeto transicional útil y evolutivo.

El analista, en su calidad de tal, no se ofrece como sustituto materno ni puede —por esencia— satisfacer la demanda pendiente de amor infantil. Es una persona, pero no se va a comportar plenamente como tal sino en situaciones críticas, cuando sea indispensable para proseguir su existencia y función como analista y en salvaguarda de su persona física o de la del analizando.

El espacio vacío o *gap* puede ser inexistente o desmesurado, según la patología particular. Deberá atemperarlo el trabajo analítico, que irá dando a este espacio una condición útil y funcional, una duración y dimensión adecuadas a la persistencia del ser infantil; recién entonces podrán desarrollarse allí los fenómenos mentales transicionales que sentarán las bases para la aparición de la experiencia ilusional indispensable de reunión metafórica. Esta experiencia ilusional debe su aparición a la necesidad vital de cubrir el espacio vacío, previamente ajustado a una dimensión útil para la evolución.

Sobre la base de una relación transferencial reaseguradora, que actualice experiencias de gratificación ilusional, el analizando fabricará un puente metafórico entre las dos orillas que se definieron a partir de la discriminación. La huella de un "momento ilusional" de encuentro feliz, cuando se recupera o se instaura —como en las psicosis—, sirve como base adecuada para tener certeza en el reencuentro, raíz a su vez de la confianza en la existencia de otros seres semejantes.

Este momento ilusional de encuentro feliz, logrado por medio de los procesos de empatía del vínculo analítico, evidencia que la función de objeto transicional del analista y los fenómenos transicionales son los constituyentes por excelencia del vínculo transferencial.

El analista actualiza al chamán, el médico brujo poseedor de poderes, el mago por excelencia, la madre ideal del narcisismo.

Desalentar esta proyección y la capacidad de sugestión que nos confiere en la función de interpretar nos lleva a abordar la creación mágica que la sustenta; ésta es una tarea difícil y resistida por el analizando, que se propone defenderla a causa de su reiterado rechazo global de la realidad. El ingreso de la realidad tan resistida limitará el acceso al refugio en su mundo ilusorio, por otra parte una constante en nuestra cultura. Debido a su carencia de habilidad para relacionarse con la realidad exterior aún poblada de fantasmas y monstruos ingobernables, pide moratoria para este estado de cosas.

Su mundo ilusorio suele estructurarse como un "baluarte" (concepto acuñado por W. Baranger); el individuo no pone en juego sus objetos mítico-mágicos del baluarte porque no quiere perderlos; teme quedar excesivamente inerme frente a los perseguidores, en el sentido tradicional del término. A veces, se ha explicado esta relación como una reacción terapéutica negativa, como un incremento del instinto de muerte o un predominio de las tendencias tanáticas. Creemos que en la actualidad el acento se ha desplazado, con un enfoque diferente, a encarar un orden de dificultades y temores presentes en esa patología que proviene, además, de las perturbaciones características de una pobreza o ausencia de transicionalidad.

Decidirse a exponer el baluarte en el análisis es un paso arriesgado y totalmente decisivo, porque afectaría la existencia misma del sujeto como ser, de no contar —en la circunstancia temida de desamparo— con la adecuada presencia externa que lo sostenga (el analista), mientras se genera, a través de la transicionalidad incipiente, su enganche activo con la realidad.

Además, el analizando en cuestión no tiene aún ninguna idea respecto de lo que, puesto en esa situación, va a ser capaz de producir; tampoco puede indicar a nadie cómo tendrían que comportarse con él para contribuir a la ruptura de su baluarte; sólo nosotros sabemos, de acuerdo con estas conceptualizaciones sobre la transicionalidad, que se trata de acompañarlo hasta que logre producir su estado ilusional y transicionalizar algún objeto externo, como punto de partida de la recuperación.

Una y otra vez recae el analizando en los viejos caminos y recursos conocidos. El analista va a reconducir la situación en el rol de figura parental que desalienta tendencias simbióticas e infantiles y alienta la transición hacia objetos de la realidad.

El estudio de las psicosis investiga, desde hace varios años y por caminos convergentes a partir de distintos esquemas referenciales, un abordaje terapéutico que nos parece dirigido a restablecer esta misma situación básica que examinamos. Lo que decimos no se refiere a un simple proceso de desarrollo de capacidades yoicas, a la manera de la escuela conductista norteamericana. Se trata, muy por el contrario, de una específica y prioritaria capacidad que posee exclusivamente el ser humano de nuestra cultura.

Él articula con maestría la capacidad de juego (de la que animales y primitivos están dotados) en procesos de lenguaje, simbolización y abstracción conceptual, merced a los cuales se establecen vínculos afectuosos y placenteros, estables y vitales, con personas y objetos significativos, y que dan pie, además, a la adquisición de habilidades creadoras específicas.

Winnicott insiste: "No son los objetos en sí los que definen su valor como objeto transicional, es el uso que el bebé les da." Apunta al tipo de fenómeno cuyo tinte emocional y psíquico particular hace que el objeto adquiera una significación específica para ese bebé, intransferible y estable, y que lo transforma de este modo en un objeto transicional pleno o típico.

Estos caracteres de objeto transicional lo individualizan entre todos los otros objetos del mundo circundante, sobre los cuales también se vuelcan aspectos significativos del mundo interno del bebé (es decir, objetos que reciben transferencias, en el sentido habitual del término).

Freud describió este fenómeno esencial de la transferencia como una disposición, propia del sujeto humano, a la reproducción o repetición de prototipos infantiles, proceso que actualiza los deseos inconscientes referidos a ciertos sujetos en un tipo de relación establecida con ellos. En todos los caos —para Freud—, se trata de transferencia de situaciones de la sexualidad infantil y edípica. Este fenómeno es esencial en la vida de relación. Abre el camino al establecimiento de vínculos, y es el mismo que se despliega iniciando la relación analítica. Sólo en etapas avanzadas de esta relación se dan las condiciones para que se actualicen aspectos más tempranos; sólo entonces se puede trabajar en la revitalización de los fenómenos y objetos transicionales estancados o ausentes, tanto en la neurosis como en la psicosis, dando paso a un progreso hacia la salud.

Al reactivarse estos procesos, el analista puede ser tomado como un objeto transicional.

El analista se brinda para la transicionalidad, pero ésta no se despliega de inmediato, sino todo lo contrario, por estar trabada tempranamente en su proceso de formación; esto se evidencia en la repetición de las carencias en la transferencia. A partir de estas repeticiones, podemos preguntarnos cómo, cuándo y por qué se trabó el proceso transicional, y qué fue lo que determinó la aparición y persistencia exclusiva de la otra categoría de objetos míticos, talismanes, etc.

El analista necesita estar dotado de una estructura de personalidad básicamente adulta y equilibrada para ofrecerse a retomar los fenómenos transicionales fallidos y llegar a funcionar con el analizando como si fuera el "osito de felpa", compañero fiel del aprendizaje infantil. Es decir que el analista se dispone a cumplir el rol y la función de un verdadero objeto transicional, en un comienzo rudimentario, en evolución hacia el objeto transicional pleno.

Lo señalado reafirma la importancia del adecuado uso de la ambigüedad para crear y mantener el rol de analista. Instalado en esa ambigüedad, recibe sobre sí la ejercitación por parte del analizando de los fenómenos de transición, y se presta para su función de objeto transicional.

Esta situación suministra el sustrato para las interpretaciones transferenciales relativas al núcleo simbiótico o fóbico temprano subyacente en las fallas neuróticas o psicóticas, y por este camino se logra el abordaje amplio de los problemas narcisistas y confusionales inherentes a estas fallas.

En estos tramos del proceso aparece muy claramente planteada una relación transferencial y contratransferencial que no se asemeja a las transferencias edípicas; éstas movilizan objetos parciales o partes de objetos, o características aisladas de estos objetos, son relativamente laxas y fácilmente desligables a través de las interpretaciones. La diferencia es visible si se compara este cuadro con el que se despliega cuando se accede a los niveles de transicionalidad de que nos estamos ocupando. Éstos generan en la situación analítica una modalidad de relación que excede en mucho a los procesos de transferencia descritos. Es una relación estable e indispensable. En su evolución terapéutica positiva, desemboca poco a poco en un vínculo rodeado de un halo de privacidad y afectuosidad crecientes; van predominando la consideración del otro y cierta autolimitación en las demandas previas de tipo infantil omnipotente, narcisista o sadomasoquista; paralelamente, se van mitigando las actuaciones de repetición compulsiva y tanática, y se inaugura una relación activa y también considerada con otros semejantes de la realidad circundante.

A partir de este estado de cosas, el analista es — y aquí hay una aparente contradicción— menos necesitado, menos temido (o casi nada temido), y el desligamiento se desliza como llevado por su propio peso, como un proceso natural.* Las manifestaciones de duelo son atemperadas y dan paso al placer de los nuevos logros y capacidades de realización, que llenan con su vitalidad la vida cotidiana y la vida ilusional de fantasía creadora del sujeto. La ensoñación y el fantaseo tienen relación fluida y directa con la disposición y la capacidad yoica para su realización, y el superyó preside en armonía esta acción en la realidad, favoreciendo el establecimiento, preservación y ampliación de vínculos afectuosos y eróticos estables con personas e ideales compartidos activamente; como señala con insistencia Winnicott, éste es el aspecto visible de una personalidad básicamente saludable.

Tal es también el proceso normal de apartamiento del primer objeto transicional que podríamos llamar pleno, en los casos en que el desarrollo infantil ha seguido un curso adecuado.

En los casos en que el osito de felpa queda como tal —manifestación de una suspensión patológica de los procesos de transicionalidad—, genera una categoría especial, como objeto acompañante o como consolador (así los llama Winnicott). Esto es más visible cuando se trata de un objeto como la frazadita, por ser un objeto menos elaborado y primitivo.

---

* Ángel Garma parece concebir del mismo modo el devenir de la relación con el analista ("Tres aspectos básicos de las resistencias transferenciales en las etapas finales del tratamiento psicoanalítico", *Revista de Psicoanálisis*, vol. 31, núm. 3, 1974.)

En otros casos, la evolución del objeto transicional se desvía y da por resultado un objeto fetiche (en el sentido corriente, no como fetiche de la perversión).

Tenemos la impresión de que la fetichización perversa va a depender de un tipo de transformación específica en un punto de la evolución de los objetos transicionales. Siguiendo un curso paralelo a la desviación que experimenta toda la personalidad, en este caso va acompañada de la aparición de una estructura perversa.

Éste y otros ejemplos de evolución incompleta de un objeto transicional y del vínculo con él nos llevan a pensar que estamos ante un proceso que consta de dos tramos: 1) la emergencia y funcionamiento de los fenómenos transicionales, y 2) la captación y acondicionamiento de algún objeto del entorno, lo cual es contingente y depende de la oferta ambiental y de una conducta básica adecuada de los padres, en cuanto a su habilidad para facilitar la transicionalidad. Pero, si bien los dos pasos anteriores son fundamentales, la articulación de ambos pasos es el acto privilegiado, el acto de creación del sujeto a partir de la ruptura previa tolerada del estado narcisista primario. Es casi un segundo nacimiento decisivo.

Quien esto lee esperará encontrar, además de coincidencias, aperturas y aclaraciones conceptuales, material clínico ilustrativo. Con toda razón lo pretende; no diré que se trata de una experiencia emocional imposible de transmitir. La experiencia transferencial regresiva de que se trata es conocible y reconocible, pero solamente a partir de la propia experiencia del psicoanalista, y de un claro panorama conceptual.

Esta familiarización con el fenómeno que describimos se logra durante el proceso de formación como psicoanalista, fundamentado en el propio análisis y en el especial aprendizaje correlativo que caracteriza las supervisiones clínicas, cuyo marco, aunque diferente del de un análisis personal, está sin embargo emparentado con él. Esta experiencia se complementa con articulaciones teóricas que se dan en el curso de la formación en seminarios.

Durante este proceso, tiene ocasión de actualizarse repetidas veces la situación básica de que se trata aquí; esto, a su vez, se instala en la contratransferencia, capacitando al analista frente a las más variadas modalidades de angustias y de defensa. El haber experimentado adecuadamente regresiones a niveles tempranos le permite compartir y comprender aun las modalidades ajenas a su propia estructura.

La experiencia de hundimiento le resulta de este modo vivenciable, y puede conocer todo lo que se refiere a sus perturbaciones si también está dotado de una apropiada capacidad de mantener su propia integración.

Este conocimiento vivencial tan precioso (el único valedero para su capacitación clínica y teórica plena) es a la par el fundamento de una actividad científica creadora, porque lo aleja de la necesidad de erigir (y erigirse en) la función de ídolo o mito, y le confiere la capacidad dinámica y la curiosidad investigadora placentera propias de la presencia eficaz de la ilusión. Lo aleja también de los riesgos de ideologización y cristalización ritualizada tanto en sus desarrollos científicos como en su actividad clínica.

Resumiendo, pensamos que el conocimiento de estos fenómenos y objetos transicionales es trascendente para el manejo clínico. Desde el comienzo del tratamiento analítico, el analista es puesto en un rol idealizado y omnipotente; pasado un tiempo, él acompaña activamente la elaboración de la separación primaria, y, por último, en la terminación del análisis sigue el destino característico de los objetos transicionales.

Éste es el modo adecuado de participación del psicoanalista en los procesos transicionales que revive y reestructura el analizando a lo largo de toda la situación analítica.

Consideraciones sobre la simbolización

Algunas cuestiones referidas a la simbolización que se instala en el curso de este proceso nos invitan a hacer ciertas consideraciones.

La ecuación simbólica (concepto caro a la escuela psicoanalítica inglesa) parece estar denominando el primer pasaje o transición, donde el "como si" no está aún suficientemente consolidado y tanto el símbolo como lo simbolizado pueden recuperar su carácter esencial, perdiendo su valor recientemente adquirido de simbolizante.

La simbolización parece consistir en una serie sucesiva de pasajes, o transiciones, enmascaradores del objeto que representan. En esta sucesión se llega a un punto en que el símbolo puede ser usado como sustituto del objeto original, sin conflictos frente al superyó.

¿Qué es, entonces, el carretel? Es un objeto transicional típico inicial.

En la creación del objeto transicional pleno, ¿interviene la simbolización? Tenemos muchas razones para pensar que sí.

Todo objeto transicional, por definición, representa claramente la presencia real de la madre buena, recibe transferencias y las simboliza, pero no toda transferencia de la madre buena ni todo símbolo materno dan origen, de suyo, a un objeto transicional pleno.

El característico "como si" que preside los fenómenos transicionales parece ser el prototipo del concepto que, a medias imaginario y a medias perceptual, sustenta la simbolización verdadera, la sublimación y los vínculos con significación emocional placentera, ya se trate de vínculos con ideas (ideologías), con cosas (talismanes, objetos protectores, objetos de la creación artística) o con personas (ídolos, magos, figuras protectoras). Asimismo, se caracteriza por el predominio de afectos positivos y de tendencias eróticas, generadores de progresiones y desarrollos, que es típico de la libido objetal en acción.

Melanie Klein diría que esto surge porque se ha instalado ya en el sujeto infantil una identificación temprana con el pecho bueno como fuente estable de vida, o una pareja en coito fecundo, o una identificación yoica con la madre buena real.

El bebé trata al carretel "como si" fuese la madre que se fue, pero pronto se observa que estas conductas del bebé se tornan más complejas, y lo vemos, ya con su osito de felpa, remendando la relación revertida: él es la madre con su bebé.

¿Qué quiere decir esto? ¿Qué ha pasado?

El bebé ha interiorizado los dos personajes y los administra; ya no es un bebé que se queda solo, incompleto, desamparado y aterrorizado; es una mamá que aprendió a reconfortar al bebé antes de que éste experimente el terrorífico sentimiento de desamparo. Previamente a esta estructuración, parece no existir todavía un yo primitivo capaz de desarrollar tal actividad sustentadora real.

En ese momento el niño "se entretiene a sí mismo"; eso suelen decir los padres cuando observan con satisfacción que descubrió cómo jugar con juguetes u objetos, prescindiendo —al comienzo fugazmente— de la necesaria presencia de la madre. La expresión es ilustrativa porque tiene el carácter reflexivo implícito en este acto del niño: "se entretiene"... El niño comienza a estructurarse, a través de los fenómenos transicionales, de tal modo que, cuando esté solo, sin un objeto externo complementario, permanezca sin sentirse solo, es decir, sin experimentar el sentimiento de hundimiento previo a una vivencia de desamparo y de "fin del mundo", característica de los momentos de ausencia sin transicionalidad.

Es llamativa la semejanza que hay entre la relación yo ideal/ideal del yo en el narcisismo y en los fenómenos de "lo siniestro", y el proceso de hundimiento en esta *gap* que precede la aparición del estado psicótico, donde el yo queda sometido al ello dotado de poder de dominio absoluto, sin ese yo inicial protector de lo familiar, actuando como si fuera un ideal del yo de muerte pura al cual el yo primitivo se somete totalmente.

El hundimiento es en el *gap*, en cuyo fondo están los contenidos del ello primordial terrorífico, atrapador. El yo funcional primitivo o inicial corre peligro, puesto que —por su endeblez— puede quedar a merced de ese ello primitivo, reproduciendo automáticamente, como bajo un influjo hipnótico, su actividad arbitraria, contradictoria, desorganizada y terrorífica.

Con esto nos enfrentamos en la práctica clínica.

Breve historia de una supervisión.
Colapso regresivo transitorio en un final
de análisis

Este pequeño relato se refiere a una situación crítica desarrollada en las etapas finales de un tratamiento psicoanalítico. Su consecuencia fue un breve pero penoso estado de regresión en una paciente, que pasó desapercibido como tal, tanto para el analista como para el analizando, y que tenía profundas implicaciones —como se vio luego— para la resolución del conflicto básico de la personalidad. También fue sumamente esclarecedor para el analista, una vez elaborado y resuelto el significado profundo de la situación a que nos referimos.

Se trataba de una insensibilidad circunscrita y específica preexistente en el analista, respecto de este fenómeno básico de no integración del que nos ocupamos, en torno a fallas personales en la capacidad de ilusionar y de desarrollar los procesos de transicionalidad básicos.

El analista consultó para una supervisión ulterior a la terminación del tratamiento analítico de una adulta joven que, luego de un prolongado y satisfactorio trabajo analítico, atravesaba momentos decisivos del proceso de desarticulación de la estructura maníaca nuclear, la cual actuaba defensivamente y como soporte sustitutivo de los insuficientes fenómenos transicionales presentes. Algunos de los objetos transicionales de que disponía tenían la índole de los objetos acompañantes, otros presentaban las características de la adicción; eran frágiles, rudimentarios y funcionalmente poco aptos para desarrollarse hacia su utilidad plena. La relación transferencial, si bien desmitificada y desarticulada en sus aspectos idealizados y persecutorios extremos, nos pareció, durante la supervisión, carente de las cualidades de confortamiento, familiaridad, ternura y disponibilidad que son propias de un vínculo con perspectivas de acceder a la categoría de transicionalidad que propicie en la transferencia la aparición de un objeto transicional plenamente desarrollado.

Lo que motivó la consulta de nuestro colega fue el haber constatado con sorpresa que, tanto en ésta como en otras oportunidades, los tratamientos psicoanalíticos que llevaba adelante exhibían algunas irregularidades y dificultades incomprensibles para él, así como reacciones sorprendentes en las etapas finales, o en el modo de terminación del vínculo.

Puestos a la tarea, ambos comprobamos (con cierta extrañeza por parte de él) que, luego de un importante período de sólidos logros en la labor con el analizando, y cuando el tratamiento debía, a su criterio, entrar en un estado más tranquilo y cercano a una mayor salud, aparecía, por el contrario, un comportamiento inquietante y llamativamente complicado del analizando en su vida cotidiana y en su vínculo con el analista. Con demandas aparentemente infantiles y regresiones que provocaban irritación y sorpresa contratransferencial, desplegaba de manera incontenible una conducta infantil dependiente, que desembocaba en un estado transitorio desorganizado y proteinforme, y situaciones dolorosas en algún aspecto de su vida diaria, en tanto se conservaban los logros obtenidos en las otras áreas de su vida y de su personalidad.

El analista había apelado previamente, para aclararse estos sucesos, a conceptos derivados de la noción de reacción terapéutica negativa, compulsión repetitiva y "fracaso ante el éxito". Nada de ello le faci-

215

litó la comprensión de este período; no pudo encontrar los caminos ni los recursos que le permitieran implementar eficientemente en las sesiones analíticas algunos de estos conceptos; la eficacia interpretativa actual de nuestro colega con el analizando se había diluido por entero.

La otra parte de la historia se desarrollaba en la contratransferencia: el psicoanalista era consciente de que experimentaba rechazo, hastío, aburrimiento y crisis de severidad hacia el analizando. Al fin, luego de un tiempo, comprendió que en él se había cortado el vínculo. Lo que no pudo comprender psicoanalíticamente fue el significado de este estado final de la transferencia y de su respuesta.

Pensamos que esta deformación del vínculo transferencial se originó por la aparición de las perturbaciones del vínculo temprano subyacentes a la estructura maníaco-fóbica en disolución de la analizanda. A partir de entonces, tendría que haber sido vivenciado en el vínculo como un proceso de desilusión patológica y retomado hasta constituir una saludable capacidad de ilusión, dando lugar a un trabajo de encauzamiento desde los rudimentos presentes de transicionalidad.

Fueron los reclamos infantiles ideales de la analizanda, característicos de los elementos remanentes de su vínculo simbiótico temprano, los que chocaron con un escotoma específico de la historia personal del analista. Para salir de esta situación, le habría sido indispensable contar con los conceptos sobre la transicionalidad, la capacidad de ilusionar y el conocimiento de sus perturbaciones.

Comenzamos a revisar juntos, sistemáticamente, varios historiales clínicos de sus tratamientos psicoanalíticos actuales y pasados; pudo comprender por fin, con enorme sorpresa y emoción, que el carácter singular de esa situación que se le presentaba siempre en el mismo punto de cualquier proceso analítico tenía que ver con un suceso personal de su historia infantil, que existía en su recuerdo, pero había sido negado en sus aspectos emocionales y disociado como un hecho neutro.

Se trataba de una deficiente o insuficiente resolución de sentimientos depresivos generados en un suceso centrado en el alejamiento traumático temprano de su padre; ante ello, apeló a robustos y eficientes recursos de la personalidad, que le permitieron mantener su solidez, su vinculación estable y firme con la realidad, y la continuidad de una buena maduración; era un hombre muy inteligente, y su sensibilidad y afectividad se habían conservado en un grado aceptable.

Desde ese momento comprendió también, espontáneamente, cuál era la relación que existía entre esa específica dificultad de su práctica clínica y algunos aspectos de su modalidad afectiva conocidos por él; esto constituyó un verdadero descubrimiento sobre sí mismo.

A partir de estas ampliaciones, surgieron incontenibles otros enlaces significativos con respecto a su personalidad, que pusieron de relieve —ya sin resistencia a comprender de su parte— la influencia que estas dificultades habían tenido en la pobreza de su elaboración y producción científica. Todos estos hechos de su vida emocional, que hasta entonces parecían no preocuparle, recuperaron vivacidad y fuerza actual.

Como epílogo, recordó —esta vez con una emoción adecuada y fluida, y estableciendo con nitidez relaciones significativas entre los sucesos— cuánto había lamentado de niño no tener la posibilidad de ser él mismo niño, ya que se vio obligado a cuidar a los otros niños y a la madre, que quedó sola. Recordó gradualmente, con gran riqueza de datos y afectos, la reedición de esta situación en su vida actual y la forma en que ella incidía en su práctica clínica.

El interés por estas consideraciones inauguró una evolución intelectual que fue adquiriendo agilidad y riqueza conceptual; se fue afianzando su curiosidad científica, impregnada de mayor soltura emocional y de mayor confianza en su pensar. Esta evolución sigue en marcha en la actualidad.

Nuestro trabajo de supervisión continuó un tiempo más, y pudimos ver cómo, con ingenio y habilidad, fue poniendo en práctica de manera paulatina, a través de la contratransferencia, una forma de exploración de sí mismo ante los estados de desamparo emocional, desconocidos por él hasta entonces cuando se presentaban en la transferencia del analizando. Se observaba a sí mismo en esas circunstancias, consciente esta vez de que debía evitar sus antiguas defensas de disociación del afecto, de la ternura y de la necesidad de contacto e interdependencia. Éstas habían sido las causas que determinaron, por su utilización previa crónica y rigidizada, el importante escotoma descubierto en la práctica clínica y su inhibición para un desarrollo exitoso, impedido hasta entonces.

Los objetos transicionales y sus destinos

Es conveniente hacer alguns precisiones respecto

al conjunto de hechos de la evolución más temprana a que nos hemos referido. Por una parte, está la existencia innata de una capacidad de transicionalidad (habilidad específica de experimentar los fenómenos transicionales); por la otra, la puesta en marcha de esta capacidad a través de la aparición de los fenómenos transicionales, su consecuencia natural. El establecimiento activo y continuado de los procesos de transicionalidad permite al bebé ir transfiriendo progresivamente fantasías e impulsos sobre objetos que en forma gradual —y merced a estas transferencias— pasan a integrar una serie de objetos transicionales del objeto transicional pleno.

La creación de estos objetos transicionales plenos resulta ser no sólo la última etapa de un proceso característico, sino además uno de los avatares posibles en estas etapas tempranas. Los llamamos "plenos" porque cumplen todas las funciones que el niño requiere del objeto transicional. Ellos acompañan y sustentan los procesos de integración de la personalidad temprana, en razón de que permiten —sin peligro— el ejercicio de los impulsos tempranos aún no integrados, que pueden desplegarse activamente sobre ellos.

En el procesamiento que experimentan los que luego serán objetos transicionales pueden surgir, por desviación, distintas categorías. Desde los rudimentos de transicionalidad que originan objetos transicionales de breve duración, hasta los objetos transicionales plenos que desembocan en el "osito de felpa" —que a su vez dará paso a una creatividad plena, sin conflicto patológico, diríamos de carácter genital—, la serie puede detenerse en su evolución o derivar hacia un uso aberrante.

Este uso aberrante de un objeto transicional incompleto es específico de cada cuadro psicopatológico. Algunos de estos derivados característicos son, por ejemplo: el objeto acompañante en la fobia, los talismanes o fetiches no perversos, personas o animales investidos como ídolos; las creaciones mixtas derivadas de éstos, ideologías, instituciones, creencias, etc. Parecen ser estancamientos correlativos al estancamiento de la evolución del sujeto, frutos incompletos de fases de transición de este fenómeno que estudiamos.

Winnicott descubre y localiza el fenómeno transicional en el pasaje de lo imaginario a lo real, y su función parece ser, precisamente, iniciar las transformaciones precursoras de los procesos simbólicos.

No se nos escapa la particular significación que puede adquirir este enfoque de la cuestión, pues desembocaría en una nueva perspectiva sobre el problema del origen y la formación de símbolos.

El fenómeno transicional es, a nuestro entender, característico de un tipo de actividad mental exclusiva del ser humano. Apoyada en la habilidad especial que esta actividad le confiere, la mente del niño revista a los objetos y los transforma ante sus propios ojos. Al poder conservar al mismo tiempo la noción de la realidad perceptual del objeto, logra dar un paso único, colocándose en el nivel del lenguaje y la simbolización humana.

La doble significación que de esta manera se conserva —respecto de los objetos—, gracias a los objetos transicionales, inaugura la posibilidad del concepto de símbolo. El símbolo pasa a sustituir al objeto real (en esencia inasible y, por consiguiente, perdido definitivamente desde el nacimiento) y de esta manera, ingeniosa y única, restituye a nuestro sujeto infantil la posibilidad de seguir deseando. Acaba de ingresar en la cultura y en una historia personal del ser instintivo que fue al nacer. La complejidad y el conflicto humanos se instalan a partir de aquí.

Consideramos que el rudimentario objeto transicional del comienzo proviene de una percepción temprana de la presencia real de la madre. Uno de los destinos saludables, natural y en algún grado siempre presente en nuestra vida cotidiana, representa una evolución de esa presencia, que se desplaza y confiere su valor a un conjunto que podríamos denominar "clima de transicionalidad visible" en el entorno cotidiano del sujeto. Este clima existe tanto en el ambiente diario, propendiendo al bienestar estable del niño y del adulto, como en el entorno previo al dormir.

Conviene diferenciar claramente estos aspectos de los rituales obsesivos que aparecen en las mismas circunstancias. En el primer caso domina un clima de sedación, una disposición a procurarse el *confort* privado; los objetos pueden ser sustituidos y no existe rigidez ni tensión respecto de estas actividades, en contraposición con el clima inquietante, rígido y reglado que domina en los rituales obsesivos.

Existen también, tal como lo describe Winnicott, la zona de reposo —la "posición de descanso"—, paréntesis en la vida diaria, recreo periódico que suministramos a nuestra capacidad (tanto consciente como preconsciente) de atención, y a la actividad de vinculación entre mundo interno y mundo externo real objetivo.

En todo esto encontramos razones para pensar que este clima de transicionalidad denuncia la presencia física de la madre, metaforizada a través de la transicionalidad en un conjunto heterogéneo que la evoca para nuestros sentidos y en las significaciones particulares de nuestra historia. Este clima forma parte de nuestro bienestar estable de adultos.

No podemos dejar de conectar el conjunto de objetos a los que estamos haciendo referencia y su capacidad de evocar un sentimiento de "lo familiar" tranquilizador, lo reconocido, lo que sustenta una serena disposición a la regresión para el descanso. En la vereda opuesta tenemos el tema de "lo siniestro": la exacta acepción del término alemán empleado por Freud *(unheimliche)* alude muy precisamente a un sentimiento de ausencia de clima familiar, de desaparición de lo hogareño, presidiendo un estado de intranquilidad que, según creemos, se puede vincular a las vivencias tempranas de desunión con la madre y exposición a los peligros tanáticos del ello. A través de los fenómenos de la transicionalidad, lo familiar, cálido y significativo, sostiene al sujeto y le permite ligar los impulsos tanáticos poniéndolos al servicio de sus necesidades y de su bienestar actual.

El "osito de felpa" no siempre existe tal cual en la infancia del sujeto saludable; a menudo, no ha surgido su constitución plena, ni tampoco parece indispensable que esto suceda así; lo que importa es que estén presentes la capacidad y los fenómenos transicionales, puesto que su actividad creadora se puede desplegar sobre una gama de elementos que cumplen parcialmente estas funciones, y que dan origen al clima de ilusión y transicionalidad del infante y del adulto.

Desde niños estamos en una doble conexión con la realidad objetiva; un nexo se da en función de las necesidades, y una segunda conexión, central en nuestra existencia, se da a través de los fenómenos y objetos transicionales. En esta segunda modalidad, se trata de los sueños diurnos (como lo describe Winnicott) y de una vinculación estable con los seres significativos de nuestro entorno, tendiente a la realización de los anhelos ilusionales esenciales.

Esta doble vinculación con la existencia (o, mejor dicho, esta doble manera de existir) no está en absoluto diferenciada; todo lo contrario: se imbrica, interactúa, se articula y genera procesos dialécticos, a veces cerrados y otras veces evolutivos y en constante gestación creadora.

Para Melanie Klein, el niño va trasladando su concepción del mundo a partir de una primera proyección sobre el interior del cuerpo de la madre. Esta concepción del mundo es una prolongación no sólo del vínculo temprano fantaseado sino del vínculo perceptual con el cuerpo de la madre, y transicionaliza ese vínculo.

W. Baranger denominó "quinto objeto" a esa presencia real de la madre. Esta noción ya aparece rudimentariamente en la percepción discriminada del bebé en la etapa esquizoparanoide: este concepto quedó sólo esbozado en los escritos de M. Klein, señalando la presencia de estos fenómenos durante los breves momentos de integración depresiva.

Apoyado en ese objeto bueno externo, real y tranquilizador, el bebé —de acuerdo con el enfoque kleiniano— estabiliza gradualmente su situación interna a partir de un ordenamiento en la etapa esquizoparanoide. Los mecanismos de escisión discriminan dos categorías, bueno y malo, con sus objetos correlativos idealizados y perseguidores. El bebé se aleja de la categoría persecutoria en cuanto puede, y queda vinculado con la mitad que corresponde a los objetos buenos e idealizados. De estos objetos idealizados —o, como dice M. Kahn, "idolizados"— se generan los mitos, talismanes, magos y fetiches (de tipo no perverso).

Partiendo de estas creaciones, el bebé construye un baluarte (en el sentido de W. Baranger), lugar donde se aloja con estos objetos "protectores" para desarrollar sus ilusiones en el estado de ensoñación y fantaseo diurnos que lo acompañará durante los procesos integrativos hasta bien entrada la adolescencia.

En la adolescencia deberá, indefectiblemente, trasladar sobre objetos reales externos los contenidos de este baluarte: ilusiones ideales, ídolos e ideologías.

La evolución normal de este aspecto de la vida de fantasía depende en alto grado de la calidad y resolución de los mecanismos de escisión, y del establecimiento de los procesos ulteriores de integración, así como de la existencia de la capacidad de ilusionar y la consiguiente creación de objetos transicionales, que serán los que, actuando a manera de puente, permitirán el enganche activo con el mundo objetal adulto cotidiano.

En la evolución satisfactoria de estos procesos incide mucho, asimismo, una buena resolución de la persecución centrada en los objetos persecutorios previamente escindidos. Sólo de este modo la realidad dejará de estar impregnada de perseguidores y será apetecible para su investidura ilusional y libidinal.

No se nos escapa que el sentimiento de estar vivo y gozar del mundo, basado en la fantasía de un reencuentro feliz, se apoya, a través de los fenómenos de la transicionalidad, en una traslación actual de un sentimiento que se mantiene vigente desde el comienzo de la vida posnatal y que se origina en un vínculo inicial satisfactorio de amor, experimentado como encuentro y seguridad.

El motor de la existencia humana, centrada en la satisfacción de las necesidades, deseos y demandas de amor, puede entrar en acción si se sustenta en el establecimiento de una ilusión esperanzada de unión feliz. La patología grave se desencadena cuando algo, sea interno o externo, lesiona seriamente la capacidad de ilusionar y transicionalizar la realidad.

La relación humana adquiere en los vínculos estables una calidad indudable de transicionalidad.

Conclusiones

Es necesario explicitar nuestro criterio sobre la cuestión que plantea la naturaleza del objeto transicional.

De acuerdo con lo expuesto, el objeto transicional se manifiesta como una categoría objetal especial.

Su existencia como objeto es legítima y definida. La utilidad clínica incuestionable que aporta este concepto y la consideración de los mecanismos que lo sustentan le confieren una solidez y vigencia propias de una categoría nueva y valedera.

El concepto de fenómeno y objeto transicional ayuda a esclarecer una zona o modalidad de existencia psíquica, enriqueciendo y modificando la perspectiva anterior sobre el funcionamiento temprano; en particular, a través de una magnificación sorprendente, transforma nuestra visión de los cuadros fóbicos, de los procesos psicóticos y de un conjunto de modalidades de *splitting*.

Su validez también se manifiesta en que facilita integraciones conceptuales más precisas, que nos preservan, por otra parte, de caer en esterilizaciones preciosistas; flexibiliza y recuestiona nuestros pensamientos psicoanalíticos, evitando más aun el peligro de su ideologización.

La función temprana de los fenómenos transicionales revela ser de tal magnitud que no dudamos en asignarles un lugar de privilegio tanto en el pensamiento teórico como en la clínica.

Su rastreo en el pasado del sujeto, en su persistencia y vigencia actual, en sus actividades, en sus proyectos y en su vida cotidiana, nos depara verdaderas sorpresas.

Ya aludimos a la participación de estos procesos en la creación de elementos constantes en todas las culturas: talismanes, amuletos, magos, mitos, rituales, etc.

También destacamos que los objetos transicionales otorgan un particular sentido pregnante a la figura del analista.

El lugar del encuentro analítico, la voz y la palabra del analista, junto con la disposición física que se adopta en la situación analítica, recrea (¡cómo dudarlo!) aquella situación inicial del vínculo bebé-madre. En esta situación, reproducida en la transferencia, el analizando va a revivir la patología de la vivencia de separación, sobre la que pretendemos y podemos actuar terapéuticamente.

La distancia subjetiva nula, característica del binomio inicial e indispensable para el desarrollo, persiste en la psicosis simbiótica.

El vínculo analítico está destinado a actualizar ese

estado, y presentará un clima catastrófico ante las primeras separaciones o frustraciones de la fantasía de idilio transferencial. Habrá que construir los objetos transicionales que no existen.

En el extremo opuesto, el alejamiento inicial permanente y máximo produce la esquizofrenia. No existió interés en la unión, no se despertó siquiera la ilusión.

Cerca de ambos extremos se ubica el resto de los cuadros psicopatológicos. Entre ambos, la zona media de esta escala es la medida del alejamiento tolerado y propicio para la evolución adecuada de los procesos de individuación y vinculación objetal, que son metas terapéuticas claves.

El espacio vacío o *gap* (como lo denomina Winnicott) se produce ante los primeros alejamientos de la madre. Su inexistencia o desmesura será atemperada por el trabajo analítico. Este espacio buscará entonces una condición funcional para que se desarrollen allí los fenómenos mentales transicionales, que sentarán las bases para la ulterior aparición de la experiencia de reunión metafórica. La aporta una naciente capacidad de ilusionar que, a su vez, debe su aparición a la necesidad de cubrir el espacio vacío previamente restaurado en su dimensión útil para la evolución.

El analizando fabrica, sobre experiencias pasadas de gratificación, un puente ilusional yoico entre las dos orillas definidas en este proceso.

La huella de un "momento ilusional" de encuentro feliz, cuando persiste adecuadamente, será el fundamento de la certeza en el reencuentro, raíz a su vez de la confianza en la existencia de otros seres semejantes. Este momento ilusional de encuentro feliz se logra, por medio de los procesos de empatía, en el vínculo analítico, lo que evidencia que el analista cumple la función de objeto transicional y que los fenómenos transicionales son los constituyentes del vínculo transferencial.

El mundo mágico animista, protector y terrorífico, concebido como tal en los estadios simbióticos indiferenciados iniciales, genera una serie de objetos tales como seres mitológicos, talismanes, amuletos, magos, etc., que prueban la transferencia analítica. Merced a la actividad interpretativa sobre estas proyecciones, se da pie a la evolución adecuada de los procesos y fenómenos transicionales, que tienden un puente hacia el encuentro del mundo objetal poblado de semejantes, independientes en sí, dotados a su vez de subjetividad y accesibles para las investiduras libidinales y los revestimientos proyectivos que posibilitan las relaciones humanas y las actividades creadoras.

La investigación de Winnicott desarrolla de manera diferenciada y pormenorizada la intimidad de los procesos y mecanismos generadores de fenómenos y objetos transicionales: aquí hemos querido ampliar y articular estos conceptos con nuestro pensamiento psicoanalítico actual. Estas investigaciones y las derivaciones que estudiamos tornan evidente su función y significación en el desarrollo del sujeto humano. Estos conceptos facilitan el abordaje de una cuestión tan espinosa como la de la salud mental, el sentido de una existencia plena y algunas significativas relaciones entre la actividad cultural del hombre y su utilidad para el equilibrio emocional y para la maduración de una capacidad de realización sexual plena.

También es necesario preguntarse dónde situaría

Winnicott el inconsciente. Tal vez la creación de las dos instancias se aclare con la ubicación previa del mecanismo de la represión y el juego en este contexto conceptual.

Por todo lo dicho, creemos adecuado conferir al objeto transicional descubierto por Winnicott la jerarquía de una categoría objetal nueva, una nueva concepción del objeto dentro de la teoría y la práctica analíticas.

11

La homosexualidad como formación falso *self*.
Una comprensión winnicottiana de la homosexualidad

Pablo D. Abadi

Quiero comenzar este trabajo haciendo el necesario reconocimiento a todo lo que nos han enseñado los pensadores del psicoanálisis, desde Freud en adelante, sobre el tema de la homosexualidad. Soy de los analistas que consideran la homosexualidad no como una estructura psíquica sino como un fenómeno observable en nuestra clínica.

Conocemos la homosexualidad como síntoma en una estructura perversa; también la homosexualidad es frecuente en casos de neurosis obsesiva (como actos furtivos y ocasionales) y también sabemos de la homosexualidad como fenómeno en gente por lo demás normal en casos de confinamiento en cárceles. Postulo en este trabajo otra comprensión: la de la homosexualidad como falso *self*. Con una estructura que le es propia, con un origen particular y un desarrollo y una evolución en el tratamiento psicoanalítico muy distinto del de las otras estructuras.

A ésta la llamo formación falso *self*; en este caso, formación falso *self* homosexual. (Esta formación defensiva, la escisión verdadero *self*-falso *self*, es, a mi juicio, un hallazgo posible en algunas formas de autismo y de esquizofrenia.)

Los psicoanalistas desde Freud en adelante, y a mi entender, no clasificamos adecuadamente la homosexualidad. Parafraseando a Winnicott, en su conocida frase "los bebés no existen", diría "la homosexualidad no existe", como no sea en relación con un sujeto, con su personalidad, con su historia, con el impacto que le ha producido el violento deseo de sus padres, encuentro singular del que surgirán el deseo propio y el devenir de su pulsionalidad.

Creo que entender distintos cuadros psicopatológicos, cuando así corresponda, como formaciones falso *self* permite un rápido vuelco favorable en pacientes que, si son introducidos en otras comprensiones, evolucionan hacia la cronicidad.

Me sirvió de apoyo y confirmación encontrar en el libro *Hidden Selves* de Masud Khan el siguiente párrafo que traduzco: "El tratamiento de estos pacientes me ha revelado del modo más vívido cómo una persona puede esconder su verdadero *self* detrás de la patología más bizarra, pero dado un correcto sostenimiento-ambiente (facilitador) sus no probadas capacidades del yo pueden empezar a funcionar con sorprendente integridad y eficiencia."

La escisión

El descubrimiento de Winnicott es que la escisión de la personalidad en un verdadero y un falso *self* es producto de una insuficiente adaptación de la madre a las necesidades del incipiente *infans* en desarrollo, y que este encuentro insuficiente produce una disociación de la personalidad de finalidad básicamente defensiva: el núcleo de la personalidad es repetidamente destratado, no respetado, no cuidado, lo que conduce a que entonces este cuidado sea llevado a cabo (antes de lo que corresponde en términos de maduración) por el propio *infans* y luego por el niño.

La consecuencia es el replegamiento de lo nuclear, de lo medular de la personalidad, incluidas la espontaneidad, la pulsionalidad, la agresividad. El vínculo con la madre y el entorno pasa a estar a cargo de un falso *self* que se adapta al medio (que por ese entonces debería adaptarse a él). Luego observaremos en lugar de un niño un falso *self*, que es el modo en que la madre y el medio ambiente lo quieren, lo desean, lo necesitan o lo aceptan.

Conclusión: el niño logra, mediante esta deformación seudoidentificatoria, conservar el vínculo indispensable para la vida, para las gratificaciones y para ser querido y, lo que es más novedoso como planteo, logra cuidar su núcleo, que Winnicott llama verdadero *self*. Logra cuidarlo, protegerlo, atesorarlo:

1. Hasta nunca. Protegerlo para siempre.

2. Hasta que las condiciones exteriores cambien sostenidamente.

3. Hasta que (si no pasó demasiado tiempo) aparezca un sustituto que permita el desarrollo del verdadero *self* en el mundo.

4. Hasta que encuentre un analista con el cual pasar por el desfiladero de la desesperanza primero, desconfianza e ira después, hasta lograr que el verdadero *self* —en un ambiente creíble— pueda surgir y desplegarse.

Relaciono esos desarrollos con el tema de la formación falso *self* homosexual: en ella, la escisión no tiene el sentido de la protección a una parte del cuerpo amenazada por la castración.

Aquí la amenaza se cierne sobre la persona, sobre el *self*, y es justamente así como es sentida: como angustia por el retiro del amor del otro significativo de la infancia, como temor por la propia subsistencia, como objeto deseado, como temor por la supervivencia misma. Por ello, la protección de la verdadera personalidad, de los propios sueños e ilusiones, queda oculta tras la organización homosexual.

Cito a Raquel Zak de Goldstein, que pone en sus palabras la estructuración del falso *self*: "... se trata entonces de sobrevivir en vez de vivir, puesto que si el *infans* o el niño hubiera intentado vivir, habría arriesgado su relación de objeto fundante, la continuidad del vínculo. Continuidad que está condicionada a lo que la figura central pueda o no tolerar de la espontaneidad del *infans*."

En los casos a que me estoy refiriendo, no son toleradas la masculinidad y las manifestaciones tempranas del *infans*, por lo que su falso *self* tendrá que cumplir con una función específica: ocultar la masculinidad, lo que a ella remita y lo que de ella dependa. Así, el sujeto, en lugar de organizarse alrededor de su pulsionalidad, de un narcisismo primario que sólo puede sostenerse con la asistencia materna, agudiza su percepción adaptándose en una formación homosexual.

Del mismo modo así como la represión es la condición del ideal, podemos decir que la escisión de la personalidad es la condición del sometimiento al otro significante en las etapas tempranas del desarrollo, cuando ninguna condición puede todavía ser impuesta.

Frecuentemente, al hablar de homosexualidad tenemos presente la imposibilidad en la elaboración edípica, la ausencia de interdicción paterna, la transgresión de la Ley y la renegación como salida ante la angustia de castración.

Hoy quiero poner el acento en la alteración temprana del desarrollo del *self*, que condicionará la conducta sexual del individuo.

Estos avatares de la infancia y niñez tienen entonces por efecto el clivaje de la personalidad. La no aceptación del varón, de su pulsionalidad y agresividad personales, o bien la descalificación de estos aspectos, mucho más que la activa feminización por parte de sus padres, es lo que lleva a este clivaje con el fin de proteger su bagaje personal que, si fuera expuesto, arriesgaría ser violado, insultado, impacto intolerable para una personalidad que está probándose en el mundo, y que lo único, lo único que necesita (repito lo de único) es respeto.

A un varón no le hace falta que se le enseñe a ser varón, sólo necesita que lo respeten como tal, que lo miren como tal, que lo nombren como tal.

Max, a los 40 años, descubre para el análisis un fragmento de verdad:

"¿Sabe, doctor?, en mi casa había una situación que se repetía: mi hermano y yo en el cuarto de mi madre con ella; de pronto, cuando mi madre se quería cambiar, le pedía a mi hermano que se fuera. A mí, no."

Hablábamos de la angustia y la excitación que le provocaba estar junto a su hermosa madre desnuda, cuando Max me detuvo y me dijo:

"Hay algo más, doctor: yo me quedaba entre ofendido y asombrado, ¿por qué diablos no me echaba a mí también? ¿No era un hombre yo también para ella?"

En el caso que nos interesa de las formaciones homosexuales, queda protegido el verdadero *self* de nuevos ataques, pero queda encerrada su capacidad de ser y hacer en el mundo, su impulsividad natural y su masculinidad; también su capacidad agresiva queda dislocada, ya sea escindida o desarrollada en forma cruel. Quien protege a este verdadero *self* es el falso *self*, que es una identificación con el hijo posible para la madre o entorno, y una identificación con la imagen de sí que le devuelve la madre a modo de espejo deformante, significativo y significante, de mujer, cuando quien esta ahí es un varón.

Observo que esta escisión es mantenida prolijamente por el sujeto, que sufrió el riesgo de disolución de su ser central. La defensa homosexual se manifiesta, así, como una formación cerrada, organizada y útil a fin de preservar el núcleo amenazado. Dicho en otros términos, la formación homosexual tiene como función la protección del niño varón amenazado que, como tal, en su medio sería aniquilado. Y creo que ésta es mi hipótesis central. Es decir que, además de las distintas comprensiones sobre la homosexualidad, propongo otra: la homosexualidad como protección de la heterosexualidad atesorada.

La esperanza secreta

La vida potencial de su ser hombre la mantuvo gracias a que ésta no fue hallada ya más por el entorno. Pero este verdadero *self* (heterosexual, a los fines de lo que estoy describiendo) impulsivo, espontáneo, no sometido, en suma, real conserva una esperanza secreta, que es la de ser descubierto en el momento y lugar adecuados. Hasta tanto, esta esperanza es atesorada y aparece sólo en algunas fantasías, sueños, o también en proyecciones como la de observar con gran placer, admiración, tristeza, deseo que puede llegar a la envidia, parejas que caminan abrazadas, parejas con sus hijos, etc.

Pienso que hay que admitir en el verdadero *self* de un varón la existencia de un deseo, de la fantasía de introducir el pene en la vagina de la mujer. Aun cuando podamos opinar sobre cuándo esta fantasía empieza a tener forma. A propósito de esto, Roberto Pujol, en "El fantasma inconsciente", afirma que "... la pulsión conoce al objeto que tiene el privilegio de satisfacer; por ejemplo la pulsión genital, que es una pulsión de penetración, hace que el sujeto asuma la existencia de la vagina a partir de sus propias sensaciones genitales. Esta pulsión induce un fantasma en el que figura una abertura genital en el cuerpo materno".

La agresión

Uno de los componentes más comprometidos y postergados del *self* escindido es el componente agresivo, elemento esencial de la vida humana, de la creación, de la conquista, del progreso, de la vida sexual. Consecuencia de esta disociación, a mi entender, es que en muchas áreas y actividades, particularmente en la relación con la mujer, estas personas desarrollan una mezcla de pasividad y sometimiento que contrasta con el apasionamiento, la fuerza, la violencia de las conocidas descripciones de la crueldad sádica, de la búsqueda masoquista.

Esto es debido a que el elemento agresivo cuya fuente en la normalidad es la pulsionalidad, y su expresión la espontaneidad y la impulsividad reconocidas y respetadas por las figuras centrales de la infancia, debe tomar otro camino al escindirse, y sólo aparecerá de modo disruptivo, desgajado del elemento amoroso o constructivo. No obstante, la experiencia agresiva es buscada con desesperación como modo de recuperar esa parte del funcionamiento personal que es imprescindible para la vida y para sentirse vivo.

Observamos que, producto de esta escisión, los componentes agresivos no se mezclan con los amorosos, y los objetos con que se desarrollan unos y otros son cuidadosamente separados.

El regocijo ante la propia desmesura no es sólo explicable por atravesar la barrera humana del principio de placer, o por la búsqueda tanática del goce o como ira reactiva, sino también como el placer ante el reencuentro del elemento agresivo constitutivo del ser.

Quiero agregar que, en mi experiencia, el surgimiento del verdadero *self* en el análisis y en la vida cotidiana será fuente de nuevas tensiones y severos conflictos. La persona tomará revancha contra los sustitutos de sus inadecuados objetos primarios, a veces con una ira ciega (lo cual se acerca a la idea de Winnicott de "descongelamiento de la ira congelada").

El descubrimiento de sus potencialidades —quiero insistir— no es un tranquilo descubrimiento, sino un cambio en el que surgirán odio, violencia, voracidad o avidez.

Cuando el lugar en el que esta formación se va a desarmar es el consultorio del analista, tendremos que esperar que su secreta esperanza pueda surgir; surgirá cuando la confianza en el analista se logre gracias al respeto del ser central o verdadero del paciente, y a la confianza ganada a través de sucesivas intervenciones y no intervenciones. (Pienso que la situación analítica es el lugar más indicado, por las importantes ramificaciones y raíces de esta formación, aunque la vida ofrece a veces otras posibilidades de curación, tales como la amistad. Éstos son los *healing phenomena* a los que se refería Winnicott.)

Es entonces cuando el analista, detrás del refugio homosexual, detrás de su femenidad impactante hasta para las mujeres, detrás de ese exceso femenino con trasfondo de burla y revancha, el analista, repito, escucha a un hombre, ve a un hombre, y de eso se empieza a hablar en ese análisis.

Primer alivio para el paciente. Aunque quiero aclarar que el descubrimiento, si está hecho en el momento apropiado, no reviste de ningún modo el carácter de novedad. El alivio proviene de que esta realidad ahora es compartida con alguien. Y esto sí es una novedad.

El análisis pasa a ser entonces al ámbito donde su verdadero *self*:

1. surgirá poco a poco;

2. su avance será advertido por el analista; y

3. encontrará el espacio donde su núcleo masculino (el "elemento masculino" lo llama Winnicott) pueda desarrollarse.

El analista tiene que dar lugar a una nueva versión del proceso de crecimiento, maduración, individuación y sexuación de una parte de su personalidad que estaba esperando un medio facilitador en el cual empezar a ponerse en juego.

En la medida en que el proceso analítico progresa y el descubrimiento de esta formación falso *self* se va perfilando, concomitantemente, un poco antes en general, aparece el mundo exterior homosexual como un mundo falso, "... un mundo de cartón, irreal, teatral hasta lo patético". Un mundo en el que van descubriendo que los encuentros son reiterativos, estereotipados, con una función más de control que de intercambio; encuentros en los que finalmente no sucede nada enriquecedor. Todo esto se hace claro a medida que avanza el *insight*.

Las relaciones son ocasionales y, cuando se conforman parejas, son en general con una fuerte dosis de sometimiento, por lo que uno de los miembros es fuertemente disminuido, postergado y dependiente, y el otro toma el papel del padre o madre protectora, sin el cual el dependiente no cree poder subsistir. (Esta complementación de roles es también consecuencia de la escisión que estoy describiendo.)

Algo querría decir acerca de una sexualidad en apariencia rica e intensa: recalcar la importancia que en ésta tiene el aspecto mental, la puesta en acto de una escena preformada y frecuentemente fija, con la satisfacción sexual propiamente dicha relegada a un segundo lugar, poseedora de un desarrollo pobre, o ausente. Esto se debe a que el desarrollo de la pulsionalidad queda atascado, detenido, junto al verdadero *self* oculto.

La amistad, que requiere de un encuentro entre pares, está muy dificultada y en su lugar aparecen la protección del fuerte al débil, la generosidad del rico con el pobre y las relaciones de dependencia que continúan a veces después de concluidas las parejas.

Muy sugerente me resultó escuchar a uno de mis pacientes que, tras un tiempo de análisis, se refería a sus amigos, conocidos u ocasionales *partenaires* no como personas, sino como personajes, lo cual se relaciona con lo ya comentado de la teatralización. Al decir personajes, pensamos en una obra literaria, en personajes que representan una obra de la cual no son sus autores, pero a la que respetan con fidelidad.

Todo lo que comenté sobre el escenario y sus actores surge de relatos —más o menos textuales— de pacientes que, en la medida en que cuestionan su formación falso *self*, también ven claro lo ficticio del mundo que los rodea.

Síntesis

Siempre pensé, de acuerdo con otros analistas, que la opción homosexual (en mi experiencia con pacientes varones) podría darse tanto en neuróticos (neurosis obsesiva), en personas con estructuras perversas, con psicosis, como en personas por lo demás normales.

Desde hace algún tiempo, mi interés por Winnicott y sus estudios sobre la disociación de la personalidad influyeron en mi comprensión de estos pacientes. Ahora pienso que la opción homosexual es una de las posibles formaciones falso *self*. Se trata de varones que, para proteger su masculinidad amenazada, se repliegan en un viraje a la homosexualidad, conservando de esta manera su núcleo masculino a la espera de un nuevo comienzo.

Bibliografía

Aulagnier, Piera (1977): *La violencia de la interpretación*, Buenos Aires, Amorrortu.

Bleichmar, Hugo (1986): *Angustia y fantasma*, Buenos Aires.

Freud, Sigmund (1910): *Los dos principios del acaecer psíquico*, Buenos Aires, Amorrortu.

Freud, Sigmund (1920): *Sobre la psicogénesis de un caso de homosexualidad femenina*, ibídem.

Glasser, Mervin (1985): "La identificación y sus vicisitudes tal como se observan en las perversiones" en *Revista de Psicoanálisis APA*, V, Buenos Aires.

Khan, Massud (1983): *Hidden Selves*, Londres, The Hogarth Press.

Khan, Massud (1990): *The Long Wait*, Londres, Summit Books.

Lacan, Jacques (1991): *La ética*, Buenos Aires, Paidós.

Lagache, Daniel (1977): *El fantasma inconsciente*, México, Penalillo.

Laing, Ronald (1976): *El yo dividido*, México, Fondo de Cultura Económica.

MacDougall, Joyce (1982): *Alegato por cierta anormalidad*, Madrid, Teruel.

Winnicott, Donald (1977): *Realidad y juego*, Madrid, Gedisa.

Winnicott, Donald (1978): *El proceso de maduración en el niño*, Barcelona, Laia.

Winnicott, Donald (1985): *Home is Where We Start From*, Londres, Norton.

Winnicott, Donald (1988): *Human Nature*, Londres, Free Association.

242

12

Análisis estructural de la patología fronteriza

Alfredo J. Painceira

I. Sobre la identificación y el núcleo del *self*

Quiero dejar sentado que pienso que el nacimiento del *self* verdadero se produce por el despliegue de las potencialidades del sujeto humano, expresadas en las primeras manifestaciones de su espontaneidad (gesto espontáneo) y por la elemental captación del mismo, así como por el registro vivencial del hecho de estar siendo en el tiempo.(1-3-15-18-33)

Concuerdo en esto con Aristóteles que, en la *Física* (1-VII), sostiene que la autopercepción es acompañada por el conocimiento de la propia existencia, y con todos los autores que a partir de él consideran la captación de la propia existencia como algo primario, como una certeza primaria, no derivada, y a partir de la cual comienza la vida del hombre como tal.

Winnicott responde a la pregunta ¿cuándo ocurre eso? diciendo que, cuando eso ocurre, cuando el primer esbozo de yo aparece, es cuando comienza todo.(15)

Autores como T. Ogden vinculan todo lo anterior con el primer esbozo de autoconciencia, con lo que concuerdo, aunque sin olvidar que esto se refiere a la conciencia de la propia continuidad existencial, pero que:

a) ésta al comienzo depende de los cuidados de esa madre que "enriquece con su monotonía", al decir de Winnicott, y que constituye con su hijo una unidad indiscernible, perfectamente adaptada a él; y

b) de la vivencia, esto es, de la experiencia vivida, que constituirá, por así decirlo, la materia prima sobre la cual se aplicará ese esbozo de autoconciencia.

Por ende, no creo que derive de una identificación, pues, si así fuera, la existencia se inauguraría con una enajenación, en un ser-otro, aunque las identificaciones van a jugar un papel muy importante luego de constituido el núcleo elemental del *self*.

Tras la experiencia fundante que Winnicott vincula con el registro de la propia continuidad existencial y con la primera manifestación de la creatividad primaria del sujeto ejercitada en la creación del objeto subjetivo, las identificaciones pasarán a desempeñar un rol de primerísima importancia, pero configuradas desde el centro mismo del ser verdadero del sujeto.

II. ¿Qué sucede en el paciente fronterizo?

Las cosas van a ser diferentes en el caso de los pacientes fronterizos, en los cuales, en una primera aproximación, podríamos decir que va a haber un verdadero *self* oculto, al que no accederemos en la indagación directa y que sólo se pondrá en juego en las fases avanzadas de un análisis exitoso, y un falso *self* predominante que pasará por verdadero a los ojos del observador.(18-10)

Es de hacer notar que la organización de este falso *self* será muy diferente de la que se puede observar en los pacientes esquizoides.

En el paciente esquizoide, hallaremos un falso *self* cohesivo, coherente, con un alto grado de organización e integración que procurará al sujeto una excelente adaptación a la exigencias de la realidad, a extremo tal, que Liberman los denominó sobreadaptados.

En el paciente fronterizo, por el contrario, *hallaremos un falso self facetado*, por así decirlo, conformado por múltiples fragmentos autosuficientes (como señala Kernberg) que se ponen en juego independientemente uno del otro, alternando su actualización según en cuál de ellos esté centrado el foco de la conciencia en ese momento.

Dicha estructura es el resultado de la introyección masiva del medio ambiente materno patológico como defensa extrema, a fin de conjurar la angustia inimaginable generada por el derrumbe provocado por la ruptura precoz del vínculo de la madre con su hijo.(36-45)

Debemos tener en cuenta que el mecanismo primario es el mismo en la esquizoidía y en las estructuras fronterizas. Ante una *falla grave y precoz del vínculo adaptativo de la madre medio ambiente*, se produce la introyección masiva del medio a fin de evitar la pérdida de la vida, la fragmentación, el derrumbe, la angustia inimaginable.

Las diferencias, no obstante, radicarán en la configuración de ese medio originario, introyectado tras la falla grave, temprana y repetida, coherente y más previsible en el caso de la esquizoidía, absolutamente imprevisible y contradictorio en el caso de la estructura fronteriza.

También formarán parte de ese falso *self* las respuestas del sujeto ante las actitudes y pautas patológicas de la madre, organizadas y previsibles a partir de la ruptura que generó una grieta dentro de la personalidad en el caso del esquizoide, y configurando un falso *self* caótico, resultado de la introyección de un medio materno loco y enloquecedor, caótico y generador de caos, en el caso del paciente *borderline* o psicótico.

III. El paciente fronterizo

Cuando efectuamos un análisis estructural de la configuración del *self* en los pacientes fronterizos, nos encontramos con que está constituido por múltiples fragmentos que alternativamente asumen el control de la persona y de la conducta, dándole a ésta ese tono de caos e imprevisibilidad que la caracteriza. Las pautas patológicas cambiantes de la madre y los afectos e impulsos que entran en juego en cada una de esas microexperiencias repetidas de desencuentro (trauma acumulativo de M. Kahn), así como las respuestas desesperadas del sujeto incipiente para sobrevivir y hacer previsible el caos, formarán parte de esa estructura.

En cada "momento" de la vida del sujeto, constituida como acontecer sin historia, como instantes puntiformes con una escasísima organización temporal, teñidos de urgencia y ansiedad, uno de estos fragmentos tomará el comando de la persona generando situaciones caóticas en las cuales los otros se verán involucrados por la fuerza de la identificación proyectiva, dándole la razón a Winnicott cuando afirma que "prefieren vivir en un caos generado por ellos", en lugar de vivir pasivamente en un caos que los trascienda y que es generado desde fuera de ellos mismos.

De esta manera, también conservan la falsa creencia en su omnipotencia, que les permite suponer que lo que acontezca va a depender de ellos.

Cada fragmento opera como una pequeña totalidad separada de otras múltiples pequeñas ínsulas aisladas entre sí, dando al falso *self* en su conjunto una apariencia fragmentada, y a la vida de estos sujetos esa apariencia cambiante e imprevisible.

En cuanto a la temporalidad, da la impresión de no ir más allá de la captación de un hecho del pasado inmediato, tal vez la utilización bizarra de algún recuerdo lejano, cargado fuertemente y "sacado de la galera" por el sujeto, y que otorga un leve matiz de "razonabilidad" a su enojo o a su excitación actual, tiñendo de esta manera el presente con una carga emocional a la cual se le ha procurado un "falso enlace", y un esbozo de futuro inmediato insinuado por la flecha de la intención cuando las pulsiones entran en juego. Reina, en esos momentos en que la modalidad neurótica de adaptación es arrasada por la angustia, la "conciencia anómala de significación" que describe Jaspers en la esquizofrenia, y que tornará imposible todo intento de entendimiento con el sujeto, llamándonos poderosamente la atención la falta de captación de la propia continuidad existencial, y la velocidad con que desaparecen los recuerdos recientes ante esta oleada que tracciona la situación actual hacia el pasado.(2)

Todo eso va a conducir a nuevos y sucesivos desencuentros traumáticos, dado que cuando, por ejemplo, digamos algo que ellos mismos hicieron o dijeron hace unos instantes o en la sesión anterior, y que entra en contradicción con su reclamo actual, nos mirarán sorprendidos como si "eso fuera correspondiente a otro y no a ellos", viendo a lo sumo ese suceso pasado como exterior al sí mismo actual.

Esto, en parte, se ajusta a la verdad porque fue "otro" paciente el que agradecía al analista al comienzo de la sesión, en relación con este que lo ataca despiadadamente.

Otro fragmento, otra escena, otros protagonistas... por lo cual, cuando queremos hilar acontecimientos, estableciendo una continuidad temporal, nos quedamos sin interlocutor.

Quiero recordar que la falla extrema de la madre impide al niño el descubrir, reconocer y constituir la realidad externa en su despliegue espontáneo, y que ésta irrumpe cortando "de través" (1-3-17-18-36) la continuidad existencial del mismo, imponiendo su presencia, que es vivida por el sujeto como un ataque ante el cual debe defenderse.

La persecución, la sorpresa, la reacción, la inautenticidad inauguran su existencia precaria, pues además nacen *siendo otro y no ellos mismos*.

Podríamos agregar que la continuidad existencial, dependiente al comienzo de los cuidados regulares de la madre, ha sido "cortada de través" por la falla.

Winnicott señala otra característica del medio materno original, que da sentido a lo que observaremos después.

La madre es una madre caótica que establece vínculos profundos de identificación primaria con su hijo al influjo de sus propias necesidades y que los interrumpe bruscamente "dejando caer a su hijo"; este corte abrupto e inesperado genera defensas extremas para suturar el desgarrón, pero... vuelve a conectarse y así destruye lo que el hijo construyó para sobrevivir.

De esta manera, podríamos decir metafóricamente que el falso *self* resultante se constituirá a partir de núcleos incompletos, cercenados, que tienen con los otros núcleos constitutivos del mismo una ligera relación de contigüidad. Podemos relacionar los momentos de ruptura de la adaptación neurótica con aquello que Balint denominó caída en el ámbito de la *falta básica.*

Dicho autor señala que podemos detectar el pasaje, porque las palabras pierden su significación y no podemos ya utilizar el lenguaje para poder entendernos y comunicarnos.

También podríamos vincularlo con la división que hace Bion entre parte psicótica y parte neurótica de la personalidad, con una salvedad: en estos casos, tanto la una como la otra pertenecen a distintos aspectos del *falso self del sujeto,* y el *verdadero self* queda fuera de juego, oculto por ambos aspectos igualmente falsos de la personalidad.

Tal vez, hasta podríamos pensar que la descripción de Bion se refiere más al *punto de vista adaptativo* y a la cualidad de los mecanismos de funcionamiento mental utilizados.

IV. Las dificultades que se generan en el vínculo

Cuando analizamos a un paciente *borderline*, debemos saber que su estructura personal está siempre amenazada, y que su precaria adaptación, dependiente del sostén casi siempre insuficiente que el medio le proporciona, estará siempre en cuestión, razones por las cuales, aun en los momentos en que funciona en un nivel "cuasi normal", está al filo de la experiencia de una angustia inimaginable.

Casi siempre la secuencia es la misma (y ya Robert Knight lo había señalado hace muchos años): hay un déficit de adaptación y sostén del medio, o un incremento de las exigencias; esto conmueve al sujeto, y su *self* comienza a fragmentarse. Casi inmediatamente experimentará una angustia creciente de cualidades psicóticas y actuará para reestablecer el equilibrio.

¿Cómo actúa en estos casos? Con la recreación en la transferencia de un fragmento de la situación original de falla ambiental, involucrando al analista fuertemente por la magnitud de la identificación proyectiva, forzándolo así a repetir el error materno; si el analista no está prevenido, repetirá paso a paso un libreto escrito en la prehistoria del sujeto, y de cuyo origen el sujeto no es consciente, aunque sí de las múltiples reiteraciones posteriores.

En todos estos casos, el analista que actúa mal inadvertidamente da consistencia y espesor de realidad al error original, que se transformará en un *error real actual*, que *"justificará la persecución"*, y hará lícito el empleo de la violencia.

Pero esta violencia, por originarse en una falla-ataque *real* del medio, será reactiva, no será auténtica, y no podrá conducir al sujeto a remontar el camino hacia las fuentes de la agresión en su propio sí mismo y a vivirla como propia.

Tampoco podrá alcanzar el nivel del desarrollo en que la percepción del daño ya hecho al objeto da nacimiento al sentimiento de culpa auténtico, que pone a la agresión un tope natural (posición depresiva).

Debemos distinguir aquí las fallas del medio posteriores a la falla original, que se actualizarán desde el comienzo en la transferencia y que promoverán la interacción patológica que estamos describiendo y que, en la transferencia, se da sin que se efectúe una regresión a la dependencia previa, de aquellas fallas que siguen a la recreación del vínculo de dependencia absoluta tras un proceso regresivo, y que sirven para temporalizar la falla original y crear estructuras propias.

La angustia inimaginable resulta insoportable e imposible de manejar pero, al repetirse una secuencia del pasado en la cual se reaccionó agresivamente, se torna en angustia persecutoria, más manejable, tematizada, con un argumento que la hace inteligible y dependiente de un otro que supuestamente la genera.

La persecución "organiza" precariamente el mundo del sujeto y, en la medida en que requiere una respuesta del mismo, tiende a organizarlo precariamente a él en pos de un objetivo; pero, una vez alcanzado éste, se vuelve al punto de partida, y se agota esa sensación prestada de unidad y de vitalidad.

Es muy importante consignar que el paciente que sale así del caos *necesita* que el otro *lo persiga*, para dar sostén en la realidad a la persecución porque, de lo contrario, se confrontará lisa y llanamente con su locura.(33)

Algo similar acontece cuando son usadas las experiencias tempranas de seducción, para reactivar alrededor de las pulsiones sexuales una situación, ahora actualizada, que le conferirá una organización del mundo y de sí mismo alrededor de un objetivo.

Suele ser precedida por una excitación corporal difusa, e involucrar fuertemente al otro. Los casos que conozco, de *actings out* eróticos de analistas con pacientes, se han dado con pacientes *borderlines* con una fachada histérica, aunque el secreto profesional impide la confección de estadísticas acerca de la mala conducta de aquellos que nunca debieron ser analistas.

Un comentario al paso: Winnicott, en su artículo "Contratransferencia", compara al analista que abusa de su paciente con el adulto perverso que seduce a un niño, y le parece igualmente imperdonable la conducta mencionada.

Es de hacer notar que la excitación muy intensa, incrementada por la ansiedad, se rompe como una pompa de jabón una vez producida la descarga; en ese momento, el sujeto se encuentra defraudado, estafado y radicalmente solo, reiterándose el error inicial, cuando el niño buscaba a la madre-persona, y recibía una satisfacción erótica a través de una parte de ella (el pecho).

En otras ocasiones he mencionado el hecho de que en las neurosis el pasado tiñe la situación actual y que en las transferencias psicóticas el presente *es* el pasado para el sujeto; de allí la fuerza dramática de la inducción a la acción, y de allí también lo incontrolable de la reacción del paciente.

Nos podemos preguntar: ¿qué función cumplen esas actuaciones complejas?; y podemos responder diciendo que:

1) Mientras se desarrollan en el tiempo, el sujeto se siente *uno*, en la medida en que sus fragmentos se agrupan en torno a un fin agresivo o sexual, dado que la pulsión le concede direccionalidad a su conducta y un objetivo.

2) Se siente *vivo*, en la medida en que lo anima una *intención*, y experimenta las emociones que la situación suscita.

Es muy probable que, ante la imposibilidad de utilizar cualquiera de estas técnicas alternativas, surjan episodios de *furia narcisista* muy difíciles de controlar.

V. Los diferentes niveles y grados de organización del falso *self* en los pacientes *borderlines*

Desde el punto de vista de la organización del *self* falso, podemos distinguir en el paciente fronterizo núcleos en los cuales es dado constatar una mayor organización y en los que inclusive funciona, aunque precariamente, el mecanismo de represión, aplicado a las pulsiones, así como defensas articuladas similares a las que hallamos en el individuo neurótico.

De acuerdo con mi experiencia, estos remedos de estructura neurótica predominan en los momentos calmos, en que las exigencias son moderadas y el sostén que el medio le proporciona es suficiente (en la mayoría de los casos un mínimo *holding*), y se evapora cuando se rompe el equilibrio y el paciente enfrenta la angustia psicótica, que pone en funciones otros núcleos de su *self* falso con una organización diferente, mucho más primitiva.

De todas maneras, como muy bien lo ha hecho notar Kernberg, durante estos períodos funciona como "neurótico bizarro", podríamos decir, sus rasgos de carácter serán exagerados y mostrará una particular rigidez de las defensas.

Bastará un desencuentro, una frustración, un incremento de la desatención para que, al vacilar su precario sostén, se produzca la fragmentación de su frágil estructura, haciendo estallar, por así decirlo, su *self* falso, estallando la corona de fragmentos defensivos constitutivos del mismo, en su superficie.

VI. La agresión en la transferencia

El campo de la transferencia cambia entonces dramáticamente, la angustia todo lo invade y, al acercarnos a los fragmentos más cercanos al hipotético centro, que esconde al *self* verdadero, emergerán defensas más primitivas, entre las cuales la principal es la identificación proyectiva, debiendo entonces el analista soportar una verdadera lluvia de identificaciones proyectivas penetrantes, que lo harán participar del mundo loco del paciente.

Cuando emerge la ansiedad, y con ella la agresión, debemos tener presente que *esta agresión* no es fruto de la maldad intrínseca del paciente, que tiene un argumento psicológico en el cual el otro y su conducta real estaban involucrados en un pasado remoto y vuelven a estar involucrados en la reiteración actual.

Los episodios de furia suelen desencadenarse cuando el medio humano dentro del cual viven falla y, al fallar, reitera el fracaso ambiental originario; por supuesto, en la situación analítica ese medio humano es el que el analista provee, y en fallas específicas de éste deben buscarse las razones de la reacción aparentemente incomprensible del paciente, para el cual los parámetros de nuestra lógica no funcionan.

Soportar la locura del paciente de la cual empezamos a formar parte es muy difícil, y es frecuente que el analista trate de introducir en el caos un orden artificial, impuesto desde afuera, aun cuando suponga que no hace otra cosa que reflejar la necesidad de orden del paciente mismo.

Pero incluir en el seno de la locura, de la sinrazón, *nuestra razonabilidad* implica introducir un cuerpo extraño en el psiquismo del paciente, obligándolo así a someterse una vez más a un medio tal vez más sensato, pero igualmente ajeno a sí mismo.

Entonces nos preguntamos: ¿Qué hacer en estos casos? Y nos respondemos: *tolerar e interpretar*, porque es necesario enunciar alguna hipótesis acerca de lo que está sucediendo, o de lo que ya ha sucedido, hallando el argumento psicológico subyacente que da sentido a lo acontecido.

Este trabajo interpretativo, no obstante, debe hacerse con cuidado tomando en cuenta ciertos "puntos de reparo", a saber:

1) No desconocer la agresión obvia, adoptando una actitud "sentimental", ni la intencionalidad destructiva, ni las fantasías que sirven de argumento a la agresión, ni desconocer los afectos escasamente modulados, primitivos (odio, envidia, rencor, etc.); no incluir referencias a estos elementos sería estúpido y promovería la negación de lo obvio, enloqueciendo por añadidura al paciente y enajenándolo aun más con relación a sí mismo y al mundo.

2) No hacer referencia a "la buena conducta anterior" del analista, no mencionar nada que pueda provocar una culpabilización artificial, aludiendo por ejemplo a la maldad del paciente, y tratar más bien de hallar la motivación de su agresión en las fallas humanas del medio que, en la sesión, constituimos nosotros.

Por supuesto, sería catastrófico decirle a un paciente furioso, en una grosera caricatura de "winnicottismo", que nos ama demasiado o que es bueno y nos expresa afecto, pues esto, además de culpabilizarlo, conmovería los esbozos de autocrítica y de autoconciencia que posee.

3) Tal vez pecando de reiterativo, diría que Winnicott sostiene que la salud es incompatible con la negación de lo que fuere y que ser un buen analista nos obliga a desprendernos de "sentimentalismos" absurdos.(32)

Hay que buscar más allá de la furia o de la reacción paranoide la raíz de la misma, y hacerlo tomando como campo privilegiado de observación las conductas, sentimientos y fantasías del propio analista, que deberá otear en su contratransferencia, cada vez que enfrente una situación así. De este modo, tal vez podrá rescatar el instante de pánico o de confusión que precedió al estallido y que siguió inmediatamente a la percepción de una falla ambiental, resignificada luego por el paciente como ataque intencional del analista hacia él.

4) Otra regla de oro la enunció Paula Heimann en relación con el abordaje de pacientes paranoides, en su trabajo "Una combinación de mecanismos de defensa en estados paranoides", en donde nos advierte que no es conveniente hacer la interpretación en el acmé de la curva agresiva, pues será rechazada con violencia por el paciente, y que hay que esperar que la descarga vaya produciendo una mengua del potencial agresivo para intervenir.

En muchas ocasiones he comparado este intento de interpretar a un paciente en la culminación de su pico paranoide, usando una metáfora médica, un tanto vulgar, con el intento —fallido siempre— de efectuar un tratamiento por supositorios a un paciente con profusas diarreas. La interpretación será expulsada con la misma prontitud que el supositorio.

Hay que esperar a que, agotada la descarga agresiva y atenuada la ansiedad paranoide, el paciente se acerque a la línea de equilibrio, y vuelva a ser capaz de esuchar.

Pero... debemos tener en cuenta que es precisamente en la culminación de la agresión cuando el analista va a sentir una mayor urgencia por interpretar y que, una vez restablecido el equilibrio, se sentirá por el contrario movido a no hablar, a no moverse para no desencadenar una nueva tormenta.

Como complicación adicional, debemos incluir el hecho de que el momento más oportuno de interpretar es precisamente cuando en el paciente se está operando un cambio y el eje de su conciencia se desplaza hacia otro fragmento de su *self*; eso hace que lo que escucha de nosotros pueda ser reconocido intelectualmente, pero no vivencialmente, pues su *self*-actual, por llamarlo de alguna manera, no va a reconocer más que tenues relaciones con el que él fue hace unos instantes, cuando la ansiedad paranoide estaba en su acmé.

Habrá, pues, que tener especial cuidado:

a) de no fomentar la agresión con nuestras intervenciones;

b) de no tratar de apaciguar, con intervenciones tendientes a ahogar el despliegue agresivo pues, si se tiene éxito en el intento, habremos reforzado aun más la disociación y las terribles fantasías acerca de la propia maldad del sujeto, reflejada por el analista que se muestra excesivamente "bueno", o excesivamente vulnerable;

c) tolerar la agresión y no tratar de interpretar sus

257

presuntas fuentes antes de que la ansiedad paranoide haya cedido.

En síntesis, no apaciguar y no interpretar precozmente, pues *no tendremos interlocutor* y estamos intentando el imposible de forzar la reintroyección a un aparato-eyector.

VII. La transferencia erótica

Quiero advertir que, con mucha frecuencia, en un mismo fragmento de sesión alternan en rápida e imprevisible sucesión, en el campo de la transferencia, la transferencia agresiva y la erótica, haciéndolo aun más caótico; no obstante, creemos conveniente distinguirlas en la exposición por razones metodológicas y porque exigen diferentes actitudes por parte del analista.

Es muy frecuente en el curso del análisis que, independientemente del sexo del analista, se establezca una transferencia erótica acuciante, acompañada de una reacción afectiva y sensorial del analista, complementaria, de gran magnitud. Ésta se deberá tanto a lo que el accionar y el sentir del paciente generan en la "persona normal del analista", como a la magnitud del mecanismo de identificación proyectiva y, de esta forma, podrá ser eficazmente controlado por el analista sin que afecte su actitud terapéutica.

Pero si, por el contrario, afecta sus conflictos reprimidos no resueltos, su contratransferencia, como nos dice Winnicott, es posible que se produzca una catástrofe, pues el analista puede:

a) O bien "encastillarse en su rígidas defensas caracteropáticas" y condenar al paciente "reencuadrando" la situación con violencia, o

b) lo que es peor, actuar sus propios deseos, "creérsela" transformándose en un donjuán de pacotilla, y provocando un daño irreparable en el paciente y en sí mismo por añadidura.

Aquí deberíamos hacer notar que la evolución de la libido sigue su curso, aun cuando las relaciones que promueva la excitación, que conserva algo de la excitación indiscriminada temprana, no se den dentro de relaciones interpersonales donde el otro sea un otro y no un confuso objeto interno del sujeto.

Como hipótesis para considerar, podríamos decir que, en numerosos casos, la madre-medio ambiente falla tempranamente, y tal vez en lugar de tener con su hijo un vínculo de identificación primaria, que le permita captar sus necesidades sin mediación de signo alguno, pone por identificación proyectiva algo de sí, fragmentos de sí misma en el hijo y, cuando el niño busca la persona que ella es en momentos en que la excitación no complica la situación, en los momentos tranquilos, ella le proporciona, por ejemplo, una relación excitada.

Esta conducta erotiza e instintiviza todos los vínculos, obligando al niño a excitarse aun cuando lo que buscara hubiese sido una experiencia tranquila, adaptándose así al medio e incorporando de él una pauta de relación, como es la excitación.

Como segunda razón, subyacente a esta conducta del paciente *borderline*, podríamos agregar que la pulsión *unifica transitoriamente al self en pos de un objetivo, la descarga*, lo que les procura a los pacientes fragmentados, en el momento en que comienzan a sufrir a causa de la fragmentación, una ilusoria sensación de unidad que se evapora al culminar la experiencia.

En todos estos casos, es necesario tener presente que lo que está en juego no es el erotismo, sino la supervivencia del sujeto, y que en la situación que se presentifica en la transferencia, se repite una modalidad de vínculo en la cual el *objeto*, por su desconexión, procesó una necesidad de persona, como una necesidad erótica o, por su incapacidad para responder como persona, sustituyó la respuesta personal sosteniendo la situación; por ejemplo, por una erotización de la relación, le proporcionó al infante el pecho, modelo de la madre-objeto.

Esto, desde el comienzo, es vivido por el niño como un engaño, y el erotismo, que además proporciona placer, como un señuelo usado por la madre.

Aquí es más necesario que nunca que el analista, sin rehuir sus propias sensaciones, pueda ir más allá de ellas y sea capaz de vislumbrar, más allá de la erotización, al *verdadero self oculto* por el *falso* que genera este tipo de vínculos equívocos.

No creo que el sujeto sea una milhojas, en la cual siempre lo que aparece después es lo que estaba por debajo de... Este modelo de personalidad, a más de anacrónico, es poco útil. Por esa razón no creo que la erotización encubra a la agresión, y si ésta aparece luego de la experiencia erótica o de la frustración erótica, esto ocurre por otros motivos.

Estos motivos pueden ser, en el primer caso, el desengaño: luego de la culminación de la experiencia, el sujeto se siente explotado, engañado, seducido y solo como al principio; por ende, es muy posible que, dada su incapacidad de hacer una depresión auténtica y de elaborar la pérdida, tenga una reacción de *furia*.

Pero aquí nos enfrentamos con la *furia ante el en-*

gaño, furia *reactiva, no auténtica*, que el paciente, con razón, vinculará con *"algo que le hicieron"*.

En el segundo caso, vivirá la negativa a participar de la experiencia, en principio como un rechazo, que de nuevo "justificará" la furia subsiguiente. Quiero que se me entienda bien: lo que yo no creo es que el paciente *erotice para luego tener un motivo de enojo*, y así poder destruir al analista.

Por el contrario, pienso que tal vez espera, sin esperanza, que descubramos la adulteración y le permitamos liberarse de este círculo fatal, en que todos sus vínculos estallan abruptamente tras pasar por una explosión erótica o de furia, cuando el otro no ha estado a la altura de las circunstancias.

Un paciente, tras una de sus habituales explosiones de furia, en que acusaba al analista por todas sus desgracias, ante una pregunta de éste acerca de por qué seguía viniendo entonces, respondió: "Porque si no vengo estoy absolutamente solo."

En sus frecuentes actuaciones sexuales fuera del análisis, estos pacientes, que pueden tener muy buenos orgasmos, culminan la relación con una pelea o con una gran decepción. La razón es que sienten que han sido explotados por el otro, que no pudo descubrir tras su cuerpo-objeto la persona que ellos podrían ser.

Es bueno recordar que la relación con el objeto de la pulsión (el pecho, la madre-objeto de Winnicott en el primer tramo de la vida) proporcionará un primer modelo para la futura relación instrumental con el mundo de los objetos, y que la relación con la madre-medio ambiente proporcionará el modelo y la base a la futura relación personal.

En las personas que han cursado satisfactoriamente las primeras etapas, las relaciones excitadas, que al comienzo son vividas como una complicación promovida por fuerzas ajenas, se van colocando dentro de la esfera de omnipotencia del yo, o sea, se van transformando en experiencias personales que se dan dentro de vínculos interpersonales de amor.

Cuando ha habido una ruptura precoz con la madre medio-ambiente, por el contrario, no constituyen experiencias memorables, sino meros momentos transitorios de unificación, seguidos de una profunda decepción que los coloca al borde del derrumbe.

Es bueno recordar que la frustración lógica del vínculo erótico en la transferencia, aun cuando haya sido manejado con sumo cuidado y delicadeza por el analista, suscita una amenaza de fragmentación y puede dar lugar a la utilización de mecanismos tales como la escisión de los objetos en buenos y malos, lo que unifica, absorbe y tematiza la angustia generada, y organiza el mundo del paciente, aunque precariamente; a diferencia del uso del mismo mecanismo ante las ansiedades depresivas, que da lugar a una "forma de vida paranoide", como la llama Winnicott, que proporciona un equilibrio más estable aunque dé lugar a una existencia conflictiva...

Otra complicación adicional, que no por mencionada es menos importante, es que, a diferencia de lo que sucede en el análisis de pacientes neuróticos o depresivos, por ejemplo, en que el analista *es* el objeto transferido, pero *sigue siendo el analista*, dando lugar a un espacio de juego, a un "como si" dentro del cual cabe el clivaje que produce la interpretación, en estos casos el analista *es el objeto primario contradictorio y enloquecedor*.

No hay, por ende, espacio en el cual asentar la interpretación y establecer el plano de clivaje, y no hay margen para evitar que el impacto de la transferencia vaya mucho más allá del rol analítico del analista que vulnera su persona.

Esto hace comprensible la fuerte inducción a la acción que la transferencia primitiva provoca en el analista, y la clara sensación de enloquecimiento que acompaña a estas experiencias plenas de sentimientos contradictorios e intensos que se dan en relación de sucesión y/o simultaneidad.

Como lo señala Balint en su libro *La falta básica*, el analista se sentirá impotente frente a un paciente para el cual las palabras han perdido su contenido significativo y producen efectos arbitrarios e imprevistos en el paciente, que se siente amenazado, excitado o acusado.

Las palabras cuentan como indicadoras dentro de una situación peligrosa, como respuestas atrapantes a demandas concretas del paciente; el analista queda atrapado en una paradoja sin posibilidad de rescate a través de su trabajo interpretativo, porque ha sido despojado de su instrumento, el lenguaje.

Esto nos hace pensar en las razones que tenían autores como Freud para dejar a estos pacientes fuera del ámbito de acción del psicoanálisis lo que, a mi juicio, sigue siendo acertado, si nos vamos a referir a la técnica tradicional.

Recuerdo siempre a una paciente que, cuando me hacía alguna acusación, me atrapaba en una paradoja; si yo no respondía, me decía invariablemente "el que calla otorga", y si intentaba interpretar (tal vez para "zafar" de la situación, pienso ahora), me decía también invariablemente "quien se excusa se acusa"; o sea, mi silencio era algo que confirmaba su presunción y mis palabras... también, cualesquiera que éstas fueran.

No había, por supuesto, espacio mental para que las palabras se filtraran dentro de ella sin perder su contenido significativo; ni hablar de la capacidad de efectuar con su pensamiento un ligero movimiento reflexivo; eso hacía que tampoco pudiera establecer un distingo entre *ese objeto que ella había estipulado que yo era, y aquel que yo era en realidad.*

VIII. Reflexiones técnicas: ¿qué hacer?

En lo que sigue, me voy a basar sobre todo en el recuerdo de lo que yo he hecho y ha resultado en el análisis de estos pacientes.

Creo que:

1) La primera máxima es *resistir*, y *sobrevivir*, que en estos casos significa no interrumpir el análisis, no derivar al paciente, no inventar estrategias que nos alivian a nosotros y condenan al paciente, tales como una internación, una medicación innecesaria, convocar a los familiares etc. Más específicamente, significa *no cambiar y no abandonar*, aunque el precio sea volvernos un poco locos durante un tiempo.

2) La segunda es la búsqueda de la situación actual desencadenante de la reacción, e intentar un abordaje que reconstruya una secuencia, un fragmento más o menos abarcable para el paciente de su historia reciente vivida, tratando de establecer nexos significativos entre un *antes que motiva* un *después*, permitiendo así la gradual salida del "aquiahorismo" en el que vive suspendido el paciente como una burbuja.

3) En tercer lugar, luego de un buen tiempo, intentar una interpretación que tenga algo de reconstrucción genética, que en realidad aquí no re-construiría, sino que construiría una urdimbre, que contribuye a sostener la situación al enhebrar diferentes momentos significativos, y darles nombre a aquellas experiencias que aún no lo tienen.

Así, a la experiencia le otorgamos registro psicológico, incluyendo hipótesis genéticas y esbozando la referencia a un pasado remoto sin representación evocable, al tiempo "mítico" en que estos acontecimientos ocurrieron...

Sé que esto no basta, pero permite llegar, con paciencia y con una actitud comprensiva sin sentimentalismos, a sortear el obstáculo y lograr que se opere la "revolución copernicana" en el psiquismo del paciente que dé lugar a la aparición del *self* verdadero en escena.

No hay que buscar, cuando la angustia nos desborda, la "interpretación salvadora" y, si no podemos evitar buscarla, hagámoslo al menos por mejores motivos que lograr la salvación y la descompresión del analista.

No debemos intentar hallar sentido al sinsentido, aunque nos calme a nosotros y ahogue al paciente, poniendo en juego su comprensión intelectual que, lejos de generar un cambio, sellará al verdadero *self* impidiendo su expansión, y aumentará la grieta, la *Spaltung* que divide a la persona en dos zonas claramente delimitadas.

En general, tras soportar el impacto y sostener la situación, es aconsejable abordar la situación "en pasado", a posteriori y con mucha cautela, de manera que no sea racionalizada la interpretación.

Recordemos también que hay necesidades que deben ser satisfechas en la transferencias, las necesidades del *yo*, estructurantes, tales como el *holding* metafórico representado por la conexión directa del analista con el paciente, y materializadas por el consultorio, diván, almohadones etc.; la manipulación, que no es otra cosa que el cuidado del paciente en cuanto a variables tales como el silencio, si lo necesita, la temperatura, la iluminación, etc., y la presentación gradual de la realidad, que equivale a proporcionar de a poco unidades de sentido a un paciente para quien las palabras "unidad" y "sentido" son casi neologismos.(10)

El paciente *borderline*, a diferencia del paciente esquizoide, va a establecer una modalidad de vínculo transferencial, muy similar al que ha descrito Bion en los pacientes esquizofrénicos: precoz, intenso, frágil, tenaz, lo que desde el comienzo planteará serios problemas al analista.

A lo anteriormente dicho, debemos agregar que es un paciente que suele establecer este tipo de vínculos en sus relaciones interpersonales fuera del análisis, y que al comienzo los objetos de cuyo *holding* va a depender su estabilidad van a ser variados, familiares, objetos de amor, algún amigo, el analista, con el agravante de que el analista es el que se siente responsable por su vida, por su salud mental, por la integridad de sus familiares, etc.

Mucha responsabilidad, en general no compartida con nadie, y escaso poder, dado que al comienzo el paciente está rodeado de múltiples figuras que participan en su vida y cuyas reacciones son variables, imposibles de controlar, lo que suele producir embarazos en el paciente, crisis delirantes durante las cuales la violencia puede alcanzar límites peligrosos, enfermedades tales como el sida, etc.

Frente a esta perspectiva, con un paciente nuevo, intensamente involucrado en la relación transferencial, del cual sabemos muy poco, y para el cual todavía somos un objeto interno (nunca sabemos cuál con exactitud, al menos al comienzo), y sobre el cual tenemos escasa posibilidad de ejercer alguna influencia, los analistas buscamos aumentar nuestro poder.

Este grave error inicial, que no he visto señalado por otros autores, *mueve al analista* en pos de su objetivo, en diversas direcciones. A veces, se intenta apelar a la *racionalidad del paciente*, a su supuesta "parte sensata"; se lo sienta en sesión, se habla con él de los peligros inherentes a su comportamiento... Pero... en esos momentos no contamos con interlocutor, aunque el paciente nos escuche y se preocupe, porque bastará que su conciencia se aloje en otro fragmento de su falso *self*, para que el escenario cambie dramáticamente y el huracán de la angustia psicótica barra el escenario.

Si lo pensamos bien, si elegimos ese camino, hemos tenido nuestro merecido porque seguramente no se nos ocurriría pedirle a un paciente obsesivo que deje de tener ideas obsesivas o rituales, porque *ésos son sus síntomas y para resolverlos nos ha consultado*. Tampoco le pediríamos a un paciente histérico que abandone sus síntomas conversivos y que, usando su razón, vea la irracionalidad de su parálisis.

Otra versión es el *furor sanandi* aplicando al caso; muchos analistas creen que *no han interpretado suficientemente sus ansiedades psicóticas* o lo que fuere, y se lanzan en una especie de "cruzada interpretadora", con el mismo resultado; el paciente no cambiará, y se sentirá además exigido, no comprendido, y muy probablemente establezca un vínculo persecutorio frente a un analista que previamente... se persiguió con él... y buscó sacar de su galera las causas del despeño psicótico del paciente.

Fracasados estos primeros intentos, quedará siempre la apelación a la medicación antipsicótica que, usada sin demasiado criterio por "medicadores de pacientes analíticos de analistas asustados", con escasa experiencia clínica, impide sencillamente el análisis porque funciona como una prohibición embotante de usar de las partes desorganizadas de la propia personalidad.

Fracasado este intento, porque inclusive el paciente puede rebelarse contra la medicación, queda aún otro paso por dar: la internación, que calmará al analista, a la familia, pero coartará al paciente.

Debo aclarar que estos dos últimos recursos pueden ser eficaces si son bien indicados, en beneficio del paciente en momentos de crisis, cuando el sostén precario del medio se ha hecho aun más precario y el paciente está en peligro, o cuando la magnitud de la ansiedad impide el análisis y casi la vida cotidiana del paciente.

La internación, al proporcionar un *holding*, puede ayudar a modular la ansiedad, si es a la ansiedad del paciente a la que nos referimos, y no a la ansiedad del analista, que debe modular ésta con más análisis.

En casos más felices, el analista buscará un supervisor que le proporcione el mismo *holding* que él deberá proporcionar al paciente, y que compartirá con él las responsabilidades, la angustia, y además dará sostén técnico y teórico.

Lo expuesto anteriormente resume algunas de las dificultades que el analista afrontará cuando entren en juego fragmentos de la "parte psicótica" del falso *self*. Ahora veremos los inconvenientes que se generan cuando entran en juego fragmentos de la parte neurótica del falso *self*, las partes más organizadas del mismo, tan falsas como las anteriores, dicho sea de paso.

Cuando la angustia psicótica se atenúa o desaparece, cuando un vínculo, a veces el vínculo analítico, contiene al paciente, éste comienza a funcionar en un nivel neurótico mucho más organizado y "presentable", como me decía un paciente.

En esos momentos, al alivio inicial sigue una tensión creciente en el analista, un temor acentuado a que una interpretación suya descompense al paciente y, al desencadenarse nuevamente la psicosis transferencial, el vendaval borre lo elaborado.

Cuando el analista ideologiza esta actitud, abandona el campo del análisis para intentar hacer "otra cosa" que no cure al paciente o que no intente curarlo, permitiéndole el acceso o una existencia saludable; y su intento puede ser válido, y puede servirle al paciente para organizarse, aunque esto signifique que el analista se ha topado con su propio límite o que el paciente se ha topado con su propio límite, y el analista no cree que tenga recursos para ir más allá.

En mi caso, intento seguir y en esos momentos de "compensación" suele ocurrirme que me sorprendo a mí mismo intimidado, sin saber qué hacer, temiendo tocar algún punto sensible que haga emerger nuevamente la angustia psicótica, el riesgo de derrumbe, las defensas más primitivas, y me haga reingresar en el mundo loco y pesadillesco de la psicosis del paciente.

Otras veces, en esa tensa espera del próximo derrumbe, me siento empujado a interpretar cuanto antes determinados temas cuyos bordes apenas asoman en el material por demás organizado y que sé que promoverán un nuevo episodio psicótico.

Me he preguntado si, a más de lo contrafóbico de la actitud temeraria de provocar el derrumbe, no estaré tentado de hacer en esos momentos lo que el paciente hace cuando decide habitar en un caos que él provocó, y no en uno que lo sorprende desde fuera y que tiene en el mundo, en el otro, su epicentro.

No he resuelto esa duda, aunque trato de no promover derrumbes con intervenciones intempestivas.

Por la experiencia vivida, sé que con el correr del tiempo los episodios comienzan a ser previsibles y que gradualmente el analista comienza a conocer y a abarcar el repertorio de pautas contradictorias que forman el falso *self* del paciente, y comienza a familiarizarse con los personajes que surgen en la transferencia buscando otros personajes complementarios que permitan reinstalar el vínculo patológico temprano con la madre.

Para mi sorpresa, pude advertir que, cuando esto ocurría, mi angustia era muy moderada y que podía actuar como modulador de la angustia que el propio paciente experimentaba, y que antes se veía por momentos redoblada por mi propia angustia.

Era entonces cuando podía proporcionar al paciente un continente seguro, evidente en mi actitud serena y confiada. Recuerdo que, en uno de esos momentos, un paciente me decía: "Doctor, usted cree en mí mismo mucho más de lo que yo creo."

En ese momento del análisis se produce un cambio importante, pues ahora el falso *self* del sujeto, que inducía reacciones imprevisibles en el analista, comienza a disolverse en el medio analítico, ahora capaz de contenerlo, y vuelve a transformarse en "medio" en la transferencia; lo que al comienzo fue el medio-ambiente loco y enloquecedor que el paciente introyectó y que se transformó en su falso *self*.

Aquí la inducción va a ser de otro tipo, y tal vez nos sintamos inclinados a responder a la entrega confiada del paciente repitiendo la desconexión y súbita intimidad que alternaban en la actitud de la madre ante el sujeto en los orígenes.

Creo que éste constituye el momento clave del análisis, y la simpleza del proceso analítico a partir de un punto nos hace pensar en por qué no pudimos operar eficazmente antes, por qué no pudimos captar esas pautas antes... Por supuesto, me he respondido. (Al fin y al cabo soy psicoanalista y los psicoanalistas solemos responder más de lo que nos problematizamos.)

¿Qué me he respondido? En primer lugar, que el factor *tiempo es importante*, el sujeto necesita tiempo para confiar en el analista, para desestructurarse, y para volver a estructurarse ahora desde sí mismo.

De todas maneras, creo que parte de la respuesta está en nosotros, en nuestra falta de adiestramiento para afrontar casos realmente graves, en nuestra falta de confianza en los propios recursos, que nos lleva a aferrarnos al rol analítico, a la teoría de la técnica etc.

Es cierto que el tiempo del pequeño universo que

271

cada persona es se mide en años, como el tiempo histórico se mide en siglos o el de la creación se mide en millones de años... y que años lleva el proceso que puede ubicar al paciente en un punto desde el cual pueda comenzar a vivir desde sí mismo, tomando la vida la posta y dejando el análisis la pista.

Todavía nos van a restar una serie de desafíos, pero la esperanza habrá nacido en nosotros y luego en el paciente, y el futuro se podrá vislumbrar.

Es casi ineludible que, dejado de lado ese falso *self* patológico, se incremente la exigencia de conexión empática perfecta; el lenguaje comienza a sobrar, y comenzamos a registrar las necesidades del paciente sin la intermediación de las palabras, viviendo por momentos la sensación compartida de unidad, dado que también nosotros nos tornamos transparentes a los ojos del paciente, y es posible que en este juego de transparencias tengan lugar innumerables experiencias de ilusión.

Pero eso también debe quedar atrás, y el segundo desafío será el de poder establecer el punto en el cual, como dice Winnicott, el paciente puede elegir vivir, en lugar de analizarse toda la vida... Allí, será el paciente el que tome la decisión, pero debemos ser nosotros quienes no pongamos trabas a la misma...

Podríamos decir que hay un momento en que debemos renunciar al análisis perfecto en aras de la vida...

Bibliografía

Los artículos de la bibliografía se agruparán de acuerdo con los libros en los cuales estén incluidos.

I. *Escritos de la pediatría al psicoanálisis*, Barcelona, Laia, 1979.

1 "El desarrollo emocional primitivo", 1945.

2 "El odio en la contratransferencia", 1947.

3 "La mente y su relación con el psiquesoma", 1949.

4 "Pediatría y psiquiatría", 1948.

5 "La agresión en relación con el desarrollo emocional", 1950/55.

6 "La psicosis y el cuidado de los niños", 1952.

7 "Objetos y fenómenos transicionales", 1951.

8 "Replegamiento y regresión", 1954.

9 "La posición depresiva en el desarrollo emocional normal", 1954/55.

10 "Aspectos metapsicológicos y clínicos de la regresión dentro del marco psicoanalítico", 1954.

11 "Variedades clínicas de la transferencia", 1955/56.

12 "Preocupación maternal primaria", 1956-.

II. *Los procesos de maduración y el ambiente facilitador*, Buenos Aires, Paidós, 1992.

13 La capacidad de estar a solas, 1958.

14 La teoría de la relación entre progenitores-infante, 1960.

15 La integración del yo en el desarrollo del niño, 1962.

16 El desarrollo de la capacidad para la preocupación por el otro, 1963.

17 La clasificación. ¿Hay una contribución psicoanalítica a la clasificación psiquiátrica?, 1959/64.

18 La distorsión en términos de self verdadero y falso, 1960.

39 El uso de la palabra "uso", 1968.

40 Sobre el uso de un objeto, 1968/69.

41 Sobre las bases del self en el cuerpo, 1970.

42 Individuación, 1970.

VII. *El hogar, nuestro punto de partida*, Buenos Aires, Paidós, 1994.

43 La cura.

44 Libertad.

45 El concepto de falso self.

46 Laing, Ronald, El yo dividido, México, Fondo de Cultura Económica.

13

Provisión y uso de los diferentes objetos analíticos

Maria Ivone Accioly Lins

El desarrollo dado por Christopher Bollas a la noción de *objetos analíticos* contiene una respuesta a las indagaciones, hoy corrientes en psicoanálisis, sobre la relación entre la multiplicidad de las escuelas y la eficacia de las transformaciones psicoanalíticas.

Autor aún poco difundido en Brasil, Bollas forma parte del Grupo Independiente de la Sociedad Británica de Psicoanálisis. Su obra nos muestra a un conocedor de los desarrollos contemporáneos del psicoanálisis. Sin dudar en apuntar la influencia del pensamiento de Winnicott y de Masud Khan en la elaboración de sus teorías, encuentra su camino, como dice André Green, "no como un seguidor sino como un viajante solitario".

Partiendo de la noción de verdadero *self* en este autor, intentaré exponer su pensamiento sobre la noción de provisión y uso de los diferentes objetos analíticos.

El verdadero *self*

El verdadero *self*, dice Bollas, es lo que constituye nuestra singularidad, el patrón personal de cada individuo, o incluso, en su terminología, lo que constituye el idioma de la personalidad de cada uno.

Entendido como un conjunto de predisposiciones genéticas, el verdadero *self* no pasa de ser un potencial, antes de relacionarse con los objetos. La actualización de este potencial se hace a través de un proceso complejo.

La constitución del verdadero *self* depende, particularmente, de las experiencias intrauterinas, de las experiencias del nacimiento y de las primeras relaciones con los objetos.

El verdadero *self*, afirma Bollas, encuentra su expresión mediante la elección y el uso de los objetos disponibles en el medio. El encuentro con estos objetos, dependiente al principio de la facilitación proporcionada por los padres, posibilita el desarrollo de las necesidades e intereses del individuo. Vemos ahí la importancia dada por el autor a las primeras relaciones.

La madre, aclara Bollas, al percibir lo gestual que expresa las necesidades y deseos de su hijo, lo provee de objetos; uno de ellos puede ser ella misma. Objetos que sirven de elaboradores y articuladores del potencial innato de la personalidad de ese bebé. Haciendo así, ella toma parte en la lucha para el establecimiento del *self* de su hijo.

Existe en cada individuo, según el autor, un impulso para elaborar su *self*. Llamado *pulsión del destino*, este impulso es la *fuerza del self*, una fuerza para elaborar y articular, a lo largo del desarrollo, el potencial heredado y las primeras experiencias.

Encontramos, por lo tanto, en la concepción del *self*, un factor biológico (el potencial innato) y un factor cultural (la provisión de los objetos por el medio).

Resumiendo: cada persona comienza a vivir con su verdadero *self*, un potencial heredado que inicia su existencia por la estimulación de la experiencia de la vida. Cada individuo es un proceso de singularización y el verdadero *self* se desarrolla, pasa a constituirse como una entidad viva, a través del uso de los objetos puestos por el medio a su disposición.

Podemos indagar lo que significa la experiencia del verdadero *self* y cómo identificar la efectividad de su presencia. Para Bollas, la *experiencia del verdadero self* no puede ser resumida en el contexto de una narración. El idioma de la persona, expresión del verdadero *self*, no es un texto escondido y guardado en la biblioteca del inconsciente, esperando para ser divulgado a través de la palabra.

Recordando a Winnicott, el autor afirma que el *self* verdadero no puede ser totalmente definido. Es él el que nos define. Y agrega: el verdadero *self* se parece más a los movimientos de una sinfonía que a la articulación del significado por medio de la palabra.

A la poesía recurren los teóricos del *self* cuando exponen sus ideas sobre las experiencias arcaicas, preverbales.

Los objetos analíticos

El paradigma del encuadre analítico, para Bollas, es la relación del bebé con padres proveedores de objetos, que facilitan la elaboración del verdadero *self*. Cuando se practica así, el psicoanálisis se muestra, según el autor, excepcionalmente adecuado a la facilitación de la singularidad de cada uno.

Considerando que el destino del analizando es la expansión de aquello que existe de único en nosotros como individuos, Bollas enuncia su tesis: la expansión del *self* del analizando depende, en el análisis, de la provisión y uso de los objetos analíticos. Y más: los objetos analíticos sirven tanto para facilitar la articulación de nuevos estados del *self*, como para evocar representaciones reprimidas. Hablando así, Bollas integra el psicoanálisis clásico a las contribuciones más recientes del pensamiento psicoanalítico.

El autor apunta los siguientes tipos de objetos analíticos que deben ser ofrecidos al paciente: 1) elementos del contexto donde se da el análisis, esto es, los elementos materiales del encuadre; 2) elementos de los procedimientos analíticos, tales como las interpretaciones y la no interpretatividad, esta última entendida como una forma de interpretación; 3) elementos de la personalidad del analista; 4) elementos de los conceptos analíticos adoptados.

Cada objeto analítico propone un elemento singular, facilitador de la expansión del *self*. La originalidad de la práctica clínica de Bollas surge, a mi entender, de la consideración de una gama bastante extensa y ecléctica de objetos analíticos.

Provisión de elementos de la personalidad del analista

La importancia dada al uso que el paciente hace de elementos de la personalidad del analista, para su desarrollo personal, me parece particularmente importante en la concepción de la práctica analítica del autor.

Bollas vincula la noción de objetos analíticos a la transferencia, ya que ambas tratan del uso que el paciente hace del analista. Pero, en el pensamiento de Bollas, como en el de muchos otros analistas, no se debe hablar de *la* transferencia, sino de diferentes posiciones transferenciales.

Para conocer estas posiciones, dice el autor, se indaga cuál es el uso que el analizando está haciendo del analista en esa sesión o en ese momento.

Es sabido que los sentimientos suscitados en el analista, por el paciente, tales como tristeza, alegría, ira, frustración, etc., o sea, la identificación proyectiva del paciente, ayuda al analista a vivenciar el uso que el analizando está haciendo de él, el analista.

Según la tesis de Bollas, la respuesta interior del analista no es sólo fruto de lo que fue proyectado sobre su persona. Ésta es, con frecuencia, la activación de elementos de su personalidad. Cabe al analista estar atento al *uso selectivo* que el paciente hace de esos elementos.

El analizando puede crear y recrear, en la transferencia, el mundo objetal que impidió la elaboración de su *self* verdadero. Para esto, él usa elementos existentes en la personalidad del analista con el objetivo de elaborar el *self* a través de la experiencia. Este uso es placentero y no puede ser explicado por la pulsión oral del paciente. Es algo que acontece, por ejemplo, entre los hijos y los padres, entre profesores y alumnos.

Jugando con las teorías, Bollas nombra, de la a a la z, veintiséis elementos de la personalidad del analista: alegría, inseguridad, irritación, agitación, instinto homicida, desesperación, depresión, respuesta erótica, dolor de cabeza, dolor de espaldas, etc.; todo esto puede ser usado por el paciente como objeto analítico.

Estos elementos son objetos analíticos comunes a todos los analistas. El significado de ellos, sin embargo, varía de acuerdo con la función de cada uno dentro del campo intersubjetivo, esto es, dentro de la relación analítica.

Cada paciente usa de manera singular los elementos de la personalidad del analista, puesto que cada individuo posee: a) rasgos estructurales heredados; b) experiencias particulares de negociación de las complejas reglas que rigen las primeras relaciones objetales; c) un inconsciente dinámicamente reprimido que le es propio.

Ofrecer objetos analíticos no significa, alerta el autor, conceder gratificaciones narcisistas desmedidas. Proveer estos ejemplos no implica un acto de connivencia. Al poner a disposición del paciente, para ser usados, elementos de su personalidad, el analista debe hacerlo auténticamente. Esta autenticidad, insiste el autor, es esencial para el paciente.

Tenemos aquí una obligación paradójica, que no pasa inadvertida para el autor. El analista debe estar libre para pensar y sentir cualquier cosa, al mismo tiempo que necesita esforzarse para representar sólo lo que siente y juzga verdadero. En esta tarea, solamente su experiencia con ese paciente, en la situación analítica, fundamentará sus convicciones.

Provisión de elementos de los conceptos analíticos

Un segundo tipo de objeto analítico son los elementos que surgen de los conceptos analíticos.

Estos elementos, dice Bollas, están presentes en el preconsciente del analista y forman un mundo de objetos disponibles para el uso de la dupla analítica, paciente y analista.

Las escuelas de psicoanálisis polemizan sobre aspectos diferentes de la vida analítica. Por lo tanto, los objetos analíticos de una escuela reflejan sólo una cierta perspectiva limitada.

Veamos cómo Bollas ejemplifica su argumento: el analista que habla de *aniquilamiento* —como respuesta del ego a una invasión ambiental excesiva—, pero que nunca habla de castración, falla en el papel de uso del analizando pues no provee a su paciente de un objeto facilitador del vivenciar y del saber sobre el complejo de castración.

O también: los analistas que sólo verbalizan sobre los fenómenos transferenciales positivos por medio del lenguaje de la *necesidad* y de la *dependencia*, no satisfacen la necesidad que tiene el *self* verdadero de ser procesado por las categorías emocionales representadas con las palabras *amor* y *erótico*.

Según este raciocinio, cada freudiano puede ser un kleiniano, un kohutiano, un winnicottiano y un lacaniano en potencial.

Enumerando igualmente de la a a la z los objetos analíticos procedentes de conceptos analíticos, Bollas da una dimensión de la variedad de estos objetos. Son, por ejemplo, objetos analíticos: el complejo de Edipo, de Freud; los elementos alfa y los elementos beta, de Bion; la idealización del objeto del *self*, de Kohut; la ley del padre, de Lacan; el objeto transicional, de Winnicott; el narcisismo de vida y el narcisismo de muerte, de Green; el objeto transformacional, de Bollas, etc.

El surgimiento de uno u otro objeto, en la mente del analista, depende del uso que el paciente hace del analista, o sea, depende del tipo de relación transferencial.

Aunque Bollas, de acuerdo con las teorías de Winnicott, dé un énfasis especial al período arcaico del desarrollo, considera que no existe un solo ser humano adulto con el cual no se pueda discutir, significativamente, los complejos de Edipo y de castración.

La tarea del analista contemporáneo es, consecuentemente, para Bollas, comprender las múltiples escuelas del pensamiento analítico, ya que cada una de ellas representa una función analítica específica que debe ser incluida en el campo psicoanalítico.

Proveyendo un campo amplio de objetos, el analista crea un universo a través del cual el paciente puede movilizar su psiquismo. Para ello, es preciso que el analista se libere de cualquier restricción en sus múltiples posibilidades de funcionamiento. En una visión bastante abarcadora de la relación transferencial y de la utilización de los objetos analíticos, Bollas afirma que los pacientes los utilizan para: a) articular lo inconsciente reprimido por medio de representaciones simbólicas; b) representar reglas primitivas de ser y relacionarse; c) elaborar el *self* a través de experiencias.

El pensamiento de Bollas sobre el uso, en el análisis, de *elementos de los conceptos analíticos*, según el modelo de la provisión de objetos ofrecidos por los padres al bebé, lanza un desafío a los institutos de formación de las sociedades psicoanalíticas: proveer a sus miembros de una formación teórico-clínica amplia, consistente y rigurosa, obedeciendo al espíritu democrático que debe prevalecer en las instituciones.

Para Christopher Bollas, "(...) es fundamental que los psicoanalistas comprendan que la teoría debe desarrollarse, no simplemente porque necesitamos pensar más sobre los procesos psíquicos, sino porque nosotros y nuestros pacientes, un grupo social curioso, vivimos en el medio de un mundo cultural simbólico que es dinámico. Si bien el mundo no cambia para mejor, aun así cambia y nuestros pacientes nos hablan, en cada generación, de una forma inconscientemente diferente".

Proveer un campo psicoanalítico amplio de objetos es, como dicen los franceses, *une petite différence qui fait toute la différence.*

Bibliografía

Bollas, C. (1987): *A sombra do objeto. Psicanálise do conhecido não pensado*, Río de Janeiro, Imago, 1992.

Bollas, C. (1989): *Forças do destino. Psicanálise e idioma humano*, Río de Janeiro, Imago, 1992.

14

Winnicott y Balint: el psicoanálisis, la medicina y el respeto al ser humano

Julio de Mello Filho

El psicoanálisis, como sabemos, floreció activamente en Inglaterra, en las décadas del treinta al setenta, a través del entrechoque de tres corrientes: la más antigua (la freudiana), la kleiniana (que surgió inmediatamente después) y el *middle-group* (que creció precisamente como una reacción al dogmatismo de las otras). Así, sus componentes pretendían ser libres en relación con los postulados teóricos y técnicos que consideraran rígidos y, al mismo tiempo, innovadores, en la medida en que usaran sus experiencias clínicas de modo creativo y, a veces, nuevo en relación con sus pacientes. Formaron parte de este grupo analistas que escribieron importantes trabajos dedicados a la relación terapéutica, las relaciones precoces y la creatividad, como Marion Milner, Margareth Little, Masud Khan, Silvia Payne y Ella Sharpe. Sin duda, sus mayores exponentes fueron Winnicott y Balint. Estos autores, aunque hayan convivido durante muchos años en este grupo y tengan muchas semejanzas en sus obras, curiosamente no son citados en sus trabajos. Y, al mismo tiempo, los conceptos que tienen algo (o mucho) en común reciben cada uno designaciones diferentes, como si fueran ideas que hubiesen sido desarrolladas de modo personal por cada uno, como Kohut que, ya en el fin de su vida, interrogado sobre las obras de Winnicott y

Mahler, respecto a las varias similitudes con la suya, reconoció que prácticamente nunca leyó a esos autores. Sin embargo, ellos mantenían correspondencia, y el libro *El gesto espontáneo*, sobre las cartas de Winnicott, trae el relato de una carta de éste a Balint.

Michael Balint, que también falleció en 1971, fue contemporáneo de Winnicott y con él perteneció al *middle-group*. Su obra, igualmente grandiosa, es tal vez la mayor contribución de un psicoanalista a la teoría psicosomática, a la psicología médica y a los estudios de la relación médico-paciente. Él, como Klein, fue analizado por Ferenczi y, al contrario de ella, que adhirió más a las ideas de Abraham, su segundo analista, permaneció fiel a Ferenczi hasta su muerte, intentando siempre integrar la visión de éste a los orígenes de la vida, como a las contribuciones de Freud. Como éste es un trabajo sobre las interrelaciones entre las obras de Winnicott y de Balint, en un libro dedicado a Winnicott, tal vez valga la pena comenzar haciendo un esbozo de las contribuciones más importantes de Michael Balint al psicoanálisis y a la medicina, en general, correlacionándolas aquí y allí con las ideas de Winnicott.

Balint postuló la existencia de tres áreas de la vida humana: el área de la falta básica, el área edípica y el área de la creatividad. Como falta básica (*basic fault*), él quiso referirse a lesiones precoces de nuestro *self*, a las fallas de la provisión ambiental, que nunca serán del todo corregidas; de ahí ese nombre y ese concepto. En palabras de Balint: "La única cosa que se puede observar es un sentimiento de vacío, una sensación de estar perdido, futilidad, etc., junto con una aceptación aparentemente desanimada de cualquier cosa que se le ofrezca."

El ser humano, para Balint, nace con una condición que él llamó "amor primario", esto es, la necesidad de obtener de forma pasiva todo aquello que un objeto primario pueda dar y, por lo tanto, una búsqueda irremediable de amor, gratificación y seguridad. Esto se relaciona, según él, con la cuestión de la falta básica —de mayor importancia en el desarrollo humano precoz y en las posteriores relaciones objetales— y con el fenómeno de la regresión durante el análisis.

Él también describió dos atributos esenciales del hombre: la ocnofilia y el filobatismo. Con ocnofilia, él quiso referirse a la tendencia a ligarnos y unirnos con los objetos primarios en un tipo de ligazón que posteriormente va a generar los estados fóbicos y todos los estados patológicos ligados a la dependencia del otro. Son los estados anaclíticos, ya referidos por Freud y estudiados en psicoanálisis con el nombre genérico de simbiosis, en la actualidad. Winnicott estudió extensamente estas condiciones, desde la relación madre-bebé y la fase de dependencia absoluta, y se preocupó por la condición opuesta, la capacidad saludable de estar solo, vinculándola a la posibilidad de la madre de dejar al niño sentirse al mismo tiempo solo y acompañado, pudiendo fantasear, jugar, crear en su presencia, sintiéndose protegido y al mismo tiempo acostumbrándose a estar solo y a la independencia en compañía de un objeto externo presente y confiable.

Winnicott también estudió la soledad patológica, los estados esquizoides en los cuales la presencia del otro es tan amenazante que estar solo es un alivio y un modo de ser, más que vivencias de soledad y fracasos de relaciones objetales, que son negados. Por filobatismo entiéndase lo contrario, esto es, la tendencia del ser humano a la soledad y a los grandes espacios, la negación de la necesidad de la presencia del otro. Los filobáticos serán los futuros pilotos de avión, o de un ala delta, los esquiadores en la nieve, aquellos que aman los peligros y la soledad, como una especie de formación reactiva contra los riesgos de la ocnofilia: ser para siempre dependientes de alguien. Esta descripción de Balint sobre los dos comportamientos humanos contrastantes, *vis-à-vis* la aceptación o la necesidad del objeto, es de las más felices, y de la mayor utilidad en psicoanálisis, en la normalidad y en la patología. A través de su inmenso potencial creativo, Balint nos describe cómo llegó a estos dos tipos mediante las observaciones que hizo, incluyendo visitas a parques de diversiones, donde observaba a los que se acercaban a los objetos peligrosos y a los que permanecían apegados a objetos ocnofílicos (madre, novios), sin conseguir jugar.

Como vemos, en el lenguaje de Winnicott, el ocnofílico es aquel que permanece fijado a las etapas de dependencia absoluta y relativa que él describió, durante nuestro desarrollo, mientras que el filobático es aquel que va más allá de la capacidad normal de estar solo, para sólo lograr vivir solo y sin el otro y, por lo tanto, necesitando repudiar el objeto y la relación con éste. Él usa la capacidad de jugar ampliamente, pero frecuentemente de modo desafiante y omnipotente. Además, como es fácil constatar, el narcisismo y la omnipotencia son rasgos comunes en estos individuos.

Para Balint, la experiencia analítica deberá ser siempre un encuentro de dos personas y el reinicio de una vida, o *new beginning*, como él lo llamó. Para Winnicott, el análisis exitoso también incluye un recomenzar la vida, a través de la libertad alcanzada por el verdadero *self*, una mayor riqueza del área de la transicionalidad y el pleno uso de la creatividad en el proceso de vivir.

Balint estudió sobremanera la cuestión de la regresión en psicoanálisis, y distinguió una regresión benigna de una maligna. Para él, la regresión maligna significa siempre una necesidad de volver al estadio de amor primario y es, por lo tanto, una amenaza para la vida individual y para la situación analítica, que es el foro adecuado para tratar con estos potenciales regresivos que serán reactivados durante la experiencia terapéutica. Winnicott fue uno de los autores que más acentuó los aspectos positivos de la regresión, que posibilita al paciente revivir con el analista las situaciones primitivas (fase de dependencia absoluta, sobre todo), así como reencontrarse con las fallas ambientales precoces a través de las fallas del analista, poder tener una visión de estos acontecimientos y encontrar nuevas formas de superarlos.

Sobre esta cuestión de la regresión, tan presente en los trabajos de Winnicott, Balint escribe que

"cuanto más pueda el analista reducir la distancia entre él y el paciente, y cuanto más discreto y moderado pueda aparecer a los ojos de su paciente, más posibilidad habrá de que se desarrolle una forma benigna de regresión. Como, según vimos, las palabras tienen sólo una utilidad limitada e incierta en estas esferas (del amor primario y de la falta básica), parece que podemos llegar a la conclusión de que la relación objetal es el factor terapéutico más importante y seguro durante estos períodos, mientras que las interpretaciones recuperarán su importancia en aquellos estados posteriores, una vez que el paciente emerja de su regresión (...). El primer analista que trató con estos efectos de modo sistemático fue Ferenczi. Desde este punto de vista, su técnica activa y su principio de relajamiento eran intentos deliberados de crear relaciones objetales que, a su modo de ver, se adaptaban mejor a las necesidades de algunos pacientes que la atmósfera de un *setting* analítico creado de conformidad con las clásicas recomendaciones de Freud (...). Esta observación clínica es tan importante en esta línea de mis ideas que la quiero examinar desde otro punto de vista. En este período, las palabras dejan de ser vehículos de libre asociación; se convierten en algo carente de vida, son repeticiones mecánicas y estereotipadas; dan la impresión de un viejo y gastado disco de gramófono, con la púa que corre interminablemente por el mismo surco. Aunque dicho sea de paso, lo mismo ocurre generalmente con las interpretaciones del analista (...). Con disgusto y desesperación, el analista descubre entonces que en este período no tiene sentido continuar interpretando las comunicaciones verbales del paciente (...). El paciente experimenta la interpretación del analista como una interferencia, una crueldad, como una exigencia injustificable o como una desleal intromisión, como un acto hostil o también como un final de afecto, o bien la siente como algo carente de vida, como algo en verdad muerto, que no tiene ningún efecto (...). La técnica que encontré provechosa con pacientes que habían sufrido un proceso regresivo hasta el nivel de la falta básica consistía en tener paciencia con la regresión en aquel momento, sin intentar intervenir con una interpretación. Ese momento podía durar sólo unos minutos, pero podía también extenderse por varias sesiones (...). En otras palabras, el analista debe aceptar la regresión. Esto significa que debe crear un ambiente, un clima en el cual él y el paciente puedan tolerar la regresión en una experiencia mutua. Esto es esencial porque en tales estados cualquier presión exterior refuerza la intensa tendencia del paciente a entrar en relaciones de desigualdad entre él mismo y sus objetos, con lo que perpetúa su tendencia a la regresión (...). Cuando el paciente sufre un proceso de regresión a este nivel, la técnica correcta sería aceptar la exoactuación en la situación analítica como un medio válido de comunicación, y no tratar de organizarla rápidamente mediante las interpretaciones. Insisto en que esto no significa que en estos estados el papel del analista sea desdeñable o se reduzca a una actitud de simpatía pasiva; al contrario, su presencia es sumamente importante, no sólo porque todo el tiempo se debe encontrar una distancia conveniente. Ni tan lejos que el paciente pueda sentirse abandonado o perdido, ni tan cercano que el paciente pueda sentirse rebajado o perturbado (...). Considerado desde este otro ángulo, el problema técnico es cómo ofrecer al paciente algo que pueda actuar como un objeto primario, en todo caso, algo que pueda sustituirlo o, para decirlo con otras palabras, algo en lo cual pueda proyectar su amor primario (...). Ofrecer al paciente un objeto primario no significa darle amor primario; de todas formas, las madres tampoco lo dan. Lo que las madres hacen es comportarse como verdaderos objetos primarios, o sea, ofrecerse como objetos primarios para ser catectizadas por el amor primario. Esta diferencia entre dar amor primario y ofrecerse para ser catectizado por el amor primario puede tener una importancia fundamental en nuestra técnica, no sólo en el caso de pacientes en regresión, sino también en una serie de situaciones de tratamiento difícil (...). Para expresar lo mismo desde otro punto de vista, o sea, usando diferentes palabras, durante este período el analista debe cumplir las funciones de quien administra un tiempo y un medio. Esto no significa que tenga la obligación de compensar al paciente por anteriores privaciones y brindarle más cuidado, más amor, más afecto del que le brindaron sus propios padres (y, aun cuando el analista intente hacerlo, seguramente fracasará). Lo que el analista debe dar —y, si es posible, únicamente durante las sesiones regulares— es tiempo suficientemente libre de tentaciones, estímulos y exigencias exteriores, inclusive las que puedan tener origen en el propio analista. La finalidad es que el paciente pueda encontrarse a sí mismo, aceptarse y continuar consigo mismo sabiendo permanentemente que hay en él una cicatriz, su falta básica, que no puede ser eliminada mediante el análisis; además, debe permitirse que él encuentre su propio camino hacia el mundo de los objetos (...). Asegurar esta clase de objeto o de ambiente es ciertamente una parte importante de la tarea terapéutica. Claro está que sólo una parte, no toda la tarea. Además de ser un objeto que reconoce la necesidad y que tal vez la satisfaga, el analista debe ser también un objeto que comprende la necesidad y, por extensión, debe ser capaz de comunicar su comprensión al paciente" (Balint, 1968, pp. 204-212).

Como podemos percibir, hay una gran semejanza entre los conceptos y las ideas de Balint y Winnicott. Balint dio nombre a las repercusiones de las fallas maternas y ambientales, al denominar esta área "falta básica". En el lenguaje de Kohut, éstas se denominan fallas de la capacidad de empatía de la madre o de otros *self*-objetos. En la visión de Winnicott, son fallas ambientales (sobre todo, de la madre), que pueden llevar a ansiedades inimaginables en el niño y ser la base de perturbaciones *borderlines* o psicóticas en el adulto. En la visión de Bion, serían fallas de la capacidad de *réverie* (o de continente) de la madre. Pero, sin dudas, Winnicott, Balint, Fairbairn, Guntrip y Kohut dan una importancia mucho mayor a las fallas ambientales que Freud, Klein o el propio Bion.

En la obra de los dos, también está en común la preocupación por la regresión del paciente y la posibilidad de llevarnos a una regresión, a las fases de dependencia absoluta (Winnicott) o a la fase de la falta básica (Balint). En las recomendaciones técnicas de Balint a este respecto, vemos también mucha semejanza con las postulaciones de Winnicott: acoger al paciente en regresión ofreciéndole una actitud comprensiva; tener cuidado con una técnica básicamente interpretativa que no alcanzará el meollo de la situación esencialmente extraverbal vivida por la dupla; como un resultado de este encuentro, el paciente experimentará una situación de revivir; la regresión es una forma en que el paciente alcanzará el área de la falta básica que fue resultante de las fallas ambientales más precoces.

Balint, como Winnicott, también nos advierte del riesgo de una actitud extremadamente neutra por parte del analista y de los residuos ocnofílicos y filobáticos que están por detrás de la posición teórica y técnica de los analistas. La actitud básicamente ocnofílica podría resultar de la regla de interpretar todo transferencialmente y con ello estimular la dependencia del paciente y la idealización del analista. También puede resultar de una actitud esencialmente protectora "de tomar al paciente en sus manos", estimulando sus potenciales ocnofílicos.* Como técnica filobática, él se refiere a un permanente querer la independencia del paciente, a un deseo de llevar precozmente a la búsqueda de los "espacios amistosos" o, en un lenguaje winnicottiano, a un deseo contratransferencial muy intenso de posibilitarle al paciente que alcance prematuramente su capacidad de estar solo.

Balint, como Winnicott, también demostró la importancia del manejo del *setting* y de la creatividad en la vida, y en la situación analítica en particular. Sobre el área de la creatividad y su relación con la salud y con el proceso terapéutico, Balint escribe que

"(...) el tercer ámbito está caracterizado por el hecho de que en él no está presente ningún objeto externo. La persona libre en sí misma tiene como principal interés producir algo de sí misma; ese algo que se puede producir puede ser un objeto, aunque no necesariamente (...). El caso más frecuentemente tratado es el de la creación artística, pero otros fenómenos pertenecen también al mismo grupo, entre ellos el de la matemática y el de la filosofía, el fenómeno de penetrar y comprender algo o a alguien; por último, aunque de un modo un poco menos importante, dos fenómenos de

---

* En "El analista no intrusivo", hace comentarios muy importantes sobre la técnica activa de Ferenczi. Escribió: "Ferenczi reconoció bastante tempranamente que, fuese lo que fuese lo que quisiera hacer, el resultado era que sus pacientes se volvían más dependientes de él, esto es, él se volvía cada vez más importante para ellos; por otro lado, no podía identificar las razones por las que esto debía de ocurrir. Hoy podemos agregar que su técnica, en vez de reducir, aumentaba la desigualdad entre los pacientes y él mismo, a quien ellos sentían como realmente omnisciente y omnipotente."

gran consideración: las primeras fases del proceso de enfermedad —física o ambiente— y el proceso de recuperación espontánea de una enfermedad."

Valorizando el fenómeno del silencio en la relación analítica —como Winnicott—, no sólo como forma de resistencia, Balint escribió:

"Sabemos que en el ámbito de la creación no hay objetos, pero sabemos también que durante algún tiempo la persona no está directamente sola en esta esfera (...) propongo que usemos el término 'pre-objeto' (...). Todo esto indica que los 'pre-objetos' que existen en el ámbito de la creación deben ser tan primitivos que no se pueda considerarlos 'organizados' o 'completos' o 'acabados' (...). Es probable que interpretaciones más primitivas —propias del nivel de la falta básica y de la creación— se realicen continuamente, sólo que son difíciles de observar y, por lo tanto, aun más difíciles de describir apropiadamente. La única cosa que sabemos es que el proceso de creación —de transformar el preobjeto en un objeto propiamente dicho— es imprescindible. No sabemos por qué el proceso alcanza éxito en algunos casos, y en otros se produce con la rapidez de un relámpago (...). La actitud analítica corriente es la de considerar el silencio como una forma de resistencia (...). El paciente está 'huyendo' de algo, generalmente de un conflicto, pero también es cierto que el paciente se 'encamina hacia algo' (...). Ese algo que el paciente deberá eventualmente producir para presentarnos enseguida es un tipo de creación — no necesariamente honesta o sincera o profunda o artística—, pero no por esto deja de ser un producto de su creatividad. Es verdad que no podemos estar con él durante el verdadero trabajo de creación, pero podemos estar con el paciente en el momento inmediatamente posterior; y además podemos observarlo desde afuera durante su trabajo creativo."*

---

* En realidad, Winnicott vinculó la creatividad al estar vivo, desde el niño que siente el pecho de la madre como una creación suya (cuando ella lo amamanta en el momento en que él lo desea), a la creatividad predominante en el hombre (el hacer) y en la mujer (el sentimiento de ser). Esto le permitía relacionar patologías de la creatividad y varias patologías del *self*.

Vemos por estas palabras toda la importancia que Balint dio a la creatividad, sea en la vida en general, sea en el proceso psicoanalítico. De este modo, aunque no haya ligado la creatividad directamente al estar vivo —como hizo Winnicott—, él dio una enorme relevancia al área de la creación dentro de la aventura psíquica.

Él también escribió, como Winnicott, sobre la persona total del analista en la situación terapéutica, diciendo incluso que en las fases avanzadas de un análisis cabe al paciente estar más cercano a la persona real del analista, como un ser integrado, de tal modo que el paciente, en esta fase, deberá hacer justicia a las cualidades y los defectos del terapeuta. Tomar conciencia de los aspectos positivos y negativos del analista, haciendo un buen uso de sus cualidades y comprendiendo y tomando contacto con sus fallas, es, por lo tanto, para Balint, una tarea importantísima. Winnicott también escribió que el paciente deberá "usar" al analista cuando éste pasa del estado de objeto subjetivo al de objeto objetivo.

Existen, también, varios paralelos entre las obras de Balint, Winnicott, Fairbairn y Kohut, sobre la agresividad como reactiva frente a una frustración. Como en otros autores, para Balint el narcisismo es siempre secundario a una relación objetal. Bacall dice incluso que, si Kohut hubiese tomado conciencia de la obra de Balint, no habría utilizado su concepto de dos libidos corriendo paralelamente, una en dirección al propio *self* y otra dirigida a los objetos.

En ambos autores, el narcisismo aparece más como un fenómeno de desarrollo, propio del ser humano, más que como una patología que deba ser enfocada en un análisis. Winnicott, inclusive, usa poco el término "narcisismo". Para ambos, el fenómeno es siempre secundario a la frustración y esconde profundas lesiones de autoestima, en lo que concuerdan con Kohut.

Winnicott y Balint se interesaron también por los fenómenos psicosomáticos y por la práctica de una medicina integral. Balint, sin embargo, fue mucho más allá de Winnicott en este tema —y de cualquier otro analista o médico en general—, al crear incluso las bases definitivas de una medicina psicológica, centrada en el estudio de la RMP (relación médico-paciente). En su famoso trabajo en la Tavistock Clinic, él unió el psicoanálisis a la experiencia de los clínicos generales, y describió prácticamente todos los aspectos de la relación, normales o patológicos. Así, las iatrogenias de consultorio y de instituciones fueron vistas desde varios ángulos, y trazadas las bases de la psicoterapia del médico en general, despuntando la importancia de la creatividad en este tipo de trabajo.

Winnicott comenzó a interesarse por los fenómenos psicosomáticos desde que era pediatra. En esa época, describió de qué modo la ansiedad de la madre o la prisa del médico podían provocar una crisis de asma en el niño en plena consulta. Él escribió sobre varios temas de pediatría, como el niño ansioso o deprimido, las infecciones repetidas, las perturbaciones del apetito, la anorexia nerviosa. Además, sobre estas enfermedades, escribió en varias oportunidades, resaltando cada vez un aspecto. De toda esa experiencia, escribió un libro que es un verdadero tratado de psicología médica. Como es un verdadero tratado de psicosomática su artículo "Psycho-somatic Illness in Its Positive and Negative Aspects". Lo positivo es la tendencia a la integración (frustrada) que existe, a su modo de ver, en este tipo de enfermedad. Lo negativo es la tendencia a la disociación (mente-cuerpo) que lleva a estos pacientes a establecer relaciones dispersas con los varios agentes de salud que cuidan de él.

Bibliografía

Balint, E.; Norel, J. S. (1986): *Seis minutos para o paciente*, San Pablo, Manole.

Balint, M. (1952): *Primary Love and Psycho-analytic Technique*, Londres, Tavistock.

Balint, M. (1957): *Problems of Human Pleasure and Behaviour*, Londres, The Hogarth Press.

Balint, M. (1961): *El médico, el paciente y la enfermedad*, Buenos Aires, Libros Básicos.

Balint, M. (1968): *The Basic Fault*, Londres, Tavistock.

Balint, Mye (1966): *Técnicas psicoterapéuticas en medicina*, Buenos Aires, Siglo Veintiuno.

Mello Filho, J. (1989): "O falso self na prática analítica", "Comunicação e silêncio. O problema dos pacientes esquizóides", "Da Pediatria à Psicanálise Psicossomática", en *O ser e o viver. Uma visão da obra de Winnicott*, Porto Alegre, Artes Médicas.

Winnicott, D. W. (1945): "Desarrollo emocional primitivo", en *Escritos de pediatría y psicoanálisis 1931-1956*, Barcelona, Laia, 1979.

Winnicott, D. W. (1958): "Aspectos metapsicológicos y clínicos de la regresión dentro del marco analítico", en *Escritos de pediatría y psicoanálisis 1931-1956*, Barcelona, Laia, 1979.

Winnicott, D. W. (1965): "La capacidad para estar a solas", "La teoría de la relación paterno-filial", "De la dependencia a la independencia en el desarrollo del individuo", en *El proceso de maduración en el niño*, traducción de Jordi Beltrán, Barcelona, Laia, 1975.

15

Sobre la concepción del padre en la obra de D. W. Winnicott

José Outeiral

*... mi padre me preguntó si yo no deseaba enterarme
de esas maravillas, volverme un tipo enterado,
como el padre Juan Ignacio y el abogado Benito Américo.
Respondí que no.*
Graciliano Ramos, *Infancia*

*Analista: Usted está usando la prohibición, por parte de la
sociedad, del incesto entre madre e hijo porque no consigue
encontrar al hombre que esté entre usted y su madre.
Esto significa que su padre no cumplió su papel y usted,
por lo tanto, no tiene odio ni miedo del hombre, y está
de nuevo en la antigua posición: ser frustrado por la mujer
o desarrollar una inhibición interna.*
Donald Winnicott, *Holding and Interpretation*

La motivación para la realización de este estudio surgió de la necesidad de investigar el papel del padre y de la consecuente "relación triangular", o edípica, en la obra de Donald Woods Winnicott (DWW, como lo llamaba Clare Winnicott, su mujer). La cuestión de la paternidad parece ser un punto poco estudiado en la contribución de este autor y se llega a afirmar, fruto de una lectura como la que hacía el personaje de Dom Casmurro, de Machado de Assis, que "era leído como de atropello", que DWW olvidó el "papel del padre" en su obra.

DWW escribió más de doscientos trabajos, publicados en libros y revistas, dirigidos a profesionales y a un público lego. Es una obra extensa y no sistematizada, lo que dificulta un estudio en profundidad de determinadas cuestiones.

Durante el "Tercer Encuentro Latinoamericano sobre el Pensamiento de Donald Winnicott", presenté, junto con otros colegas (Outeiral, Debeneti & Candiago, 1994), una investigación preliminar, donde buscamos en el índice de referencias de doce de los libros publicados por DWW (en inglés, español y portugués, y que constan de bibliografía) la palabra "padre" u otras relacionadas con ella, como los términos "función paterna", "triangulación", "edipo" y "masculino"; a partir de ahí, hicimos algunas constataciones e inferencias (las citas que recolectamos en los diversos textos de DWW formaron parte de un extenso anexo que constó junto a esa comunicación). Fuimos llevados a pensar, entonces, que DWW realmente estudió primordialmente, y como su contribución original y creativa al conocimiento psicoanalítico, la relación entre el niño y su madre. Esto no significó, como pudimos constatar a través de nuestra investigación, que haya dejado de considerar la importancia de la función paterna y de la configuración edípica, donde, de cierta forma y con una concepción un poco distinta desde algunas perspectivas, él se atiene a las contribuciones clásicas de Sigmund Freud. Las referencias al "padre" se encuentran tanto en textos teóricos como en la generosa presentación de material clínico, que él hace a lo largo de su obra. Las descripciones clínicas, por ejemplo, que hallamos en *Holding e interpretación* elucidan bastante en esta cuestión.

Así, en cierto sentido, tuvimos una sorpresa al

constatar que, aunque de una forma dispersa, la cuestión de la paternidad, del padre, de la función paterna y de la triangulación edípica es abordada en muchas ocasiones por DWW. Es necesario aclarar el porqué de la sorpresa. La cuestión central es, como ya referí, una opinión que se oye con cierta frecuencia, de que DWW no enfatiza, en su pensamiento, la problemática de la paternidad, y la veracidad —o no— de esta afirmación fue el vector de nuestra curiosidad.

De hecho, los mismos editores de *Exploraciones psicoanalíticas* (Clare Winnicott, Ray Shepherd y Madeleine David) consideran que:

"La última parte de este capítulo contiene un trabajo no concluido y no corregido por él [DWW], 'El uso de un objeto en el contexto de *Moisés y la religión monoteísta*, escrito en enero de 1969... En este trabajo, Winnicott vincula sus conceptos con la obra de Freud, lo que le permite situar en el proscenio de la vida del bebé al padre, cosa que era rara de encontrar en el resto de su obra teórica" (Winnicott, 1989).

En "El uso de un objeto en el contexto de *Moisés y la religión monoteísta*" (1969), DWW escribe:

"... en la última parte se percibe que Freud desea reafirmar su creencia en la represión... quiere declarar la importancia del monoteísmo como consecuencia universal del amor al padre y la represión a que este sentimiento es sometido... No es que Freud se equivocase en cuanto al padre y la ligazón libidinal que se reprime: solamente que es necesario advertir que una buena proporción de personas del mundo no llegan al complejo de Edipo. Nunca avanzan hasta este punto en su desarrollo emocional y, por fin, la represión de la figura paterna libidinizada tiene escasa relevancia para ellos... Gran parte de las religiones está ligada a una casi psicosis y a los problemas personales emanados de esta gran zona de la vida del bebé que tiene importancia antes que se alcance la relación triangular, como la que se da entre personas totales..."

En este fragmento, DWW comenta la importancia que confiere a la situación edípica, a la libidinización de la figura paterna, al mecanismo de represión y, particularmente, al pensamiento freudiano.

En el mismo trabajo citado antes, DWW agrega:

"... a medida que el bebé pasa del fortalecimiento del ego, gracias al refuerzo del ego de la madre, a tener una identidad propia —o sea, a medida que la tendencia heredada a la integración lo hace avanzar gracias a un ambiente suficientemente bueno o a un ambiente medianamente previsible—, la tercera persona comienza a desempeñar, o así me parece, un gran papel. El padre puede haber sido o no un sustituto materno, pero lo cierto es que se siente en algún momento que él está allí en un papel distinto: y sugiero que es entonces cuando el bebé probablemente lo use como modelo de su propia integración, al convertirse por momentos en una unidad. Si el padre no está presente, el bebé tenderá a tener esta misma evolución, pero le resultará más difícil o tendrá que usar alguna otra relación bastante estable con una persona total... De este modo, parece que tal vez el padre es para el niño quien le da el primer elemento de integración y de totalidad personal."

Son innúmeras las referencias que hace DWW al padre y a su papel en el desarrollo del niño, como un elemento real e imaginario de lo que él llama "ambiente facilitador", inclusive como una imago que forma parte de la realidad interna de la madre.

Podemos también encontrar, en el abundante material clínico que nos ofrece DWW, cómo interpretaba él la transferencia paterna, los aspectos edípicos y los elementos de la imago paterna. En "Nota sobre un caso vinculado a la envidia" (DWW, 1963), él nos da un claro ejemplo de lo que estamos refiriendo, al escribir:

"... existen muchas cosas para tener en cuenta sobre la imago del padre en la realidad interna de la madre y en el destino que le cabe allí..." (Winnicott, 1989).

En su libro *Holding e interpretación*, DWW nos posibilita, al describir minuciosamente las sesiones de un tratamiento analítico, visualizar su manera de comprender estos aspectos de su práctica clínica:

"... me arriesgué a repetir la interpretación en función de su padre. Le dije que si ahora él comprobaba que su padre había sido fuerte y útil, esto lo confortaría tanto como el descubrimiento de que ése era el padre que él quería castrar, por ser el padre potente del triángulo edípico...

Analista: No, no creo. El hecho es que usted está buscando a su padre, el hombre que prohíbe la relación sexual con su madre. Recuerde el sueño en el que su novia surgió por primera vez. Era sobre un hombre, un hombre que estaba enfermo.

Paciente: Eso explicaría la falta de sufrimiento y pesar cuando mi padre murió. Él no me veía como un rival y por eso me dejó con la terrible responsabilidad de hacer yo mismo las prohibiciones.

Analista: Sí, por un lado, él nunca le dio la honra de reconocer su madurez prohibiendo las relaciones sexuales con su madre, pero él también lo privó de la alegría y el placer de la rivalidad, así como de la amistad que surge de la rivalidad entre hombres. Entonces, usted tuvo que desarrollar una inhibición general. Usted no podía sentir dolor por un padre que usted nunca 'mató'."

Nuestro autor tiene dos libros donde presenta directamente su manera de "clinicar": *Holding e interpretación*, ya comentado antes y en el que relata el análisis de un adulto, y *The Piggle*, en torno de la atención a una niña.

En la primera sesión con Gabrielle, esto es Piggle, a la sazón de dos años y cuatro meses, DWW introduce estas cuestiones:

"Yo había asociado la idea de mamá negra a su rivalidad con la madre, ya que ambas amaban al mismo hombre, el papá. Su ligazón profunda con el padre era muy evidente, por eso yo me sentía bastante seguro al hacer esta interpretación..."

En la penúltima sesión de este "análisis por encargo", él da continuidad al tema, que se constituyó en un elemento central en este contacto terapéutico:

"... en seguida me contó un sueño; tenía la impresión de que ella vino, tal vez, para contarme ese sueño.

Gabrielle: Yo tuve un sueño con usted. Lo vi al Dr. Winnicott en la piscina de su casa. Yo golpeé a la puerta de su casa. Entonces me zambullí. Papá me vio en la piscina, abrazando y besando al Dr. Winnicott, entonces él también se zambulló. Entonces, mamá se zambulló, después Susan [aquí enumeró a todos los otros miembros de su familia, inclusive a los cuatro abuelos]. Había peces y todo. Era un agua seca mojada. Todos nos salimos y caminamos en el jardín. Papá desembarcó en la playa. Fue un lindo sueño.

Sentí que ella había traído, entonces, todo a la transferencia y, de esa forma, había reorganizado toda su vida en términos de la experiencia de una relación positiva con la figura subjetiva del analista en su interior.

... tomó la figurita del padre (de aproximadamente ocho centímetros de extensión, de aspecto muy real, hecha sobre la base de un limpiapipas), y comenzó a maltratarla.

Gabriel: Yo le estoy torciendo las piernas [etc.].

Yo: ¡Ay, ay! [como una interpretación del papel atribuido a mí].

Gabrielle: Lo estoy torciendo más, sí... ahora el brazo...

Yo: ¡Ay!

Gabrielle: ¡Ahora el pescuezo!

Yo: ¡Ay!

Gabrielle: Ahora no queda nada... él está todo torcidito. Lo voy a torcer un poco más. Usted llora más.

Yo: ¡Ay, ay! ¡Uyyy!

Ella estaba muy satisfecha.

Gabrielle: Ahora no queda nada. Está todo torcidito, y la pierna se le soltó, y ahora la cabeza se le soltó, entonces no puede llorar. Yo lo voy a tirar a usted. A nadie le gusta usted.

Yo: Entonces nunca voy a poder ser de Susan.

Gabrielle: Todo el mundo lo odia."

Tenemos aquí una muestra de cómo DWW trataba la cuestión del "padre", de la "situación edípica", de la "transferencia paterna" e, inclusive (lo que es tema para otro momento), de la "agresividad".

Anna-Maria de Lemos Bittencourt comenta, concluyendo, que "Winnicott no difiere de Freud en cuanto a la forma como comprende el complejo de Edipo":

"En su forma sencilla de abordar los complejos fenómenos humanos, Winnicott dice, refiriéndose a la situación triangular edípica: el niño odia a la tercera persona" (ver este mismo volumen, página 81).

En el mismo lugar, la autora escribe:

"Hice un pequeño resumen de la situación edípica clásica, tal como es expuesta por Winnicott, para quien el complejo de Edipo define un criterio de salud mental. Como Freud, él considera al Edipo como el complejo nuclear de las neurosis, donde el mecanismo de defensa por excelencia es la represión, proceso típico de la organización genital de la libido. Piensa, sin embargo, que la ausencia de neurosis puede ser comprendida como salud, pero no como vida. Vida, para Winnicott, tiene que ver con creatividad."

De esta manera, queda bien claro, repito, que Winnicott hace su contribución original en las fases pregenitales y que concuerda, en lo tocante a los aspectos generales del complejo de Edipo, con Freud.

En una carta (Rodman, 1987), enviada a Joan Riviere, que había sido su analista, él retoma la cuestión de la envidia y nos da una idea de sus preocupaciones por el "papel paterno":

"... con respecto a la envidia, creo que es importante que Melanie (Klein) haya llamado nuestra atención hacia el hecho de que el concepto de la envidia del pene, que fue importante en el análisis durante años y años, puede tener sus raíces en la envidia del pecho. En otras palabras, cuando surge en la transferencia, no es necesario que presumamos que el analista está en el papel del padre..."

El papel continente del padre, en el establecimiento de límites y en el control de la agresividad, es dado en un "Ejemplo clínico", de *El uso de un objeto* (Winnicott, 1968), donde DWW describe el análisis de un hombre, observando lo siguiente:

"... Su sufrimiento se debía a una reacción ante un ambiente cuya dificultad se debía a un padre débil y a una madre fuerte. Su padre no le posibilitaba el control de la agresión y la madre era quien debía hacerlo, de modo que él se vio obligado a usar la violencia de la madre pero como corolario se vio imposibilitado de usar a la madre como refugio...".

Sobre esta misma cuestión, él responde en una carta (Rodman, 1987), a un padre, que le escribía desde el interior de la distante Tanzania, comentando sobre el papel paterno y la "formación de la moral", material que consta en *El gesto espontáneo*.

La importancia de la figura del "padre" puede ser mostrada también por las varias referencias hechas por DWW en su relato "autobiográfico". Él comenta momentos importantes de su vida, ocurridos con la figura paterna, y describe con detalles la figura de su padre. La madre, sin embargo, es citada sólo "de paso" en algunas situaciones menos relevantes, y casi no hay descripciones de ella.

En ese relato escribió:

"... tomé mi taco de críquet (de un tamaño de 30 centímetros, pues yo no tenía más que tres años), y destruí la nariz de la muñeca de mis hermanas. Aquella muñeca se había convertido para mí en una fuente de irritación, pues mi padre no dejaba de jugar conmigo. Ella se llamaba Rosie y él, parodiando una canción popular, me decía (con una voz que me exasperaba):

Rosie dijo a Donald:

Yo te amo.

Donald dijo a Rosie:

No te creo.

Así pues, yo sabía que tenía que destrozar aquella muñeca, y gran parte de mi vida se basó en el hecho de que yo había cometido realmente ese acto, sin conformarme sólo con desearlo y modelarlo. Probablemente, me sentí aliviado cuando mi padre, encendiendo varias cerillas seguidas, calentó la nariz de cera para modelarla, y el rostro volvió a ser un rostro. Aquella primera demostración del acto de restitución y de reparación me impresionó y tal vez me haya hecho capaz de aceptar el hecho de que yo, pequeño y querido ser inocente, me había vuelto violento, de manera directa con la muñeca e indirecta con ese padre que, en aquel preciso momento, acababa de entrar en mi vida consciente."

DWW sigue escribiendo en el mismo relato autobiográfico:

"Como mis hermanas eran mayores que yo cinco o seis años, en cierto sentido yo era como un hijo único con varias madres y un padre, que durante mi infancia se hallaba muy absorbido por los asuntos de la ciudad y los suyos propios. Fue dos veces prefecto, recibió después un título de nobleza. Y desde entonces pasó a ser ciudadano honorario de Plymouth, que solamente después fue ciudad. Yo era consciente de ciertas lagunas de su educación (él había tenido algunas dificultades escolares) y siempre decía que por esa razón no se presentó como candidato al Parlamento... Mi padre tenía una fe (religiosa) sencilla; un día, como yo le había hecho una pregunta que podría habernos arrastrado a una interminable discusión, él se contentó con decirme: 'Lee la Biblia y allí encontrarás la respuesta exacta.' Así fue como me dejó resolver el problema solo (¡Gracias a Dios!). Pero otro día (yo tenía doce años) entré a almorzar diciendo '¡maldición!', y mi padre pareció dolerse como sólo él podía hacerlo, y reclamó de mi madre que vigilase más de cerca mis amistades.

El incidente hizo que él me enviase al colegio, cuando tuve trece años. Decir 'maldición' no es una blasfemia muy terrible, pero mi padre tenía razón. Mi nuevo amigo no era muy recomendable y las cosas podían haber tomado otro camino si nos hubiese dejado en completa libertad."

Queda claro así cómo el padre desarrolló un importante papel en la vida de DWW. Él mismo nos cuenta: "... de manera que mi padre estaba allí para matar y ser muerto..." (Winnicott, 1989).

Uno de los libros más importantes sobre la obra de DWW, *Le paradoxe de Winnicott*, editado por Anne Clancier y Jeannine Kalmanovitch (1984), tiene un capítulo titulado "Sobre algunas críticas hechas a Winnicott. La cuestión del padre", donde se hace un comentario sobre el papel asignado al padre en la obra de nuestro autor. Es interesante leerlo y, para evitar malos entendidos, en el original:

"*En ce qui concern la première de ces critiques, c'est avoir lu superficiellement Winnicott que dire qu'il néglige le père ou la relation oedipienne. S'occupant de patients psychotiques ou de très jeunes enfants, son attention a été attirée par les stades prégénitaux: il n'empêche qu'il souligne le rôle du père dès le début de la vie et affirme que si la mère n'a pas un mari qui la soutienne, ou si elle n'a pas investi le père de l'enfant, le développment psichique de celui-ci s'en ressentira.*"

(En lo que concierne a la primera de estas críticas, es haber leído superficialmente a Winnicott decir que él olvida al padre o la relación edípica. Al ocuparse de pacientes psicóticos o de niños muy pequeños, su atención se dirigió a los estadios pregenitales, lo que no impide que subraye el rol del padre en el comienzo de la vida y afirme que, si la madre no tiene un marido que la sostenga, o si ella no ha investido al padre del niño, el desarrollo psíquico de éste se resentirá.)

Otro libro capital sobre DWW es *Boundary and Space. An Introduction to the Work of D. W. Winnicott*, de Madeleine Davis y David Wallbridge, donde el

311

pensamiento del autor es presentado de una forma didáctica. En este libro, en relación con el "padre", se hacen comentarios que juzgo interesante compartir con el lector. Los autores explicitan que "cuando Winnicott hablaba del papel del padre, tenía como presupuesto que el padre es necesario por sus propios derechos, y no como una réplica de la madre (...) hay ciertos padres que efectivamente serían mejores madres que sus esposas... hombres maternales pueden ser muy útiles... ellos son buenos sustitutos de las madres, lo que es un alivio para la madre cuando ésta tiene muchos hijos, cuando está enferma o desea volver a trabajar". DWW, sin embargo, resaltaba que, cuando estos padres "se volvían excesivamente madres", esto interfería en su función como padres, y a propósito de esta cuestión escribe sobre el padre de uno de sus pacientes: "... se puede decir que él es tan maternal que nos preguntamos cómo será capaz de luchar con las situaciones cuando pase a ser usado como un hombre y un padre de verdad."

En los últimos meses de embarazo, cuando la madre comienza a involucrarse más con el bebé, DWW considera que el padre se vuelve "el agente protector que libera a la madre para que ésta se dedique al bebé", así a ella "se le ahorra de la necesidad de volverse hacia afuera para luchar con el mundo que la rodea, en el momento en que tanto desea volverse hacia adentro". Para DWW, las enfermedades ligadas al puerperio podrían "hasta cierto punto ser provocadas por una falla de la cobertura protectora" en este período.

Davis y Wallbridge (1981) escriben:

"Cuando el bebé emerge de la fase de dependencia absoluta y comienza a relacionarse con personas separadas completas, el padre se vuelve importante para él en tanto persona; parte de esta importancia reside en el hecho de que, aunque el padre sea una figura familiar para el bebé, él es esencialmente diferente de la madre, a partir de que el bebé creció. Es verdad que la relación con la madre asume una nueva dimensión cuando termina la fusión; pero, para el bebé y para el niño pequeño, la madre aún retiene una característica subjetiva, pues es parte de su función estar disponible para un regreso al estado de fusión siempre que el bebé lo necesite. Con el padre, el niño puede aprender por primera vez sobre un ser humano diferente de él mismo y diferente de otros seres humanos; en otras palabras, singular. Aquí se ve un patrón que él puede usar para su propia integración ulterior. Winnicott creía que los niños tienen suerte cuando pueden llegar a conocer a sus padres, 'incluso cuando los sorprenden *in fragranti*', pues, a partir del padre como individuo separado, conocido por lo que él es, el niño puede aprender algo sobre relaciones que incluyen amor y respeto sin idealización."

Los autores siguen comentando que, para DWW, el padre en nuestra cultura e historia ha representado "el ambiente indestructible", y concluyen de la siguiente manera:

"... ese papel del padre es, en parte, continuar el proceso de desilusión iniciado por el fracaso adaptativo de la madre; tal proceso es desarrollado dentro del contexto de una relación rica, crecientemente rica. El padre 'abre un mundo nuevo para el niño', a medida que éste comienza a entender y aprender los detalles de su trabajo, sus intereses y sus opiniones. Cuando él participa del juego del niño, agrega elementos nuevos y valiosos, y cuando él los saca, el niño ve el mundo a través de un nuevo par de ojos. Si a la madre pertenece 'la estabilidad de la casa', al padre pertenece, entonces, 'la vivacidad de las calles'."

En este momento, me gustaría cuestionar una afirmación hecha por uno de los más representativos estudiosos de la obra de DWW, que es André Green, cuando su viaje a Brasil en 1986. En esa ocasión, en una entrevista con psicoanalistas brasileños, grabada y luego publicada en su libro *Conferências brasileiras* (1990), él hizo la siguiente observación:

"... porque pienso que la relación dual es una ilusión: hay siempre un tercer término —que es el padre—, y el pasaje entre el dos y el tres es el pasaje que caracteriza al padre en el estado potencial, al padre en la fantasía del futuro, padre en el estado efectivo, es decir, como ser individualizado, separado de la madre, diferente de ella y con todas las interrelaciones que se pueden producir entre el padre y la madre. Personalmente, creo que, infelizmente, en el psicoanálisis actual, se pone un énfasis extremadamente fuerte en la relación madre-hijo.

Winnicott dijo: 'Un bebé solo no existe. Es preciso considerarlo junto con su madre.' En cuanto a mí, yo le digo a Winnicott: un bebé y su madre, solos, no existen. Siempre hay un padre, en algún lugar; para hacer un niño, es sabido, el padre y la madre tienen que hacerlo juntos."

Con todo el respeto que tengo por las contribuciones de André Green, por su originalidad y consistencia, y por el difícil trabajo de articular dentro de su marco referencial psicoanalítico a Lacan, Winnicott y Bion, como él mismo establece, me parece que su afirmación es, al menos, extraña. Nada de lo que él dice, por lo que yo leí, dejó de ser dicho por Winnicott. No quiero, evidentemente, repito, menoscabar la contribución de André Green, pero mi lectura sobre la cuestión del papel del padre en la obra de DWW es muy distinta de lo que sus palabras parecen revelar. Sugiero que el lector, si está interesado en el asunto, lea los textos y haga su propio juicio; está lejos de mí la idea de compararlo con el personaje de Machado de Assis antes citado.

El lector interesado en este tema, así como en otros concern(ientes) a la obra de DWW, disponen, para su consulta, de dos libros que, como diccionarios, son claros e iluminadores.

El primero es *Non-Compliance in Winnicott's Words* (1995), de Alexander Newman, miembro de la Squiggle Foundation, que hace extensas consideraciones al abordar el vocablo "father", con las innumerables referencias al tema en diversos libros de DWW, inclusive con los números de página de las citas (ediciones inglesas). Al leerse ese artículo, no se podrá decir después que DWW no consideró la cuestión del padre en su obra: allí están todas las citas, los libros, las páginas (ver nota 1).

El segundo fue escrito por Jan Abram (1996): un precioso diccionario llamado *The Language of Winnicott: A Dictionary of Winnicott's Use of Words*, donde introduce el artículo "Father, the indestructible environment" (ver nota 2), enfatizando el papel del padre como constituyéndose en el "ambiente indestructible".

De esta forma, para concluir, hay una necesidad de investigar más profundamente la cuestión del padre en la obra de DWW. Puedo decir, sin embargo, que incluso un breve estudio y una rápida investigación nos revelará que DWW escribió bastante en relación con el padre, de forma no sistemática y retomando en este aspecto la raíz freudiana. Él estudió, como su contribución original, la cuestión de la relación entre el niño y la madre, sin dejar de considerar, sin embargo, la cuestión del padre. Es también importante referir que DWW tuvo una concepción original sobre los elementos masculinos y los femeninos que se encuentran en hombres y mujeres (1959-1963, 1966, 1968-1969), lo que condujo a una forma singular de pensar la función materna y la paterna. Pero son ideas para otro momento.

Nota 1

El autor escribe:

"PADRE. A veces se dice que Winnicott no toma seriamente a los padres o subestima su parte en el desarrollo temprano del niño. Sin embargo, él hace algunas afirmaciones muy detalladas y hay todo un capítulo de *The Child, the Family and the Outside World* (el 17) dedicado al padre que, aunque anticuado en algunos aspectos, también cala hondo. Esto puede ser relacionado con el primer capítulo de ese libro, 'The Man Looks the Motherhood'.

La parte del padre, y esto es esencial, no sólo incluye el sostén de la madre y el infante (ver 'Preocupación maternal primaria'), sino también prestar atención al apetito, a la voracidad de la madre hacia el bebé.

En su trabajo 'The Use of An Object in the Context of Moses and Monotheism' (en *Psycho-Analytic Explorations*), Winnicott nos recuerda la tendencia heredada del niño a la integración, mientras es sostenido por el ego de la madre. Entonces:

'La tercera persona comienza a desempeñar, o así me parece, un gran papel. El padre puede haber sido o no un sustituto materno, pero lo cierto es que se siente en algún momento que él está allí en un papel distinto: y sugiero que es entonces cuando do el bebé probablemente lo use como modelo de su propia integración, al convertirse por momentos en una unidad. Si el padre no está presente, el bebé tenderá a tener esta misma evolución, pero le resultará más difícil o tendrá que usar alguna otra relación bastante estable con una persona total... De este modo, parece que tal vez el padre es para el niño quien le da el primer elemento de integración y de totalidad personal.'

De esta manera, el padre es o pasa por ser el ambiente indestructible, y los impulsos libres y agresivos del niño ardiente y enérgico son seguros y disfrutables gracias a la capacidad del padre para decir *no* y permanecer firme (ver 'Adolescencia'). Este niño se siente bastante confiado para volar y experimentar porque la presencia del padre vuelve seguro hacerlo. Entonces, este sentimiento de seguridad, cuando se va, gradualmente le da formas de autocontrol. Esto está relacionado con la preocupación de Winnicott por la destrucción como un logro. Como dice Madeleine Davis:

316

'El individuo que ha tenido suerte respecto del maternaje y el paternaje puede continuar conociendo acerca de la destructividad en y a través de sueños, y a través de experiencias culturales, mediante la contribución hecha al trabajo del mundo y a la fertilidad del mundo, mediante la energía para perseguir metas personales y mediante todas las actividades que involucran al *self* entero y producen el sentimiento de ser real. De hecho, a través de todas las actividades que surgen del ser' (ver 'Vivir creativamente'). (En *Winnicott's Studies*, 7.)

El padre tiene que prestar mucha atención al principio, cuando, desde esta perspectiva, el niño es absolutamente dependiente (ver las diferencias entre hombres y mujeres en 'This feminism', en HWSF)."

Nota 2

El autor escribe:

"Aunque en la obra de Winnicott no siempre el rol del padre está especificado, éste contribuye, en términos de ambiente, a la fortaleza de la familia, como *going concern* (algo que funciona). En un *paper*, 'What about the father?', escrito en 1945, y consecuentemente bastante fechado en términos del rol de los hombres y las mujeres de hoy, pero no obstante aún pertinente como concepto, Winnicott ve el valor del padre en tres áreas principales: las relaciones entre los padres, sosteniendo el padre la autoridad de la madre, y siendo él mismo, 'lo que lo distingue de otros hombres'.

'El niño es muy sensitivo, verdaderamente, a la relación entre los padres, y si todo va bien entre bambalinas, por así decirlo, el niño es el primero en valorar el hecho, y tiende a mostrar esta valoración encontrando la vida más fácil, y estando más satisfecho y fácil de manejar. Supongo que esto es lo que un infante o un niño entenderían por *seguridad social*.

La unión sexual de la madre y el padre provee un hecho, un hecho resistente, alrededor del cual el niño puede construir una fantasía; una roca a la que puede aferrarse y contra la cual puede golpear; y, más aun, provee parte del fundamento natural para una solución personal al problema de una relación triangular' ('What about father?', pp. 114-115).

Sostener a la madre y ser él mismo, así como amar y disfrutar la relación con la madre, son factores que contribuyen a un ambiente suficientemente bueno. Más tarde, Winnicott especifica que la fortaleza de tal ambiente para el niño en crecimiento es que no puede ser destruido por el odio o la agresión. Y es la supervivencia del ambiente lo que posibilita al niño sentirse seguro y moverse desde la relación al objeto al uso del objeto (ver 'Agresión', 10).

Mucho más tarde, en 1967, Winnicott enfatiza la importancia del ambiente indestructible, en relación con el padre y la sociedad.

'El niño... descubre que es seguro tener sentimientos agresivos y ser agresivo, gracias al marco de la familia, que representa a la sociedad en una forma localizada. La confianza de la madre en su marido o en el sostén que ella consiga, si ella lo requiere, por parte de la sociedad, tal vez de un policía, hace posible para el niño explorar actividades cruelmente destructivas que se relacionan con el movimiento en general, y también una destrucción más específica que tiene que ver con la fantasía que se acumuló alrededor del odio. De esta manera (gracias a la seguridad ambiental, a la madre sostenida por el padre, etc.), el niño llega a ser capaz de hacer algo muy complejo, es decir, integrar todos sus impulsos destructivos hacia sus seres queridos... Para lograr esto en su desarrollo, el niño *requiere absolutamente un ambiente que sea indestructible en aspectos esenciales:* ciertamente, las alfombras se ensucian y las paredes tienen que ser reempapeladas, y ocasionalmente alguna ventana se rompe, pero de alguna manera el hogar se mantiene firme, y detrás de todo esto está la confianza que el niño tiene en la relación entre los padres; la familia es un *going concern* (algo que funciona)' ('Delinquency as a sign of hope', 1967, p. 94).

Temas que rodean la 'supervivencia del objeto' son ubicuos en la obra de Winnicott, aunque sólo en 1968, en 'The use of an object', es capaz de clarificar su teoría de la destrucción y la supervivencia, y la importancia de la función del padre (ver 'Agresión': 10, 11)."

Bibliografía

Clancier, A. & Kalmanovitch, J. (1984): *Le paradoxe de Winnicott*, París, Payot, 1984.

Davis, M. & Wallbridge, D. (1981): *Boundary and Space. An Introduction to the Work of D. W. Winnicott*, Nueva York, Brunner/Mazel, 1981.

Debeneti, C.; Candiago, D. & Outeiral, J. (1994): *Anais do III Encontro Latino-americano sobre o pensamento de Winnicott*, Gramado, Grupo de Estudos Psicanalíticos de Pelotas, 1991.

Green, A. (1990): *Conferências brasileiras: Metapsicologia de los limites*, Río de Janeiro, Imago.

Newman, A. (1995): *Non-compliance in Winnicott's Words*, Londres, Free Association Books.

Rodman, R., ed. (1987): *The Spontaneous Gesture. Selected Letters of D. W. Winnicott.*

Winnicott, D. W. (1965): *El niño y el mundo externo*, Buenos Aires, Paidós.

Winnicott, D. W. (1971a): *Realidad y juego*, traducción de Floreal Mazía, Buenos Aires, 1972; Barcelona, Gedisa, 1979. (Edición original: *Playing and Reality*, Londres, Tavistock Publications.)

Winnicott, D. W. (1971b): *Therapeutic Consultations in Child Psiquiatry*, Nueva York, Basic Books.

Winnicott, D. W. (1975): *Trough Paediatrics to Psycho-analysis*, Londres, The Hogarth Press and The Institute of Psycho-analysis.

Winnicott, D. W. (1976): *The Maturational Processes and the Facilitating Environment. Studies in the Theory of Emotional Development*, Londres, The Hogarth Press and The Institute of Psycho-analysis.

319

Winnicott, D. W. (1987): *Privação e delinqüência. Psicologia e pedagogia*, San Pablo, Martins Fontes.

Winnicott, D. W. (1989): *Holding and Interpretation. Fragments of an Analysis*, Londres, Karnack Books and The Institute of Psycho-Analysis.

Winnicott, D. W. (1990): *Natureza humana*, Río de Janeiro, Imago.

Winnicott, D. W. (1991): *Los bebés y sus madres*, Buenos Aires, Paidós.

Winnicott, D. W. (1992): *Tudo começa em casa*, Río de Janeiro, Martins Fontes.

*Se terminó de imprimir en el mes de abril de 1999
en el Establecimiento Gráfico* **LIBRIS S. R. L.**
MENDOZA 1523 • (1824) LANÚS OESTE
BUENOS AIRES • REPÚBLICA ARGENTINA